BONHEUR DE LA MÉDITATION

Yongey Mingyour Rinpotché
en collaboration avec Eric Swanson

BONHEUR DE LA MÉDITATION

Avant-propos de Daniel Goleman

Préface de Matthieu Ricard

Traduit de l'anglais (États-Unis)
par Christian Bruyat

Fayard

Titre original :
The Buddha, the Brain, and the Science of Happiness.
Éditeur original : Harmony Books, Random House,
The Crown Publishing Group, New York.

ISBN : 978-2-213-63179-0

Avant-propos de Daniel Goleman

Un moment de l'histoire qui n'a pas son équivalent se déroule sous nos yeux : il s'est établi un dialogue rigoureux et continu entre scientifiques et contemplatifs. Du point de vue scientifique, certains aspects de cette rencontre ont déjà donné matière à réflexion. Pour ce qui est de ma discipline, la psychologie, par exemple, il semblait acquis qu'elle avait vu le jour en Europe et en Amérique au début du XXe siècle. Il s'avère que cette idée relève d'un préjugé culturel et de la myopie intellectuelle : des théories sur l'esprit et son fonctionnement – autrement dit, des systèmes psychologiques – ont été élaborées dans la plupart des grandes religions du monde, et en tout cas dans toutes celles qui sont originaires d'Asie.

Dans les années 1970, alors que je voyageais en Inde dans le cadre de mes études de troisième cycle, je me suis mis à étudier l'*Abhidharma*, dans lequel on trouve l'un des exemples les plus élégants de ce modèle de psychologie, issu, en l'occurrence, du bouddhisme. J'ai découvert avec étonnement que les sujets fondamentaux de toute science de l'esprit avaient fait l'objet d'investigations, non pas depuis un siècle seulement, mais depuis des millénaires. La psychologie clinique, qui était mon domaine d'étude à l'époque, a pour but de soulager les différentes souffrances émotionnelles. Or, à ma grande surprise, j'ai constaté que le très ancien ouvrage que je viens de mentionner décrit clairement un ensemble de méthodes qui vise non seulement à guérir les souffrances mentales, mais aussi à cultiver des capacités humaines salutaires telles que l'empathie et la compassion. Et pourtant, à aucun stade de mes études je n'avais entendu parler de cette psychologie-là.

Aujourd'hui, le dialogue nourri qui s'est instauré entre pratiquants de cette antique connaissance intérieure et thérapeutes modernes s'est transformé en collaboration active. Ce partenariat a été inspiré par le Dalaï-lama et l'institut Mind and Life, qui, depuis un certain nombre d'années, organisent des rencontres de bouddhistes et d'érudits avec des chercheurs scientifiques modernes. Ce qui n'était au début que conversations préliminaires a évolué jusqu'à devenir un effort de recherche commun. C'est ainsi que des experts bouddhistes de la connaissance de l'esprit collaborent désormais avec des spécialistes des neurosciences. Leur but est de concevoir une recherche permettant de déterminer l'impact sur les neurones des diverses méthodes bouddhistes d'entraînement mental. Mingyour Rinpotché, qui travaille avec Richard Davidson, directeur du laboratoire Waisman d'imagerie et de comportement du cerveau à l'université de Madison, dans le Wisconsin, est l'un des pratiquants expérimentés les plus activement impliqués dans cette collaboration. Cette recherche a déjà donné des résultats stupéfiants qui, s'ils sont reproductibles, bouleverseront définitivement certaines hypothèses scientifiques fondamentales. Il en ressort, par exemple, qu'un entraînement méthodique à la méditation, s'il est poursuivi régulièrement pendant plusieurs années, peut accroître la capacité d'un homme à opérer des changements positifs de son activité cérébrale à un point jusqu'ici inimaginable pour les neurosciences cognitives.

Le résultat peut-être le plus étonnant, jusqu'à ce jour, fut obtenu lors d'une expérience menée sur une poignée de méditants, parmi lesquels Mingyour Rinpotché. Lors d'une méditation sur la compassion, l'activité neuronale dans une région du cerveau étroitement liée à la sensation de bonheur s'est accrue de 700 à 800 % ! Pour l'échantillon témoin de volontaires qui venaient juste de commencer la méditation, l'augmentation d'activité de cette même zone du cerveau fut de 10 à 15 %. Les experts en méditation, après avoir aiguisé leur savoir-faire méditatif pendant des années de retraite – entre dix mille et quinze mille heures au cours de leur vie –, présentaient des niveaux d'entraînement comparables à ceux des athlètes olympiques.

Le cas de Mingyour Rinpotché tient du prodige. Enfant, il reçut des instructions sur la méditation profonde de son père, Tulkou Ogyen Rinpotché, l'un des maîtres les plus renommés parmi ceux qui partirent du Tibet juste avant l'invasion chinoise. Âgé de treize ans à peine, il ressentit l'envie de commencer une retraite de méditation de trois ans, à l'issue de laquelle il fut nommé maître de méditation pour la retraite de trois ans suivante dans le même ermitage.

Mingyour Rinpotché se distingue aussi par le profond intérêt qu'il porte à la science moderne. Il a assisté avec passion à plusieurs conférences de Mind and Life et a saisi toutes les occasions possibles de rencontrer en tête à tête des scientifiques capables de lui expliquer plus en détail leur spécialité. Nombre de ces conversations ont fait apparaître des similarités remarquables entre les points essentiels du bouddhisme et les connaissances scientifiques modernes – pas seulement en matière de psychologie, mais aussi en ce qui concerne les principes cosmologiques qui découlent des avancées récentes de la théorie quantique. C'est l'essence de ces discussions que Mingyour Rinpotché partage avec nous dans ce livre.

Ces sujets hautement spécialisés sont toutefois inclus dans la trame d'un récit plus large, d'une présentation plus pragmatique des pratiques de méditation de base que Mingyour Rinpotché enseigne de manière très accessible. Voici donc, finalement, un guide pratique, un manuel pour transformer sa vie au mieux. Le voyage commence où nous nous trouvons, au moment même où nous faisons le premier pas.

Préface de Matthieu Ricard

Mingyour Rinpotché occupe une place unique dans le dialogue et la coopération entre science et bouddhisme, qui ont pris un essor tout particulier durant la dernière décennie. Bien que son père, maître tibétain renommé, lui ait initialement conseillé d'entreprendre des études philosophiques, à l'âge de treize ans Mingyour Rinpotché décida d'effectuer deux longues retraites contemplatives qui durèrent sept ans. Lors des voyages qu'il fit par la suite de par le monde, il conçut un profond intérêt pour les sciences modernes, et tout particulièrement pour les neurosciences et la physique quantique. Les neurosciences ont pour objet l'étude empirique du phénomène de la conscience, des événements mentaux et des émotions, autant de sujets sur lesquels le bouddhisme se penche depuis 2 500 ans. La mécanique quantique, par des méthodes qui lui sont propres, aboutit à une description de la réalité très proche de celle du bouddhisme, selon laquelle le monde des phénomènes est un ensemble de relations, d'événements interdépendants et impermanents, et non une collection d'entités autonomes douées d'existence propre.

Mingyour Rinpotché rejoint la démarche du XIVe Dalaï-lama, dont la curiosité pour les découvertes de la science et l'intérêt pour la démarche scientifique elle-même ont conduit à la création de l'institut Mind and Life par le regretté spécialiste des sciences cognitives Francisco Varela et l'avocat Adam Engle. Cet institut réunit autour du Dalaï-lama des scientifiques de haut niveau et organise depuis 1985 une série de rencontres passionnantes [1].

1. Pour en savoir plus sur ces rencontres et les publications qui en ont résulté, consulter le site www.mindandlife.org. Voir également le livre récent

De même que le Dalaï-lama, Mingyour Rinpotché considère le bouddhisme comme étant, avant tout, une science de l'esprit. Cela n'a rien de surprenant, puisque les textes bouddhistes insistent particulièrement sur le fait que toutes les pratiques spirituelles, mentales, physiques ou verbales visent directement ou indirectement à transformer l'esprit. Cependant, comme l'écrit Mingyour Rinpotché, « l'une des principales difficultés que l'on rencontre en essayant d'examiner son esprit est la conviction profonde et souvent inconsciente que l'on est comme on est, et que l'on n'y peut rien changer. J'ai moi-même éprouvé ce sentiment de pessimisme inutile dans mon enfance, et je l'ai constaté très souvent chez les autres au cours de mes voyages dans le monde. Sans même que nous en soyons conscients, l'idée que notre esprit ne peut pas changer empêche d'emblée toute tentative de changement ». L'état que nous considérons généralement comme « normal » n'est qu'un point de départ, et non le but que nous devons nous fixer. Notre existence vaut mieux que cela ! Il est possible de parvenir peu à peu à une manière d'être « optimale ».

Pour ce faire, l'introspection bouddhiste a recours à deux méthodes : l'une analytique, l'autre contemplative. L'analyse consiste à examiner la nature de la réalité, laquelle est essentiellement interdépendante et impermanente, et à évaluer honnêtement les tenants et les aboutissants de nos souffrances et de celles que nous faisons subir aux autres. L'approche contemplative consiste à tourner son attention vers l'intérieur et à observer, derrière le voile des pensées et des concepts, la nature de la « conscience originelle » qui soustend toute pensée et permet leur formation. Cette faculté fondamentale de « connaître », que l'on peut appeler « conscience pure », existe en l'absence de constructions mentales et d'objets de pensée. Comme l'explique Mingyour Rinpotché, « le

du Dalaï-lama, *Tout l'univers dans un atome* (Paris, Robert Laffont, 2006), qui retrace l'histoire de cette collaboration et la pensée du Dalaï-lama sur les convergences entre la science et le bouddhisme et sur les points de divergence qui demeurent à explorer.

véritable but de la méditation est de demeurer dans la conscience nue, quoi qu'il se passe ou ne se passe pas dans l'esprit. Peu importe ce qui se présente à vous, restez simplement ouvert et présent à ce phénomène, puis laissez-le disparaître. Si rien ne se produit, ou si les pensées s'évanouissent avant que nous les ayez remarquées, demeurez simplement dans cette clarté naturelle. »

Mingyour Rinpotché explique comment l'entraînement de l'esprit permet de passer tout d'abord d'un état pathologique à un état normal, puis à un état « optimal ». Il est particulièrement bien placé pour ce faire, puisque, durant la plus grande partie de son enfance, il a souffert d'une angoisse chronique touchant parfois à la panique. Il décrit de l'intérieur, de manière vivante et précise, le processus de transformation qui l'a conduit de cet état douloureux à une sérénité durable alliée à un ensemble de qualités, dont la compassion et la liberté intérieure, qui permettent de gérer toutes les circonstances auxquelles nous sommes confrontés dans l'existence. Il nous fait ainsi voir à quel point nous sous-estimons le pouvoir de transformation de l'esprit, et nous offre de précieuses indications sur la façon d'y remédier. « Peu à peu, écrit-il, je commençais à reconnaître la fragilité et le caractère éphémère des pensées et des émotions qui m'avaient perturbé pendant des années, et je comprenais comment, en me focalisant sur de petits ennuis, je les avais transformés en énormes problèmes. »

Le tournant se produisit durant sa première longue retraite : « Il me fallut environ deux autres semaines de pratique sans faille pour venir à bout de l'angoisse qui avait accompagné toute mon enfance et pour prendre conscience, au moyen de l'expérience directe, de la vérité de ce que l'on m'avait enseigné. Dès lors, je n'ai plus eu une seule crise de panique. Le sentiment de paix, de confiance et de bien-être qui résulta de cette expérience n'a jamais varié, même dans des circonstances qui auraient pu être objectivement qualifiées de stressantes. » Il conclut : « Avec le recul, je m'aperçois que, si mon angoisse était possible, c'était uniquement dû au fait que je n'avais pas véritablement reconnu la nature de mon esprit. »

Dans quelle mesure peut-on former son esprit à fonctionner de manière constructive, à remplacer l'obsession par le contentement, l'agitation par le calme, la haine par la compassion ? Il y a vingt ans, un quasi-dogme des neurosciences voulait que le cerveau contienne tous ses neurones à la naissance et que leur nombre ne soit pas modifié par les expériences vécues. À présent, on parle plutôt de « neuroplasticité », un terme qui rend compte du fait que le cerveau évolue continuellement en fonction de nos expériences et peut fabriquer de nouveaux neurones tout au long de la vie. Il peut, en particulier, être profondément modifié à la suite d'un entraînement spécifique, l'apprentissage d'un instrument ou d'un sport, par exemple. Cela implique que l'attention, la compassion et même le bonheur peuvent, eux aussi, être cultivés et relèvent pour une grande part d'un « savoir-faire » que l'on peut acquérir.

Or, toute acquisition d'un savoir-faire nécessite un entraînement. On ne peut pas s'attendre à bien jouer au tennis ou du piano sans une longue pratique préalable. Si l'on consacre un certain temps, chaque jour, à cultiver la compassion ou toute autre qualité positive, il est concevable qu'on puisse atteindre des résultats semblables à ceux qu'on obtient en entraînant son corps. Pour le bouddhisme, « méditer » signifie « s'habituer » ou « cultiver ». La méditation consiste à se familiariser avec une nouvelle manière d'être, de gérer ses pensées et de percevoir le monde. Les neurosciences permettent aujourd'hui d'évaluer ces méthodes et de vérifier leur impact sur le cerveau et sur le corps.

Plusieurs programmes de recherche ont maintenant été lancés en collaboration avec un certain nombre de personnes ayant consacré une vingtaine d'années au développement systématique de la compassion, de l'altruisme et de la paix intérieure. Jusqu'à ce jour, une quinzaine de méditants de la tradition bouddhiste tibétaine, moines et laïques, hommes et femmes, Orientaux (dont Mingyour Rinpotché) et Occidentaux, totalisant chacun de 10 000 à 50 000 heures de méditation, ont été testés par Antoine Lutz, un élève de Francisco Varela qui travaille à présent dans le laboratoire de Richard Davidson à l'université de Madison, dans le Wisconsin. Ce programme de recherche a un but essentiellement pratique : étudier la méditation en tant qu'entraînement de l'esprit afin de trouver une réponse à l'éternel casse-tête que constitue la gestion des émotions destructrices.

Les premiers résultats, publiés en 2004, constituèrent les prémices d'une étude expérimentale sérieuse des états méditatifs. L'article publié dans les prestigieux *Comptes rendus de l'Académie des sciences, PNAS*[1], pour rendre compte de ces résultats a été téléchargé plus de 150 000 fois et figurait, un an plus tard, au cinquième rang des articles les plus lus sur le site Internet de la revue.

Au moment où les participants méditaient sur la compassion, on constata une augmentation remarquable des oscillations rapides dans les fréquences dites « gamma », et de la cohérence de leur activité cérébrale. Cette activité, beaucoup plus élevée que dans le groupe témoin – qui avait été formé pendant une semaine aux techniques de méditation –, est, selon le commentaire de Richard Davidson, « d'une magnitude qui n'a jamais été décrite dans la littérature des neurosciences ».

Les recherches en cours indiquent également que l'activité cérébrale des sujets méditant sur la compassion est particulièrement élevée dans le lobe préfrontal gauche, une région du cerveau liée aux émotions positives. La compassion, le fait de se soucier du bien-être des autres, est donc associée aux autres émotions positives comme la joie et l'enthousiasme. De plus, les zones impliquées dans la planification des mouvements et de l'amour maternel sont, elles aussi, fortement stimulées. Pour les contemplatifs, cela n'a rien de surprenant, car la compassion engendre une attitude d'entière disponibi-

1. A. Lutz, L. L. Greischar, N. B. Rawlings, M. Ricard et R. J. Davidson, « Long-term mediators self-induce high-amplitude gamma synchrony during mental practice », *PNAS,* 16 novembre 2004, vol. CI, n° 46.

lité qui permet le passage à l'acte. Pour Richard Davidson, « cela semble démontrer que le cerveau peut être entraîné et modifié physiquement d'une manière que peu de personnes peuvent imaginer ».

Au laboratoire de Jonathan Cohen, à l'université de Princeton, Brent Field et ses collaborateurs se sont intéressés aux capacités d'attention de ces méditants expérimentés. Plusieurs d'entre eux, tout juste sortis d'une retraite de trois ans, se sont révélés capables, au cours d'un test classique de vigilance, de maintenir intacte la qualité de leur attention pendant quarante-cinq minutes, alors que pour la plupart des sujets non entraînés l'attention se dégrade considérablement après dix minutes d'effort.

Il semble donc que nous soyons au seuil de découvertes passionnantes qui devraient prouver qu'on peut transformer l'esprit de façon beaucoup plus importante que la psychologie ne l'avait supposé. Le Dalaï-lama a joué un rôle catalyseur central dans ce domaine, en encourageant le dialogue au cours des rencontres « Science et Bouddhisme » organisées depuis 1987 par l'institut Mind and Life. La méditation pourrait ainsi acquérir en Occident les lettres de noblesse dont elle jouit depuis des millénaires en Orient. Sécularisées et validées scientifiquement, ses techniques pourraient être utilement intégrées dans l'éducation des enfants – une sorte d'équivalent mental du cours d'éducation physique – et dans la prise en charge des problèmes émotionnels des adultes. Avant d'en avoir la certitude, il reste à étudier comment le cerveau des méditants évolue dans le temps, ce qui implique une étude longitudinale sur des centaines de sujets pendant plusieurs années.

Certaines expériences indiquent déjà qu'il n'est pas nécessaire d'être un méditant surentraîné pour bénéficier des effets de la méditation, et que vingt minutes de pratique journalière contribuent significativement à la réduction de l'anxiété et du stress, ainsi qu'au renforcement du système immunitaire et de l'équilibre émotionnel. Récemment, une étude effectuée sur des débutants a montré qu'après trois mois de pratique assidue, la faculté d'attention des sujets s'était considérablement améliorée[1].

Lorsque le Dalaï-lama fut invité à prononcer le discours d'ouverture des Rencontres de la Société des neurosciences à Washington, en novembre 2005, qui ne rassemblaient pas moins de 37 000 scientifiques, il a souligné la nature pragmatique et expérimentale du bouddhisme, qui vise à éliminer la souffrance par une meilleure connaissance du fonctionnement de l'esprit. Il a affirmé que si les connaissances acquises par la science contredisaient certains écrits anciens du bouddhisme, dans le domaine de la cosmologie par exemple, leur contenu devait être considéré comme caduc. « Le bouddhisme peut, en revanche, partager avec la science moderne ses connaissances acquises pendant plus de deux mille ans d'entraînement de l'esprit. » Stephen Kosslyn, directeur du département de psychologie à l'université de Harvard et spécialiste mondial de l'imagerie mentale, déclarait lors de la rencontre de l'institut Mind and Life organisée au MIT de Boston : « Nous devons faire preuve d'humilité devant la masse de données empiriques fournies par les contemplatifs bouddhistes. »

C'est cet « entraînement de l'esprit », une expression moins exotique que le mot « méditation », que Mingyour Rinpotché explique dans la partie centrale de son livre. Il nous guide pas à pas, avec lucidité, humour et simplicité, et nous permet de comprendre que la méditation n'est pas un exercice superflu, mais un élément essentiel de notre existence. Il écrit : « La seule différence entre la méditation et l'approfondissement d'une amitié est que, dans le premier cas, l'ami que vous apprenez peu à peu à connaître, c'est vous. »

Il démystifie également de nombreuses idées fausses concernant la nature de la méditation, dont le but n'est pas de « faire le vide » dans l'esprit ou d'atteindre un état de rela-

1. H. A. Slagter, A. Lutz, L. L. Greischar, A. D. Francis, S. Nieuwenhuis, J. M. Davis et R. J. Davidson, « Mental training affects distribution of limited brain resources », *PLoS Biology*, www.plosbiology.org, juin 2007, vol. V.

xation inerte. « Les pensées sont l'activité naturelle de l'esprit et la méditation n'a pas pour but d'arrêter les pensées. Elle consiste simplement à reposer l'esprit dans son état naturel, lequel est spontanément conscient des pensées, des émotions et des sensations à mesure qu'elles surgissent, sans les suivre ni les rejeter. »

La méditation permet de se familiariser avec une nouvelle manière d'être : « L'esprit est la source de tout ce que nous ressentons, et changer l'orientation de notre esprit revient à changer la qualité de toutes nos perceptions. » Elle nous aide également à cultiver les qualités humaines qui sont indispensables à un bonheur authentique ; parmi elles, l'amour bienveillant et la compassion sont les plus essentielles. Cette dernière, selon Mingyour Rinpotché, « est le sentiment spontané d'être relié à tous les autres êtres. Ce que vous ressentez, je le ressens. Ce que je ressens, vous le ressentez. Il n'y a pas de différence entre nous ».

En fin de compte, rien ne peut remplacer l'expérience elle-même. Pour se rendre dans un autre pays, il ne suffit pas de lire à maintes reprises un guide de voyage, il est indispensable de se mettre soi-même en route. Concluons avec Mingyour Rinpotché : « Toute tentative de décrire à l'aide de mots l'expérience directe de la nature de l'esprit est vouée à l'échec. Tout ce que l'on peut en dire, c'est qu'il s'agit d'une expérience infiniment paisible et, une fois stabilisée par une pratique répétée, quasi inébranlable. C'est une expérience de bien-être absolu qui imprègne tous les états physiques et mentaux, même ceux qui sont normalement considérés comme déplaisants. »

Introduction d'Eric Swanson

Ce livre commença de façon relativement simple. On me confia la tâche de compiler les transcriptions de conférences publiques données par Mingyour Rinpotché dans différents centres bouddhistes autour du monde, puis d'en faire un texte à peu près cohérent [1].

Mais, souvent, les tâches simples ont tendance à acquérir une vie qui leur est propre, à dépasser leur cadre initial et à croître en projets beaucoup plus vastes. Comme la plupart des transcriptions que j'avais reçues provenaient des premiers enseignements donnés par Rinpotché, elles ne rendaient pas compte de la compréhension de la science moderne acquise lors de ses entretiens ultérieurs avec des scientifiques européens et nord-américains, ni de sa participation aux conférences de l'institut Mind and Life, et pas davantage de son expérience personnelle en tant que sujet d'expérience au laboratoire Waisman d'imagerie et de comportement du cerveau à l'université de Madison, dans le Wisconsin.

Par bonheur, j'ai eu l'occasion de travailler directement avec Yongey Mingyour Rinpotché vers la fin de l'année 2004, quand il interrompit son programme d'enseignement autour du monde pour effectuer un long séjour au Népal. Je dois avouer que je ressentais davantage de peur que d'enthousiasme à l'idée de passer plusieurs mois dans un pays en proie

1. Le terme « Rinpotché », qu'on peut approximativement traduire par « précieux », est un titre qu'on ajoute au nom d'un grand maître, un peu comme en Occident on fait précéder du terme de « docteur » le nom d'une personne jugée très compétente dans une discipline. Dans la tradition tibétaine, on utilise souvent ce titre seul pour s'adresser au maître qui le porte ou pour parler de lui (Eric Swanson).

à des conflits entre gouvernement et factions rebelles. Mais tous les désagréments de mon séjour népalais ont été largement compensés par la chance extraordinaire de passer chaque jour une à deux heures en compagnie de l'un des maîtres les plus charismatiques, intelligents et érudits que j'aie jamais eu le privilège de connaître.

Né en 1976 à Nubri, au Népal, Mingyour Rinpotché est une étoile montante parmi les maîtres bouddhistes tibétains de la nouvelle génération formée hors du Tibet. Rompu aux disciplines pratiques et philosophiques d'une tradition ancienne, il est aussi étonnamment au fait des particularités de la culture moderne. Au cours des dix années qu'il venait de passer à enseigner dans le monde entier, il avait rencontré et parlé avec un grand nombre de personnes d'horizons très divers, des savants de renommée mondiale jusqu'aux banlieusards qui essayaient de résoudre des conflits avec leurs voisins hargneux.

J'imagine que la facilité avec laquelle Rinpotché peut naviguer au milieu des situations complexes, et parfois émotionnellement chargées, qu'il rencontre vient en partie du fait qu'il a été préparé, depuis la petite enfance, aux rigueurs de la vie publique. À l'âge de trois ans, il fut officiellement reconnu par le XVIe Karmapa (l'un des maîtres bouddhistes tibétains les plus vénérés du XXe siècle) comme le septième « corps de manifestation » de Yongey Mingyour Rinpotché, adepte de la méditation très érudit qui avait vécu au XVIIe siècle et avait été considéré comme un maître des méthodes les plus profondes de la pratique bouddhiste. À peu près à la même époque, Dilgo Khyentsé Rinpotché, un autre grand maître, fit savoir aux parents de Rinpotché que leur fils était également une manifestation de Kangyour Rinpotché. Ce maître de méditation avait fait preuve d'une prescience remarquable, puisqu'il fut l'un des premiers grands lamas tibétains à s'exiler volontairement à la suite des changements politiques qui commençaient à bouleverser le Tibet dans les années 1950, et il attira, jusqu'à sa mort en 1975, un grand nombre de disciples aussi bien orientaux qu'occidentaux.

Pour ceux qui ne sont pas familiers avec le système tibétain des incarnations, il est sans doute nécessaire de donner quelques explications. Selon la tradition bouddhiste tibétaine, les maîtres qui ont atteint les plus hauts niveaux de réalisation intérieure sont animés par une immense compassion qui les porte à renaître continuellement dans le monde pour aider tous les êtres à découvrir en eux-mêmes la libération de la souffrance. Le terme tibétain qui désigne les êtres qui s'engagent ainsi au service des autres par compassion est « tulkou », que l'on peut approximativement traduire par « corps d'émanation » ou « corps d'apparition ». Le plus connu des tulkous de notre époque est sans aucun doute le Dalaï-lama, dont l'incarnation actuelle est la quintessence même de cet engagement compatissant pour le bien d'autrui que l'on associe à un maître réincarné.

Libre à vous de penser que le présent Mingyour Rinpotché a perpétué les mêmes aptitudes dans ses incarnations successives, ou qu'il les a acquises à la suite d'un effort exceptionnel. Quoi qu'il en soit, ce qui le distingue de ses prédécesseurs est le caractère mondial de son influence et de son renom. Alors que l'activité des précédents tulkous de Mingyour Rinpotché avait été limitée par l'isolement géographique et culturel du Tibet, les circonstances se sont rassemblées pour permettre au détenteur actuel du titre de communiquer toute sa maîtrise à des milliers d'auditeurs, de la Malaisie à Manhattan en passant par Monterey.

Titres et lignées, cependant, ne protègent pas des difficultés personnelles, et Rinpotché en a certainement eu son lot. Comme il le relate lui-même avec beaucoup de candeur, bien qu'il fût élevé au sein d'une famille aimante dans une région du Népal connue pour sa grande beauté, il fut gravement affecté, dans les premières années de sa vie, par ce que les spécialistes occidentaux appelleraient des « angoisses paniques ». La première fois qu'il me parla de la profonde anxiété qui avait marqué son enfance, j'eus du mal à croire que cet homme jeune et chaleureux, charmant et charismatique, avait passé une grande partie de sa petite enfance dans un état de grande peur. Qu'il ait pu, sans aide médicamenteuse et thérapeutique conventionnelle, maîtriser cette affliction et s'en débarrasser atteste non seulement de son extraordinaire force de caractère, mais aussi de l'efficacité des pratiques bouddhistes tibétaines qu'il expose dans ce premier ouvrage.

Le témoignage personnel de Rinpotché n'est pas la seule preuve de son triomphe sur une souffrance émotionnelle dévastatrice. En 2002, il fut l'un des huit pratiquants expérimentés de la méditation qui servirent de sujets pour une étude dirigée par le professeur Antoine Lutz, chercheur en neurosciences formé par Fransisco Varela, et par Richard Davidson, autre spécialiste des neurosciences, de réputation mondiale et membre du Comité de conseillers scientifiques de l'Institut national de santé mentale. Ces chercheurs soumirent Rinpotché à une batterie de tests neurologiques au laboratoire Waisman, à Madison. Ces expériences employaient la technologie de pointe fIRM : contrairement à la technologie IRM classique avec laquelle on obtient une sorte d'image immobile de l'activité du corps et du cerveau, celle-ci enregistre les changements de niveaux d'activité, d'instant en instant, des différentes zones cérébrales. L'électroencéphalographe utilisé pour mesurer les impulsions électriques infinitésimales que produisent les cellules nerveuses quand elles communiquent entre elles était d'une grande complexité. Alors que pour une procédure d'EEG normale on ne fixe que seize électrodes sur le crâne afin de mesurer l'activité électrique de surface, l'appareil utilisé au laboratoire Waisman mettait en œuvre cent vingt-huit électrodes permettant de relever les plus infimes modifications de l'activité électrique dans les profondeurs du cerveau.

Les résultats des EEG et des fIRM obtenus avec les huit pratiquants chevronnés de la méditation furent impressionnants à deux titres. Lors de la méditation sur l'amour et la compassion, la région du cerveau connue pour être activée par l'empathie et l'amour maternel se montra beaucoup plus dynamique chez eux que dans le groupe témoin auquel on avait enseigné la méditation une semaine auparavant et à qui on avait demandé de s'entraîner chaque jour. La capacité de Rinpotché d'engendrer cet état d'esprit positif altruiste était réellement incroyable, car même les personnes qui ne souffrent pas de crises de panique éprouvent souvent un sentiment de claustrophobie en position couchée dans l'espace exigu d'un scanner fIRM. Le fait qu'il ait pu concentrer son esprit de manière si efficace même dans cet environnement suggère que son entraînement à la méditation l'a emporté sur ses propensions habituelles.

Plus remarquable encore, les mesures d'activité EEG effectuées sur les pratiquants expérimentés pendant leur méditation offraient une telle disproportion par rapport à celles d'un relevé d'EEG normal que – à ce que j'ai compris – les techniciens du laboratoire pensèrent d'abord que les appareils n'avaient pas fonctionné correctement. Après avoir hâtivement procédé à quelques vérifications, ils furent obligés d'éliminer la possibilité d'une erreur technique et d'admettre que l'activité électrique associée à l'attention et à la conscience des phénomènes dépassait tout ce qu'ils avaient pu observer jusqu'alors. Rompant avec le langage habituellement précautionneux des scientifiques, Richard Davidson déclara, dans un article du *Time* en 2005 : « C'était passionnant [...], nous ne nous attendions pas à quelque chose d'aussi spectaculaire. »

Dans les pages qui vont suivre, Mingyour Rinpotché discute très franchement de ses difficultés personnelles et de son combat pour les surmonter. Il décrit également sa rencontre, lorsqu'il était encore enfant, avec un jeune scientifique chilien du nom de Francisco Varela, qui devait par la suite devenir l'un des plus brillants spécialistes des neurosciences du XXe siècle. Varela étudiait auprès de Tulkou Ogyen Rinpotché (père de Mingyour Rinpotché), dont les enseignements en Europe, en Amérique du Nord et en Asie attiraient des milliers de gens. Il devint un ami intime de Mingyour Rinpotché et lui fit connaître les théories occidentales sur la nature et le fonctionnement du cerveau humain. D'autres étudiants occidentaux de Tulkou Ogyen, voyant l'intérêt que portait Mingyour Rinpotché à la science, se mirent, eux aussi, à lui enseigner la physique, la biologie et la cosmologie. Cette formation scientifique précoce reçue à l'âge de neuf ans eut sur lui un effet considérable. Elle finit par lui donner envie de rechercher un moyen d'unifier les principes du bouddhisme tibétain et ceux de la science moderne. Il pourrait ainsi répondre, en termes accessibles à tous, au désir de ceux qui se sentent incapables de comprendre les publications scientifiques et restent dubitatifs devant l'énorme quantité de textes bouddhistes, mais qui rêvent néanmoins de connaître une méthode pratique pour parvenir à un sentiment durable de bien-être personnel.

Néanmoins, avant de pouvoir se lancer dans un tel projet, Mingyour devait terminer sa formation bouddhiste conventionnelle. De onze à treize ans, il partagea son temps entre l'ermitage de son père, au Népal, et le monastère de Shérab Ling (siège du XIIe Tai Sitou Rinpotché, un autre grand maître bouddhiste), en Inde. Sous la direction de lamas tibétains, il étudia intensivement les soûtras, recueils des paroles du Bouddha, et les shastras, ou commentaires des soûtras par des maîtres indiens, ainsi que d'autres ouvrages essentiels et commentaires de maîtres tibétains. En 1988, à la fin de ce cursus, Tai Sitou Rinpotché lui donna la permission de participer à la première retraite de trois ans de Shérab Ling.

La retraite de trois ans, dont la tradition a vu le jour au Tibet il y a de nombreux siècles pour servir de base aux méditations supérieures, est un programme intensif d'étude et de pratique des techniques fondamentales de méditation du bouddhisme tibétain. Mingyour Rinpotché a été l'un des plus jeunes disciples à recevoir l'autorisation de suivre cet entraînement. Ses progrès, durant ces trois années, furent si rapides qu'à leur issue Tai Sitou Rinpotché lui confia la tâche de diriger la retraite suivante à Shérab Ling, faisant de lui, à l'âge de dix-sept ans, le plus jeune maître de retraite connu dans l'histoire du bouddhisme tibétain. Dans ce rôle de maître, il effectua encore près de sept années de retraite formelle.

En 1994, à la fin de sa deuxième retraite, il entra dans un *shédra*, ou université monastique, afin de poursuivre sa formation officielle par l'étude intensive des textes bouddhistes fondamentaux. L'année suivante, Tai Sitou Rinpotché fit de lui son représentant principal à Shérab Ling en lui confiant la charge de superviser l'ensemble des activités du monastère, d'enseigner dans le *shédra* tout en continuant d'y étudier, et de diriger la nouvelle retraite de trois ans. En 1998, à l'âge de vingt-trois ans, il prit les vœux monastiques complets.

Depuis l'âge de dix-neuf ans – âge auquel la plupart d'entre nous ont des préoccupations plus mondaines –, Mingyour Rinpotché a un emploi du temps épuisant qui comprend la supervision des activités de monastères en Inde et au Népal, un programme d'enseignement dans plusieurs pays du monde, des entrevues privées, l'apprentissage par cœur de centaines de pages d'ouvrages bouddhistes et l'acquisition de tous les enseignements possibles auprès des maîtres encore vivants qui ont été éduqués au Tibet.

Ce qui m'a le plus impressionné, durant le temps que j'ai passé avec lui, c'est sa capacité de faire face à tous les défis non seulement avec un calme qui fait envie, mais aussi avec un sens de l'humour vif et toujours approprié. À de nombreuses reprises, pendant que je passais laborieusement en revue la transcription de nos discussions de la veille, il fit semblant de s'endormir ou esquissa un mouvement qui donnait à penser qu'il allait sauter par la fenêtre. À la longue, je finis par comprendre qu'il me taquinait parce que je prenais mon travail trop au sérieux, me montrant de manière très directe qu'une certaine légèreté est essentielle pour pratiquer le bouddhisme. Car, si la vie ordinaire est souffrance, comme le déclara le Bouddha dans le premier enseignement qu'il donna après son Éveil, l'un des moyens les plus efficaces d'y remédier est de rire – surtout de soi-même. Quand on apprend à rire de soi, n'importe quel aspect de l'existence acquiert une espèce de luminosité.

Telle est peut-être la leçon la plus importante que Mingyour Rinpotché m'ait donnée pendant mon séjour au Népal. Je lui en suis reconnaissant, autant que des aperçus profonds de l'esprit humain qu'il a pu nous apporter grâce à son aptitude particulière à faire la synthèse des subtilités du bouddhisme tibétain et des étonnantes révélations de la science moderne.

PREMIÈRE PARTIE

LE FONDEMENT

Tous les êtres, y compris nous-mêmes, possèdent la nature de bouddha, qui est la cause même de la bouddhéité.

Gampopa

1

Le début du voyage

S'il y a une religion qui répond aux besoins de la science moderne, c'est le bouddhisme.

Albert Einstein

Lorsqu'on suit un entraînement bouddhiste, on ne considère pas le bouddhisme comme une religion. On le conçoit comme une sorte de science, une méthode pour explorer ce que l'on vit en s'aidant d'un certain nombre de techniques. Celles-ci vous permettent d'analyser vos pensées et vos actes sans porter de jugement, dans le seul but de découvrir comment fonctionne l'esprit, et ce qu'il faut faire pour trouver le bonheur et ne pas souffrir.

Le bouddhisme est foncièrement pratique. Il sert à nous faire découvrir et pratiquer ce qui engendre la sérénité, le bonheur et la confiance, et à éviter ce qui provoque l'anxiété, le désespoir et la peur. L'expérience bouddhiste ne vise pas tant à modifier nos pensées ou notre comportement pour nous rendre meilleurs, qu'à nous faire simplement reconnaître la nature de notre esprit. Elle nous montre que, de quelque manière que nous interprétions les circonstances qui déterminent notre vie, nous sommes déjà fondamentalement sains et dans un état de plénitude. Autrement dit, le bouddhisme se préoccupe moins de nous apporter le bien-être que de nous aider à *reconnaître* qu'ici, à cet instant précis, nous sommes aussi bons, sains et complets que nous pourrions jamais espérer l'être.

Vous en doutez, n'est-ce pas ?

Ce fut mon cas pendant longtemps.

J'aimerais commencer par une confession qui pourra vous paraître étrange de la part de quelqu'un que l'on considère comme la réincarnation d'un lama supposé avoir accompli toutes sortes de choses merveilleuses dans des vies précédentes. Dès ma petite enfance, j'ai été hanté par des sentiments de peur et d'angoisse. Mon cœur battait la chamade et je me mettais à transpirer en présence d'inconnus. Mon malaise n'avait aucun fondement. Je vivais dans une belle vallée, entouré par une famille aimante et par un grand nombre de moines, de nonnes et d'autres personnes dont l'occupation principale était d'apprendre comment trouver la paix et le bonheur intérieurs. Pourtant, l'angoisse m'accompagnait, aussi fidèle que mon ombre.

Je devais avoir six ans lorsque j'ai commencé à ressentir un certain répit. Poussé principalement par ma curiosité enfantine, je me mis à gravir les collines qui dominaient la vallée pour explorer les grottes dans lesquelles des générations de pratiquants bouddhistes avaient passé à méditer le plus clair de leur vie. Parfois, j'entrais dans l'une de ces grottes et faisais semblant de méditer. Bien sûr, je ne connaissais rien à la méditation. Je restais simplement assis à répéter dans mon esprit « *om mani pémé houng* », un mantra, c'est-à-dire une combinaison ancienne de syllabes connue de presque tous les Tibétains, bouddhistes ou non. Je restais parfois ainsi pendant des heures, à réciter ce mantra dans mon esprit, sans comprendre ce que je faisais. Quoi qu'il en fût, je commençai à sentir une impression de calme filtrer au-dessus de moi.

Mais après avoir passé trois ans à m'asseoir dans des grottes à essayer d'imaginer comment méditer, mon angoisse finit par augmenter, jusqu'à devenir ce qu'on appellerait peut-être, en Occident, des troubles de panique généralisés. Pendant quelque temps, je reçus des instructions informelles de mon grand-père, un excellent pratiquant de la méditation qui préférait tenir ses accomplissements secrets. Finalement, je m'armai de courage et demandai à ma mère d'intercéder en ma faveur auprès de mon père, Tulkou Ogyen Rinpotché, afin qu'il me permît d'étudier officiellement auprès de lui. Mon père accepta et, au cours des trois années suivantes, m'enseigna différentes méthodes de méditation.

Au début, je ne comprenais pas trop ce qui se passait en moi. J'essayais de reposer mon esprit comme il me l'expliquait, mais mon esprit ne restait jamais tranquille. Je m'aperçus en fait, durant ces premières années d'entraînement, que je devenais encore plus distrait que par le passé. Toutes sortes de choses m'agaçaient : la sensation d'inconfort, les bruits autour de moi, les conflits avec les autres. Ce n'est que des années plus tard que je compris un point essentiel : rien n'empirait, je ne faisais que prendre davantage conscience du flux continuel de pensées et de sensations que je n'avais jamais remarqué à ce point auparavant. Après avoir rencontré d'autres personnes qui étaient, elles aussi, passées par ce stade, j'ai constaté que c'est une expérience commune à tous ceux qui apprennent à examiner leur esprit au moyen de la méditation.

Je commençai à connaître quelques brefs instants de calme, mais la peur et l'effroi continuaient de me hanter comme des esprits faméliques, avec d'autant plus d'acuité que l'on commença à m'envoyer quelques mois par an en Inde, au monastère de Shérab Ling (siège du XIIe Tai Sitou Rinpotché – l'un des plus grands maîtres du bouddhisme tibétain actuellement vivants ; l'un de ceux, aussi, qui m'a le plus influencé et envers qui j'ai une dette impossible à rendre pour la sagesse et la bonté dont il a fait preuve en guidant mon propre développement). Je devais y étudier auprès de nombreux maîtres en compagnie d'élèves que je ne connaissais pas, puis retourner au Népal pour continuer mon entraînement sous la direction de mon père, et ainsi de suite. Je passai ainsi près de trois ans à faire l'aller-retour entre l'Inde et le Népal pour recevoir des instructions de mon père et de mes maîtres à Shérab Ling.

L'un des moments les plus terribles survint peu avant mon douzième anniversaire. On me demanda d'aller à Shérab Ling pour un événement que je redoutais depuis longtemps : mon intronisation officielle en tant qu'incarnation du Ier Yongey

Mingyour Rinpotché. Des centaines de gens assistèrent à la cérémonie, et pendant de longues heures je reçus leurs offrandes en leur donnant des bénédictions, comme si j'étais un grand personnage et non pas un enfant de douze ans terrifié. À mesure que les heures passaient, je devenais si pâle que mon frère aîné, Tsoknyi Rinpotché, qui se tenait à côté de moi, crut que j'allais m'évanouir.

Quand je repense à cette époque et à la bonté dont mes maîtres faisaient preuve à mon égard, je me demande de quoi je pouvais avoir si peur. Avec le recul, je m'aperçois que le fondement de mon angoisse tenait uniquement au fait que je n'avais pas véritablement reconnu la nature de mon esprit. J'avais, certes, une compréhension intellectuelle et élémentaire de cette nature. Mais ce qui me manquait, c'était l'expérience directe, celle qui m'aurait permis de voir que mon sentiment de terreur et de mal-être était le produit de mon propre esprit, et que la base inébranlable de la sérénité, de la confiance et du bonheur était plus proche de moi que la pupille de mes yeux.

Au moment même où je débutais mon cursus bouddhiste officiel, quelque chose de merveilleux se produisit. Je n'en étais pas conscient à l'époque, mais ce nouvel événement allait avoir un impact durable sur ma vie et, en fait, accélérer ma progression : je commençai à prendre connaissance des concepts et des découvertes de la science moderne – en particulier sur la nature et le fonctionnement du cerveau.

Rencontres cruciales

Nous sommes obligés d'en passer par là : nous asseoir, examiner notre esprit et regarder de près ce que nous percevons pour voir ce qui se passe réellement.

Kalou Rinpotché

J'étais encore enfant lorsque je rencontrai Francisco Varela, un biologiste chilien qui allait devenir l'un des plus célèbres spécialistes des neurosciences du XXe siècle. Francisco était venu au Népal pour apprendre les méthodes bouddhistes d'examen et d'entraînement de l'esprit avec mon père, dont la réputation attirait nombre d'étudiants occidentaux. Lorsque nous n'étions pas en train d'étudier ou de pratiquer, Francisco me parlait souvent des sciences modernes, et surtout de sa spécialité, la structure et le fonctionnement du cerveau. Bien sûr, il prenait soin de formuler ses leçons dans des termes accessibles à un garçon de neuf ans. Quand d'autres étudiants occidentaux de mon père s'avisèrent de mon intérêt pour la science, ils se mirent à leur tour à m'enseigner ce qu'ils connaissaient des théories modernes en matière de biologie, de psychologie, de chimie et de physique. Pour moi, c'était un peu comme apprendre deux langues à la fois : le bouddhisme d'une part, et la science moderne de l'autre.

Je me souviens même d'avoir pensé qu'il semblait ne pas y avoir de fossé très profond entre les deux. Les termes différaient, mais le sens m'apparaissait à peu près identique. Au bout de quelque temps, je commençai également à me rendre compte que les scientifiques occidentaux et les érudits bouddhistes abordaient les problèmes de façon remarquablement similaire. Les textes bouddhistes classiques commencent par énoncer des prémisses théoriques ou philosophiques qu'ils désignent généralement sous le nom de « base ». Puis ils mettent en œuvre différentes méthodes d'exercices pratiques qu'ils appellent « la voie ». Enfin, ils analysent les résultats de l'expérimentation personnelle ou suggèrent des recherches plus poussées : c'est ce qu'ils nomment « le fruit ». La recherche scientifique moderne adopte souvent un cheminement identique. Elle commence par énoncer une théorie ou une hypothèse, puis elle explique la façon dont la théorie sera mise à l'épreuve de l'expérimentation ; enfin, elle analyse les résultats et les compare à l'hypothèse de départ.

Ce qui me fascinait le plus dans le fait d'étudier parallèlement la science moderne et la pratique bouddhiste, c'était de m'apercevoir que l'approche bouddhiste enseignait une méthode introspective, ou subjective, pour actualiser notre potentiel de bonheur, tandis que la méthode occidentale permettait d'expliquer de façon objective pourquoi et comment ces enseignements produisaient tel ou tel effet. Ensemble, elles constituaient un tout plus complet et plus intelligible que l'une ou l'autre prise séparément.

Vers la fin de cette série de voyages entre le Népal et l'Inde, j'appris qu'une retraite de trois ans était sur le point de débuter au monastère de Shérab Ling. Le guide de cette retraite devait être Saljay Rinpotché, l'un de mes principaux tuteurs. À cette époque, il était considéré comme l'un des maîtres les plus accomplis du bouddhisme tibétain. C'était un homme mesuré, qui parlait doucement et avait un talent extraordinaire pour dire et faire ce qu'il fallait exactement au moment où il le fallait. Je suis sûr que vous avez connu des gens qui produisent ce genre d'effet sur les autres et peuvent donner des leçons extrêmement profondes sans avoir l'air d'enseigner quoi que ce soit. Leur simple manière d'être constitue en soi une leçon qui vous accompagne le restant de votre vie.

Comme Saljay Rinpotché était très âgé, cette retraite était sans doute la dernière qu'il allait diriger, et je voulais absolument en faire partie. Mais je n'avais que treize ans, âge généralement considéré comme trop précoce pour supporter les rigueurs d'une réclusion de trois ans. Je suppliai pourtant mon père d'intercéder en ma faveur, et c'est ainsi que Tai Sitou Rinpotché m'accorda finalement sa permission.

Avant de décrire mes expériences pendant ces trois années, je pense qu'il est nécessaire de dire un mot de l'histoire du bouddhisme tibétain. Cela vous aidera peut-être à comprendre pourquoi je tenais tellement à entrer en retraite.

Importance de la lignée

La compréhension intellectuelle ne suffit pas [...], vous devez aussi acquérir la conviction qui découle de l'expérience directe.

Le IXe Karmapa

La méthode d'exploration et d'entraînement de l'esprit que l'on appelle « bouddhisme » a sa source dans les enseignements d'un prince indien du nom de Siddharta. Ce dernier, ayant constaté par lui-même la terrible misère de ceux qui n'avaient pas grandi dans l'environnement privilégié qui était le sien, renonça au confort et à la sécurité de son palais pour chercher une solution à la question de la souffrance. Cette souffrance peut prendre de nombreuses formes, de la petite voix tenace qui nous souffle à l'oreille que nous serions plus heureux « si seulement » quelques petits détails de notre vie étaient différents, jusqu'à la douleur de la maladie et à la terreur de la mort.

Siddharta, ayant adopté la vie ascétique, erra dans l'Inde tout entière pour étudier auprès de maîtres qui déclaraient avoir trouvé la solution qu'il recherchait. Malheureusement, aucune des réponses qu'ils donnaient, ni aucune des pratiques qu'ils enseignaient, ne semblait tout à fait complète. En fin de compte, il décida de renoncer à tout conseil extérieur et de chercher la solution au problème de la souffrance là où il commençait à se douter qu'il se cachait : dans son propre esprit. En un lieu appelé Bodhgaya, au nord-est de la province indienne actuelle du Bihar, il s'assit sous un arbre et plongea de plus en plus profondément à l'intérieur de son esprit, déterminé soit à trouver la réponse qu'il cherchait, soit à y laisser la vie. Au bout d'un grand nombre de jours et de nuits, il trouva enfin l'objet de sa quête : un état de conscience fondamental, immuable, indestructible et d'une envergure infinie. Lorsqu'il émergea de sa méditation profonde, il n'était plus Siddharta, il était le Bouddha, terme sanskrit qui signifie « l'Éveillé ».

Ce à quoi il s'était éveillé, c'était le potentiel intégral de sa propre nature, lequel avait été, jusqu'alors, limité par ce qu'on appelle communément le « dualisme » – la croyance en un « moi » distinct et existant par lui-même, séparé d'un « autre » que l'on croit tout aussi réel et distinct. Comme nous le verrons par la suite, le dualisme n'est pas un défaut de notre nature, mais un mécanisme de survie complexe, profondément enraciné dans la structure et le fonctionnement du cerveau et qui, comme bien d'autres, peut être transformé au moyen de l'expérience intérieure.

Le Bouddha reconnut cette capacité de changement en pratiquant l'introspection. La manière dont les concepts erronés s'enracinent dans l'esprit ainsi que les moyens d'y couper court devinrent les sujets de son enseignement, pendant les quarante années qu'il passa ensuite à sillonner l'Inde en attirant des centaines et des milliers de disciples. Plus de 2 500 ans après lui, les scientifiques modernes commencent à démontrer par des recherches cliniques rigoureuses que la compréhension acquise par le Bouddha au moyen de l'examen subjectif était exacte à un point étonnant.

Comme la perception profonde du Bouddha allait bien au-delà des idées ordinaires que les êtres se font d'eux-mêmes et de la nature de la réalité, il fut contraint – comme d'autres grands maîtres avant et après lui – de communiquer ce qu'il avait appris au moyen de paraboles, d'images, de métaphores.

Au cours des siècles qui suivirent la mort du Bouddha, ses enseignements se répandirent dans de nombreux pays, en particulier au Tibet qui, par son isolement géographique, constituait un environnement parfait, car il permettait aux générations successives de maîtres et de disciples de se consacrer exclusivement à l'étude et à la pratique. Les maîtres tibétains qui atteignirent l'Éveil et devinrent bouddhas durant leur vie transmirent ce qu'ils avaient appris à leurs disciples les plus prometteurs, et ceux-ci, à leur tour, léguèrent cette sagesse à leurs propres disciples. C'est ainsi que s'établit, au

Tibet, une transmission ininterrompue des enseignements du Bouddha tels qu'ils avaient été fidèlement recueillis par ses premiers disciples. Mais le vrai pouvoir de la transmission du bouddhisme tibétain, celui qui lui confère toute sa force et sa pureté, c'est le lien direct qui s'établit entre l'esprit des maîtres qui transmettent oralement, et souvent secrètement, les enseignements essentiels de leur lignée, et l'esprit de leurs disciples.

Comme de nombreuses régions du Tibet sont elles-mêmes coupées les unes des autres par des montagnes, des rivières et des vallées, il était parfois difficile aux maîtres et aux disciples de voyager ici et là pour s'enseigner mutuellement ce qu'ils avaient appris. En conséquence, dans chaque région la transmission des enseignements prit un aspect particulier. À l'heure actuelle, on dénombre quatre écoles ou lignées principales : Nyingma, Sakya, Kagyu et Guélouk. Bien que chacune d'entre elles ait vu le jour à des époques et dans des régions différentes, leurs principes, leurs pratiques et leurs points de vue fondamentaux sont identiques. Si j'en crois ce que l'on m'a dit, leurs points de divergence sont à peu près comparables à ceux des différents courants du protestantisme. Ils résident principalement dans la terminologie et dans quelques différences subtiles quant à la manière d'aborder l'étude et la pratique.

La lignée la plus ancienne, qui apparut entre le VIIe et le VIIIe siècle, à l'époque où le Tibet était gouverné par des rois, est celle de l'école Nyingma – le terme *nyingma* veut dire « les anciens ». Malheureusement, le dernier des rois tibétains, Langdarma, lança, pour des raisons à la fois politiques et personnelles, une violente répression contre le bouddhisme. Il gouverna quatre ans seulement, avant d'être assassiné en 842, mais pendant les cent cinquante ans qui suivirent sa mort, la lignée ancienne des enseignements bouddhistes resta un mouvement clandestin, tandis que le Tibet connaissait de grands bouleversements politiques et finit par se diviser en plusieurs royaumes féodaux indépendants, quoique vaguement fédérés.

Cette nouvelle situation fournit au bouddhisme une occasion de réaffirmer progressivement et paisiblement son influence, tandis que des maîtres indiens se rendaient au Tibet et que des disciples déterminés se lançaient dans le difficile périple à travers l'Himalaya pour aller étudier directement auprès de maîtres indiens. L'une des premières écoles qui vit le jour pendant cette période porte le nom de Kagyu : *ka* peut se traduire par « parole » ou « instruction », et *gyu* par « lignée ». Le principe de base de cette école est la transmission orale des instructions de maître à disciple, qui a permis de préserver la pureté de la lignée de façon inégalée.

L'origine de la tradition Kagyu est à chercher en Inde, au Xe siècle, lorsqu'un être extraordinaire appelé Tilopa s'éveilla pleinement à son potentiel intérieur. La réalisation de Tilopa et les pratiques qui lui avaient permis de l'atteindre furent transmises de maître à disciple pendant quatre générations et parvinrent jusqu'à Gampopa, un être brillant qui avait renoncé à la médecine pour rechercher les enseignements du Bouddha. Gampopa transmit tout ce qu'il avait appris à ses quatre meilleurs disciples qui fondèrent chacun leur propre école dans différentes parties du Tibet.

L'un de ces disciples, appelé Dusoum Khyenpa – littéralement, « celui qui connaît les trois temps » (le passé, le présent et le futur) –, fonda la lignée connue aujourd'hui sous le nom de Karma Kagyu – *karma* étant un mot sanskrit signifiant « action » ou « activité ». Dans la tradition Karma Kagyu, la somme des enseignements philosophiques et des instructions pratiques, qui comprend plus de cent volumes, est transmise oralement par Karmapa, le maître de la lignée, à une poignée de disciples. Certains d'entre eux s'incarnent de génération en génération dans le but spécifique de transmettre la totalité de ces connaissances à l'incarnation suivante du Karmapa, afin de préserver et de protéger ces instructions d'une valeur inestimable en conservant, dans toute sa pureté, la forme qui était la leur il y a plus de mille ans.

Cette transmission directe et ininterrompue n'a pas d'équivalent en Occident. La manière la plus approchante d'en donner une idée serait peut-être d'imaginer qu'un homme comme

Albert Einstein aille voir ses étudiants les plus capables et leur dise : « Si cela ne vous dérange pas, je vais transférer dans votre cerveau toutes mes connaissances ; vous devrez les préserver quelque temps, jusqu'à ce que je revienne dans un autre corps d'ici quelques années. Votre travail consistera, à ce moment-là, à retransmettre tout ce que je vous aurai enseigné à un jeune homme que vous pourrez reconnaître comme étant moi grâce à la connaissance que vous aurez reçue également de moi. Au cas où quelque chose ne se passerait pas comme prévu, vous devrez transmettre mes enseignements à quelques autres disciples dont vous pourrez reconnaître les qualités d'après des critères que je vais vous décrire – cela pour être sûr que rien ne se perdra. »

Avant son décès en 1981, le XVIe Karmapa transmit cette précieuse somme d'enseignements à plusieurs de ses disciples que l'on appelle « les fils de son cœur ». Il les chargea de la transmettre, à leur tour, à la prochaine incarnation du Karmapa et de s'assurer qu'elle serait préservée intacte en la communiquant dans leur intégralité à des disciples exceptionnels. Le XIIe Tai Sitou Rinpotché, l'un des plus éminents « fils du cœur » du XVIe Karmapa, me considéra comme l'un de ces élèves prometteurs et facilita mon voyage en Inde pour étudier auprès des maîtres de Shérab Ling.

Comme je l'ai mentionné précédemment, les différences entre les lignées sont minimes et se résument généralement à des détails de vocabulaire et à des points de vue légèrement divergents sur l'étude et la pratique. Dans la lignée Nyingma – dont mon père et plusieurs de mes maîtres ultérieurs sont considérés comme des représentants accomplis –, les enseignements sur la nature fondamentale de l'esprit, par exemple, sont désignés par le terme *dzogtchen*, qui signifie « grande complétude ». Dans la tradition Kagyu – celle de Tai Sitou Rinpotché, Saljay Rinpotché et beaucoup d'autres maîtres présents à Shérab Ling –, ces mêmes enseignements portent le nom de *mahamoudra*, qui signifie « le grand sceau ». Il y a très peu de différences entre les deux, hormis, peut-être, le fait que les enseignements *dzogtchen* mettent l'accent sur la compréhension profonde de la *vue* de la nature originelle de l'esprit, alors que les enseignements du *mahamoudra* portent principalement sur les usages de la méditation qui facilitent l'expérience directe de cette nature.

Dans le monde moderne des avions, des automobiles et des téléphones, il est devenu beaucoup plus facile, pour les maîtres et les disciples, de voyager partout, si bien que les divergences qui étaient apparues autrefois dans les différentes écoles ont perdu de leur poids. Une chose cependant n'a pas changé, c'est l'importance de recevoir la transmission directe des enseignements de quelqu'un qui en a acquis la maîtrise. Grâce au lien direct avec un maître vivant, quelque chose d'étonnamment précieux est transmis, comme si une respiration, quelque chose de vivant, passait du cœur du maître à celui du disciple. C'est de cette façon que, lors des retraites de trois ans, les enseignements sont transférés de maître à disciple. C'est dire la force de mon désir de participer au programme de retraite à Shérab Ling.

MA RENCONTRE AVEC MON ESPRIT

La simple réalisation de ce qu'est l'esprit inclut toutes les autres connaissances.

Jamgön Kongtrul Lodrö Thayé

J'aimerais pouvoir dire que tout alla mieux une fois que je me trouvai installé en sécurité au milieu des autres participants à la retraite de trois ans. Eh bien non : ma première année de retraite fut l'une des pires de ma vie ! Tous les symptômes d'angoisse que j'avais connus auparavant – tensions physiques, gorge serrée, vertiges et vagues de panique qui m'assaillaient particulièrement pendant les pratiques collectives – revinrent en force. En termes occidentaux, j'avais une dépression nerveuse.

Rétrospectivement, je peux dire qu'il s'agissait bien de cet état pathologique. Totalement sevré des distractions de la vie ordinaire, je n'avais pas d'autre choix que de me confronter à mon propre esprit, lequel n'offrait pas, à l'époque, un spectacle agréable à observer jour après jour. Chaque semaine qui passait me donnait l'impression que le paysage mental et émotionnel que je contemplais devenait de plus en plus effrayant. Finalement, vers la fin de la première année, je me trouvais devant cette alternative : soit je passais les deux années restantes à me cacher dans ma chambre, soit je prenais vraiment en compte toute la vérité des leçons reçues de mon père et d'autres maîtres, à savoir que mes problèmes étaient des habitudes de pensée et des perceptions enracinées dans mon propre esprit.

Je décidai de mettre en application ce qu'on m'avait appris. Trois jours durant, je restai dans ma chambre à méditer, en ayant recours à un certain nombre de techniques que je décrirai plus avant dans ce livre. Peu à peu, je commençais à reconnaître la fragilité et le caractère éphémère des pensées et des émotions qui m'avaient perturbé pendant des années, et je compris comment, en me crispant sur de petits ennuis, je les avais transformés en problèmes énormes. Du seul fait de rester assis à observer à quelle vitesse et, sous bien des aspects, avec quel illogisme mes pensées et mes émotions allaient et venaient, je commençai à voir directement qu'elles n'étaient pas aussi solides et réelles qu'elles en avaient l'air. Puis, une fois que j'eus commencé à lâcher prise sur ma croyance à l'histoire qu'elles avaient l'air de me raconter, je perçus peu à peu l'« auteur » qui se cachait derrière : la conscience infiniment vaste, infiniment ouverte, qui est la nature même de l'esprit.

Toute tentative de décrire par des mots l'expérience directe de la nature de l'esprit est vouée à l'échec. Tout ce qu'on peut en dire, c'est qu'il s'agit d'une expérience infiniment paisible et, une fois stabilisée par une pratique répétée, quasiment inébranlable. C'est une expérience de bien-être absolu qui imprègne tous les états physiques et mentaux, même ceux qui sont normalement considérés comme déplaisants. Ce sentiment de bien-être, indépendant de la fluctuation des sensations venues de l'intérieur ou de l'extérieur, est l'une des manières les plus claires de comprendre ce que le bouddhisme entend par « bonheur ». J'eus la chance de l'entrevoir pendant mes trois jours d'isolement.

À la fin de ces trois jours, je quittai ma cellule pour rejoindre le groupe. Il me fallut encore près de deux semaines de pratique sans distraction pour venir à bout de l'angoisse qui avait accompagné toute mon enfance et pour saisir, en la vivant directement, la vérité de ce qu'on m'avait enseigné. Depuis lors, je n'ai plus eu une seule crise de panique. Le sentiment de paix, de confiance et de bien-être qui résultait de cette expérience n'a jamais vacillé, même dans des circonstances qui auraient pu être objectivement qualifiées de stressantes. Je considère que je n'ai aucun mérite à cette transformation, puisque je n'ai fait qu'appliquer directement une vérité transmise par ceux qui m'ont précédé.

J'avais seize ans lorsque je sortis de retraite. À ma grande surprise, Tai Sitou Rinpotché me confia la charge de diriger la retraite suivante, qui allait commencer presque tout de suite. Quelques mois plus tard, je me retrouvai donc dans le centre de retraite, en train d'enseigner les préliminaires et les méthodes plus avancées de la lignée Kagyu qui allaient permettre aux nouveaux retraitants d'accéder à la transmission directe que j'avais moi-même reçue. Bien que maître de la retraite, je considérais cette responsabilité comme une merveilleuse occasion de méditer, pendant presque sept ans de réclusion, de manière intensive. Et, cette fois-ci, je ne me suis jamais recroquevillé de peur un seul instant dans ma petite cellule.

À la fin de la deuxième retraite, je m'inscrivis pour un an à l'université monastique de Dzongsar. Cette idée venait de mon père, et Tai Sitou Rinpotché y avait volontiers agréé. J'eus la grande chance de poursuivre mon apprentissage des disciplines philosophiques et scientifiques du bouddhisme sous la direction de Khentchen Kunga Wangchouk, un grand érudit qui arrivait tout juste du Tibet.

La façon d'étudier n'est pas du tout la même dans une université monastique traditionnelle que dans la plupart des universités occidentales. On n'y choisit pas ses cours. On ne s'y trouve pas, non plus, assis dans d'agréables amphithéâtres à écouter des professeurs donner leurs enseignements sur un sujet précis. On n'y rédige pas davantage de dissertations, et il n'y a pas d'examens écrits. Dans une université monastique, on étudie un grand nombre de textes bouddhistes. Presque chaque jour ont lieu des interrogations-surprises pendant lesquelles un étudiant dont le nom a été tiré au sort doit commenter spontanément le sens d'un extrait de texte. Nos « examens » consistaient parfois à commenter par écrit des ouvrages que nous avions étudiés, et d'autres fois à débattre en public : les maîtres désignaient à l'improviste quelques étudiants et les mettaient au défi de fournir des réponses précises à des questions imprévisibles sur des points subtils de philosophie.

À la fin de ma première année d'études à Dzongsar, Tai Sitou Rinpotché entreprit une série de tournées d'enseignement dans le monde et me confia la charge de superviser, sous sa direction, les activités journalières de Shérab Ling, ainsi que la responsabilité de rouvrir le centre d'études dans l'enceinte du monastère pour y étudier et prendre la fonction de professeur assistant. Il me demanda également de diriger les retraites de trois ans qui allaient suivre. Comme je lui devais beaucoup, j'acceptai sans hésiter. S'il me faisait confiance pour remplir ces missions, qui étais-je pour mettre en doute son jugement ? Et, bien sûr, j'avais la chance de vivre à une époque où je pouvais recevoir directement ses conseils et ses instructions par téléphone.

Quatre ans passèrent ainsi à diriger les affaires de Shérab Ling, à poursuivre ma formation, à enseigner dans le nouveau centre d'études et à transmettre directement des enseignements aux disciples en retraite. Vers la fin de cette période, je partis au Bhoutan auprès de Nyoshul Khen Rinpotché, un maître *dzogtchen* d'un discernement, d'une expérience et d'une compétence extraordinaires, pour recevoir de lui la transmission directe d'enseignements connus sous les noms de *trekcheu* et *theugal*, que l'on peut approximativement traduire par « pureté originelle » et « présence spontanée ». Ces enseignements ne sont transmis qu'à un seul disciple à la fois, et j'étais pour le moins bouleversé d'avoir été choisi. Je ne peux m'empêcher de considérer Nyoshul Khen Rinpotché, de même que Tai Sitou Rinpotché, Saljay Rinpotché et mon propre père comme les maîtres qui ont eu le plus d'influence sur ma vie.

La chance de recevoir ces transmissions m'a appris aussi, de façon indirecte, que lorsqu'on s'engage au service des autres, on reçoit en retour mille fois plus sous forme d'occasions d'étudier et de progresser. Chaque mot bienveillant, chaque sourire que nous offrons à quelqu'un qui, peut-être, est en train de passer une mauvaise journée, nous revient d'une manière à laquelle nous ne pouvons pas du tout nous attendre. Comment et pourquoi cela se passe-t-il ainsi ? C'est ce que nous verrons plus loin. L'explication a un rapport avec les principes de la physique et de la biologie dont j'entendis parler lorsque je commençai à voyager autour du monde et à travailler plus directement avec les maîtres de la science moderne.

Une lumière venue de l'ouest

Une seule lampe peut dissiper les ténèbres accumulées pendant mille éons.

Tilopa

Comme mon emploi du temps, pendant les années qui suivirent ma première retraite, était bien rempli, je n'avais guère l'occasion de me tenir au courant des progrès des neurosciences et des autres domaines de la recherche cognitive, ou encore d'assimiler les découvertes de la physique, du moins celles qui étaient de notoriété publique. En 1998, cependant, ma vie prit une tournure inattendue lorsque mon frère, Tsoknyi Rinpotché, qui devait donner des enseignements en Amérique du Nord, fut dans l'impossibilité de faire le voyage et que je dus le remplacer. Ce serait mon premier long séjour en Occident. J'avais vingt-trois ans.

Je ne savais pas, au moment où je montais dans l'avion pour New York, que les personnes que j'allais rencontrer alors changeraient le cours de mes réflexions pendant de nombreuses années à venir. M'accordant généreusement leur temps et m'offrant toute une montagne de livres, d'articles, de DVD et de bandes vidéo, elles me firent connaître les idées de la physique moderne et les derniers progrès de la recherche en neurologie et en psychologie cognitive et comportementale. J'étais très intéressé, car les expériences scientifiques qui avaient pour but d'étudier les effets de l'entraînement bouddhiste sur le cerveau humain étaient devenues extrêmement riches, détaillées et, surtout, accessibles aux gens comme moi qui n'avaient aucune formation scientifique. Comme, de surcroît, je n'avais pas une grande connaissance de l'anglais à cette époque, je suis doublement reconnaissant envers ceux qui ont passé beaucoup de temps à m'informer en des termes que je pouvais comprendre. Par exemple, il n'y a aucun mot tibétain pour dire « cellule », « neurone » ou « ADN », et les acrobaties verbales auxquelles les chercheurs devaient se livrer pour me faire assimiler ces concepts étaient si compliquées que nous finissions presque toujours par éclater de rire !

À l'époque où j'étais occupé par mes études en retraite et hors retraite, mon ami Francisco Varela travaillait avec le Dalaï-lama pour organiser des dialogues entre des scientifiques modernes et des moines et érudits bouddhistes. Ces dialogues devinrent ensuite les conférences de l'institut Mind and Life, durant lesquelles des spécialistes de différents champs de recherche scientifique et d'enseignements bouddhistes se réunissent pour échanger leurs connaissances sur la nature et le fonctionnement de l'esprit. J'ai eu la chance d'assister à la conférence de mars 2000 à Dharamsala (Inde), et à celle de 2003 qui eut lieu au MIT (Massachusetts Institute of Technology) de Cambridge, dans le Massachusetts.

Lors de la conférence de Dharamsala, j'ai beaucoup appris sur les mécanismes biologiques de l'esprit. Mais c'est la conférence au MIT, centrée sur les liens qui pourraient exister, dans l'exploration de l'expérience mentale, entre les techniques introspectives du bouddhisme et la méthode objective de la science, qui m'a le plus fait réfléchir. Je me suis demandé comment je pourrais partager les connaissances acquises au cours de mes années d'entraînement avec des êtres auxquels les pratiques bouddhistes ou les théories complexes de la science moderne étaient plus ou moins étrangères.

À mesure que la conférence se déroulait, j'essayais d'imaginer ce qui se passerait si l'on pouvait combiner la démarche bouddhiste et la démarche scientifique. Que pouvait-on apprendre en rassemblant, d'une part, les informations obtenues auprès d'individus entraînés à décrire minutieusement leurs expériences intérieures et, d'autre part, les données objectives fournies par des machines capables de mesurer d'infimes modifications de l'activité cérébrale ?

À la fin de la conférence, les participants des deux panels – bouddhiste et scientifique – s'accordèrent pour dire que tous avaient énormément à gagner à travailler ensemble, et aussi que cette collaboration représentait en soi une occasion unique d'améliorer la qualité de la vie humaine. Dans ses conclusions, Eric S. Lander, professeur en biologie moléculaire au MIT et directeur de l'Institut Whitehead du Centre de recherche sur le génome au MIT, fit ressortir que dans la pratique bouddhiste on mettait l'accent sur la possibilité d'atteindre des niveaux de conscience plus profonds, tandis que la science moderne se préoccupait simplement d'affiner les méthodes permettant de ramener les malades mentaux à un état normal. « Pourquoi en rester là ? poursuivit-il. Pourquoi se contenter de ne pas être malades mentalement ? Pourquoi ne pas chercher à aller de mieux en mieux ? »

Les questions du professeur Lander me donnèrent envie

d'offrir à tous un moyen d'appliquer les leçons du bouddhisme et de la science moderne pour résoudre les problèmes de leur vie quotidienne. Comme je l'avais appris à la dure pendant ma première année de retraite, la compréhension intellectuelle ne suffit pas du tout, à elle seule, pour vaincre les habitudes psychologiques et biologiques qui créent tant de problèmes dans notre vie de tous les jours. Pour qu'une véritable transformation ait lieu, il faut que la théorie soit mise en pratique.

Je suis infiniment reconnaissant aux maîtres bouddhistes qui, pendant mes premières années d'entraînement, ont partagé avec moi leur compréhension philosophique profonde ainsi que les moyens de l'appliquer. Mais je suis également redevable aux scientifiques qui m'ont si généreusement consacré leur temps et leurs efforts, non seulement pour réévaluer ce que j'avais appris et le reformuler en termes plus accessibles, mais aussi pour valider les résultats de la pratique bouddhiste par des recherches approfondies en laboratoire. Nous avons, me semble-t-il, beaucoup de chance de vivre à une époque, unique dans l'histoire humaine, où les scientifiques occidentaux et les érudits bouddhistes sont prêts à collaborer pour donner à l'humanité tout entière la possibilité d'atteindre un niveau de bien-être au-delà de tout ce qu'on peut imaginer. Mon souhait, en écrivant ce livre, est que tous ceux qui le liront reconnaissent les bienfaits concrets qu'ils peuvent recueillir en appliquant les leçons de cette collaboration extraordinaire, et qu'ils réalisent à leur profit la promesse de leur potentiel humain dans son intégralité.

2

La symphonie intérieure

Un ensemble de parties produit le concept de véhicule.

Samyuttanikâya

L'une des premières leçons que j'ai apprises en tant que bouddhiste est que chaque être sensible – c'est-à-dire chaque être doté d'une conscience, aussi élémentaire soit-elle – peut se définir par trois principes de base que nous appelons, dans le bouddhisme, *corps*, *parole* et *esprit*. Le *corps* veut dire, bien sûr, l'aspect physique de notre être, lequel est en perpétuel changement. Il naît, grandit, tombe malade, vieillit et, finalement, meurt. Le terme *parole* ne désigne pas seulement la faculté de parler, mais aussi tous les signaux que nous échangeons sous la forme de sons, de gestes, d'expressions du visage. Il peut même s'appliquer à l'émission de phéromones, substances sécrétées par certains êtres vivants et susceptibles d'influencer de façon subtile le comportement et le développement d'autres êtres. Tout comme le corps, la parole fait partie du champ de l'impermanence. Tous les messages que nous échangeons à l'aide de mots ou d'autres signes n'ont d'existence qu'au moment où ils sont émis. Et lorsque le corps meurt, sa capacité de *parole* s'évanouit en même temps que lui.

L'*esprit* est beaucoup plus difficile à définir. Ce n'est pas une « chose » ou un phénomène aussi aisément identifiable que le corps et la parole. On a beau l'examiner attentivement, on ne peut rien trouver, où que ce soit, que l'on pourrait appeler « l'esprit ». Des milliers de livres et d'articles ont été écrits pour essayer de décrire cette qualité de chose insaisissable. Malgré tous les efforts et le temps passé à essayer de l'identifier et de trouver où il réside, aucun bouddhiste – et aucun scientifique occidental, d'ailleurs – n'a pu dire une bonne fois pour toutes : « Ça y est ! J'ai trouvé l'esprit ! Il est dans telle partie du corps, il ressemble à cela, et voici comment il fonctionne ! »

Des siècles de recherche ont, tout au plus, permis de conclure qu'il est impossible de localiser l'esprit, qu'il n'a aucune forme, aucune couleur ni aucune de ces caractéristiques tangibles par lesquelles nous définissons les choses. Nous pouvons déterminer, par exemple, l'endroit où se trouvent le cœur ou les poumons, les principes de la circulation du sang, les zones qui contrôlent les fonctions vitales essentielles comme la régulation du métabolisme, mais rien de tel n'est possible pour l'esprit. Il serait tellement plus facile de dire qu'une chose aussi frustrante à définir n'existe pas du tout ! Il serait tellement plus facile d'expédier l'esprit au royaume des entités imaginaires comme les fantômes, les lutins et les fées !

Pourtant, on ne peut pas raisonnablement nier l'existence de l'esprit. Nous pensons. Nous sentons. Nous savons que nous avons mal au dos, que nos pieds sont engourdis, que nous sommes en forme ou fatigué, joyeux ou triste. L'incapacité à localiser ou à définir avec précision un phénomène ne signifie donc pas qu'il n'a aucune réalité. Tout ce que nous pouvons dire, c'est que nous n'avons pas encore réuni assez d'informations pour proposer un modèle utilisable. On peut comparer la compréhension scientifique de l'esprit à notre propre acceptation d'un phénomène aussi simple que l'énergie électrique. Pour faire basculer un commutateur ou allumer le téléviseur, il n'est pas nécessaire de connaître en détail le circuit électrique ou l'énergie électromagnétique. Si une lampe ne fonctionne pas, nous changeons l'ampoule. Si la télévision ne s'allume pas, nous vérifions les câbles ou le raccordement à la parabole. Nous devons peut-être changer une diode, réviser le contact entre la télévision et les fils qui la relient à l'antenne ou au boîtier du décodeur, ou encore remplacer un fusible. Au pire, il nous faudra appeler un technicien. Mais derrière tous ces gestes, il y a la compréhension de base, ou la confiance, que l'électricité, ça *fonctionne*.

C'est la même chose avec l'esprit. La science moderne a pu identifier un grand nombre des structures cellulaires et des mécanismes mis en jeu dans les événements intellectuels, émotionnels et sensoriels que nous associons au fonctionnement du mental. Mais il lui reste encore à identifier, ne serait-ce qu'approximativement, en quoi consiste l'esprit lui-même. En réalité, plus les scientifiques scrutent l'activité mentale avec précision, plus ils se rapprochent du point de vue bouddhiste, selon lequel l'esprit est un *événement* en perpétuelle évolution, plutôt qu'une entité distincte.

Les premières traductions occidentales des ouvrages bouddhistes donnaient à penser que l'esprit est une sorte de « chose » distincte, ou de matière inaccessible à la compréhension scientifique de l'époque. Ces traductions incorrectes étaient fondées sur l'hypothèse d'alors, selon laquelle tout ce que nous vivons pourrait, en fin de compte, être lié à tel processus physique ou à tel autre. Des traductions plus récentes des textes classiques font preuve d'une compréhension plus proche de la conception scientifique actuelle, selon laquelle l'esprit est une occurrence en continuelle évolution, causée par l'interaction d'habitudes d'ordre neurologique et d'éléments imprévisibles de l'expérience immédiate.

Bouddhistes et scientifiques modernes s'accordent à dire que le fait d'avoir un esprit est ce qui différencie les êtres sensibles des autres organismes comme l'herbe ou les arbres, et, bien entendu, des choses que nous ne considérerons pas comme vivantes, tels les pierres, le papier d'emballage ou les blocs de ciment. Même un lombric a un esprit. Je vous concède qu'il n'est pas aussi complexe que celui d'un être humain, quoique la simplicité puisse avoir quelques vertus – on n'imagine pas, par exemple, un ver de terre restant debout toute une nuit à se ronger les sangs pour les cours de la Bourse.

Il y a un autre point sur lequel les bouddhistes et la plupart des scientifiques sont d'accord. C'est que l'esprit est l'élément constitutif le plus essentiel des êtres qui ont en commun d'avoir une conscience. Pour en donner une image, l'esprit serait le marionnettiste, alors que le corps et les différentes formes de communication constituant la parole ne seraient que les marionnettes.

Vous pouvez facilement le vérifier par vous-même. Quand vous vous grattez le nez, qu'est-ce qui est d'abord conscient de la démangeaison ? Le corps, par lui-même, en est-il capable ? Est-ce le corps qui dirige lui-même la main pour gratter le nez ? Peut-il même faire la différence entre la démangeaison, la main et le nez ?

Quand vous avez soif, c'est l'esprit qui reconnaît d'abord la soif, puis vous incite à demander un verre d'eau, dirige votre main dans la direction du verre qu'on vous tend, le porte à votre bouche et vous dit enfin d'avaler. C'est encore l'esprit qui enregistre le plaisir de la soif assouvie.

Bien qu'on ne le voie pas, l'esprit est toujours présent et actif. C'est grâce à lui que nous faisons la différence entre une maison et un arbre, la pluie et la neige, un ciel clair et un ciel nuageux. Mais la présence de l'esprit est une donnée si fondamentale de notre vécu que nous la prenons pour acquise et l'acceptons le plus souvent sans réfléchir. Nous ne cherchons jamais à savoir d'où viennent des pensées comme « je veux manger », « je veux partir », « je veux m'asseoir ». Nous ne nous demandons jamais si l'esprit est à l'intérieur du corps ou à l'extérieur, s'il a un début, s'il demeure quelque part, s'il a une fin, une forme ou une couleur, s'il a tout simplement une réalité ou s'il ne s'agit que de l'activité aléatoire de cellules cérébrales qui, avec le temps, ont engendré un processus habituel.

Pourtant, si nous voulons en finir avec les douleurs, les souffrances et les difficultés de notre vie, et comprendre tout ce que signifie vraiment « avoir un esprit », nous sommes obligés d'examiner celui-ci et d'en définir les caractéristiques essentielles.

C'est en fait très simple. Cela ne semble difficile qu'au début, parce que nous sommes trop habitués à regarder le monde « extérieur », si plein d'objets et d'expériences intéressantes. Pour nous, regarder notre esprit, c'est un peu comme essayer de voir notre nuque sans miroir.

Je vous propose maintenant un test simple afin de vous faire comprendre la difficulté de regarder l'esprit en conservant notre vision habituelle des choses. La prochaine fois que vous prendrez un repas, demandez-vous : « Qu'est-ce qui pense que ce plat a bon ou mauvais goût ? Qu'est-ce qui est conscient du fait que je suis en train de manger ? » La réponse immédiate semble être : « Mon cerveau ! » Mais lorsqu'on examine le cerveau du point de vue de la science moderne, on s'aperçoit que la réponse n'est pas aussi simple.

Que se passe-t-il à l'intérieur ?

Tous les phénomènes sont des projections de l'esprit.

Le IIIe Karmapa

Si notre seul désir est d'être heureux, pourquoi avons-nous besoin de savoir quoi que ce soit de notre cerveau ? Ne pouvons-nous pas nous contenter d'avoir des pensées joyeuses, d'imaginer que notre corps est rempli de lumière, ou bien de couvrir les murs de notre maison d'images de Jeannot Lapin et d'arcs-en-ciel ?

Malheureusement, l'une des principales difficultés que l'on rencontre en essayant d'examiner son esprit est la conviction profonde, et souvent inconsciente, que l'on est comme on est, et que l'on n'y peut rien changer. J'ai moi-même éprouvé ce sentiment de pessimisme inutile dans mon enfance, et je l'ai constaté très souvent chez les autres au cours de mes voyages dans le monde. Sans même que nous en soyons conscients, voir ainsi notre esprit comme une chose rigide empêche en soi toute tentative de changement.

Certains m'ont dit avoir essayé de changer au moyen de déclarations affirmatives, de prières ou de visualisations, mais ils ont souvent abandonné au bout de quelques jours ou de quelques semaines, car ils ne voyaient pas de résultat immédiat. Lorsque les méthodes restent sans effet, ils rejettent toute idée de transformer leur esprit, comme ils le feraient pour une technique de marketing destinée, par exemple, à faire vendre des livres. Néanmoins, au cours de mes conversations avec des savants de tous pays, j'ai été frappé par une chose : presque toute la communauté scientifique s'accorde à penser que le cerveau est structuré de telle sorte qu'il est possible d'effectuer de véritables changements dans notre expérience de tous les jours.

Au cours des dernières années, j'ai recueilli un grand nombre d'idées intéressantes auprès de spécialistes des neurosciences, de biologistes et de psychologues. Certaines d'entre elles mettaient en question les notions avec lesquelles j'avais grandi, tandis que d'autres confirmaient ce qui m'avait été enseigné, bien qu'en l'abordant sous un angle différent. Peu importe que nous ayons toujours été d'accord ou pas, ces entretiens m'ont montré qu'en prenant le temps d'acquérir une certaine connaissance, même partielle, de la structure et des fonctions du cerveau, je disposerais d'une base plus ferme pour comprendre, du point de vue de la science, comment et pourquoi les méthodes bouddhistes que j'avais apprises avaient une efficacité réelle.

Le docteur Robert B. Livingston, président fondateur du département de neurosciences à l'université de Californie, à San Diego, se servit pour parler du cerveau d'une métaphore extrêmement intéressante. Pendant la première conférence de l'institut Mind and Life, en 1987, il le compara à « un orchestre bien accordé et bien discipliné ». Comme un orchestre symphonique constitué de groupes de musiciens, expliqua-t-il, le cerveau est composé d'ensembles travaillant de concert pour produire des effets particuliers tels que les mouvements, les pensées, les sentiments, les souvenirs et les sensations physiques. Bien que de tels effets apparaissent simples lorsqu'on regarde quelqu'un bâiller, cligner des yeux, éternuer ou lever un bras, le nombre d'éléments impliqués dans des actes si élémentaires, ainsi que la variété des interactions qui concourent à les produire, forment un tableau infiniment complexe.

Afin de situer plus précisément ce qu'avait dit le docteur Livingston, j'ai dû demander de l'aide pour comprendre les informations qui figuraient dans la masse de livres, de magazines et d'articles que j'avais reçus pendant mes premiers voyages en Occident. Bon nombre de ces informations étaient extrêmement techniques. Tout en essayant de les déchiffrer, j'éprouvais une immense compassion pour ceux qui faisaient des études scientifiques ou médicales.

Heureusement pour moi, des personnes beaucoup plus savantes que moi dans ces domaines, avec qui j'eus de longs entretiens, traduisirent le jargon scientifique en termes qui m'étaient accessibles. J'ose espérer que le temps et les efforts qu'elles y consacrèrent leur ont été aussi bénéfiques qu'à moi. Non seulement mon vocabulaire anglais s'est énormément enrichi, mais j'ai pu comprendre le fonctionnement du cerveau d'une façon accessible au commun des mortels. À mesure que ma connaissance des sujets essentiels s'améliorait, il m'apparut de plus en plus clairement que pour ceux qui n'avaient pas été éduqués dans la tradition bouddhiste il était capital de reconnaître la nature et le rôle des « musiciens » dont parlait le docteur Livingston, et de comprendre pourquoi et comment les techniques de méditation bouddhistes sont efficaces, même à un niveau purement physiologique.

J'ai aussi appris avec grand intérêt ce qui, selon l'explication scientifique, s'était produit dans mon propre cerveau et m'avait permis de passer de l'état d'enfant paniqué à celui de voyageur qui peut se rendre partout dans le monde et se trouver sans la moindre trace de peur devant des centaines de personnes venues l'écouter enseigner. Je ne m'explique pas pourquoi j'ai une telle envie de comprendre les raisons physiques des changements qui s'opèrent après des années de pratique, alors que tant de mes maîtres et de mes contemporains se contentent de modifier leur conscience des choses. J'ai dû être mécanicien dans une vie précédente !

Mais revenons au cerveau. En langage commun, on peut dire que la plupart des activités cérébrales sont dues à un type de cellules très particulières appelées « neurones ». Ce sont des cellules éminemment sociables : elles aiment bavarder. Elles font un peu penser aux enfants dissipés qui s'envoient tout le temps des notes sur des bouts de papier ou se murmurent des choses à l'oreille, à ceci près que les conversations secrètes entre les neurones ont surtout pour sujets les sensations, le mouvement, la solution des problèmes, la création de souvenirs et la production des pensées et des émotions.

Ces cellules bavardes ressemblent à des arbres, avec un tronc (appelé « axone ») et des branches qui s'étendent pour échanger des messages avec les autres branches ainsi qu'avec les cellules nerveuses qui traversent les tissus des muscles et de la peau, les organes vitaux et les organes des sens. Les neurones se transmettent leurs messages par de petits interstices, appelés « synapses », qui se trouvent entre les branches les plus rapprochées. Les messages circulant dans ces interstices sont transportés sous forme de molécules chimiques appelées « neurotransmetteurs » qui produisent des signaux électriques mesurables par un EEG. Certains de ces neurotransmetteurs sont maintenant relativement bien connus du public : la sérotonine, par exemple, qui joue un rôle dans la dépression ; la dopamine, associée aux sensations de plaisir ; et l'éphinédrine, plus connue sous le nom d'« adrénaline », substance chimique souvent produite en réponse au stress, à l'anxiété et à la peur, mais jouant aussi un rôle important dans l'attention et la vigilance. Le terme scientifique qui désigne la transmission d'un signal électrochimique d'un neurone à un autre est « potentiel d'action » – terme qui me sembla aussi étrange que l'est sans doute celui de « vacuité » pour ceux qui n'ont pas reçu de formation bouddhiste.

Comprendre l'activité des neurones ne serait pas très

important en termes de bonheur et de souffrance, sauf pour deux ou trois détails essentiels. Quand les neurones se connectent entre eux, ils forment des liens comparables à ceux d'une amitié de longue date. Ils prennent l'habitude d'échanger les mêmes types de messages, comme de vieux compagnons qui tendent à se confirmer l'un à l'autre leurs jugements sur les gens, les événements et les expériences. Cette formation de liens est la base biologique d'un grand nombre de ce qu'on appelle « habitudes mentales », ces réactions instinctives que nous avons vis-à-vis de certaines personnes, de certains endroits ou de certaines choses.

Prenons un exemple très simple : si j'ai été terrifié par un chien dans ma petite enfance, un ensemble de liens entre neurones se forme dans mon cerveau qui correspond, d'une part, à la sensation de peur et, d'autre part, au concept que *les chiens sont effrayants*. La prochaine fois que je verrai un chien, le même groupe de neurones se mettra à bavarder ensemble pour me rappeler que *les chiens sont effrayants*. Et chaque fois que ce bavardage aura lieu, il deviendra de plus en plus bruyant et convaincant, jusqu'à ce que cette habitude soit si bien installée en moi qu'il me suffise de penser à un chien pour que mon cœur se mette à battre plus vite et que j'aie des sueurs froides.

Maintenant, supposons qu'un jour j'aille voir un ami qui possède un chien. Au début, quand je frappe à la porte, j'ai peur en entendant le chien et en le voyant se ruer dehors pour me renifler. Mais supposons qu'au bout d'un moment le chien s'habitue à moi et vienne s'asseoir à mes pieds ou sur mes genoux, et qu'il me lèche avec tant de joie et d'affection que je sois obligé de le repousser.

Dans le cerveau du chien, un ensemble de connections neuronales associées à mon odeur et à toutes les sensations qui lui disent que son maître m'apprécie aboutissent à un comportement qui traduit l'idée : « Hé, ce type est sympa ! » Pendant ce temps, dans mon propre cerveau, un nouvel ensemble de bavardages entre neurones associé à des sensations physiques agréables commence à se produire, et je me mets à penser : « Peut-être bien que les chiens sont gentils ! » Chaque fois que j'irai voir mon ami, ce nouveau schéma se renforcera tandis que l'ancien s'affaiblira, jusqu'à ce que je n'aie plus peur des chiens.

En neuroscience, cette capacité de remplacer d'anciennes connections neuronales par de nouvelles porte le nom de « plasticité neuronale ». Le mot tibétain correspondant est *lésou-roungwa*, l'équivalent approximatif de « malléabilité ». Tout cela revient à dire que *des exercices répétés peuvent amener le cerveau à modifier son mode de fonctionnement.* C'est le « pourquoi » du « comment » des pratiques bouddhistes permettant de mettre fin aux habitudes mentales qui engendrent la souffrance.

Trois cerveaux en un

L'état de bouddha revêt trois aspects, ou corps.

Gampopa

À ce stade, il devrait être clair que le cerveau n'est pas une entité isolée, et que la réponse à la question : « Qu'est-ce qui pense que ce plat a bon ou mauvais goût ? » n'est pas aussi simple qu'il paraît. Même les activités aussi élémentaires que le fait de manger ou de boire impliquent l'échange de milliers de signaux électriques d'une fraction de seconde, parfaitement coordonnés, entre des millions de cellules du cerveau et du reste du corps.

Avant de terminer notre visite du cerveau, abordons un niveau de complexité supplémentaire. Les millions de neurones du cerveau humain sont groupés par fonctions en trois différentes couches, ou zones, dont chacune s'est probablement développée au cours de centaines de milliers d'années, parallèlement à l'évolution de notre espèce, en s'enrichissant de mécanismes de survie d'une complexité croissante.

La couche la plus ancienne, appelée « tronc cérébral », est

un ensemble de cellules en forme de bulbe qui constitue comme un prolongement de la moelle épinière. Cette couche est communément appelée « cerveau reptilien », parce qu'elle présente des ressemblances avec le cerveau de nombreux reptiles. Son but premier est de régulariser les fonctions de base, involontaires, telles que la respiration, le métabolisme, les battements du cœur et la circulation du sang. Elle contrôle également les réponses instinctives du type « combattre ou fuir », ou « états d'alarme », réactions automatiques qui nous obligent à interpréter tout événement, toute rencontre inattendue – par exemple un grand bruit, une odeur inconnue, la sensation que quelque chose rampe sur notre bras ou se tient tapi dans un coin de la pièce – comme une menace potentielle. Sans recevoir d'instruction consciente, l'adrénaline commence à circuler dans tout le corps, les battements du cœur s'accélèrent, les muscles se contractent. Si la menace est perçue comme trop grande pour que nous puissions vaincre, nous fuyons. Si, au contraire, nous nous sentons capables de faire face, nous combattons. Il est facile de voir comment une réaction de ce genre joue un rôle essentiel dans la survie.

La plupart des reptiles ont davantage tendance à se battre qu'à coopérer, et ne manifestent aucune capacité innée à prendre soin de leur progéniture. Après la ponte, la femelle abandonne généralement ses œufs. Quand les petits sortent des œufs, bien qu'ils réagissent instinctivement comme des adultes, ils sont vulnérables, maladroits, et doivent se débrouiller seuls. Nombreux sont ceux qui ne survivent pas plus de quelques heures. Tandis qu'ils se précipitent vers la sécurité de leur milieu naturel – la mer, par exemple, pour les tortues –, ils sont tués par d'autres animaux, et souvent par leurs congénères. En fait, il n'est pas rare que des reptiles fraîchement éclos soient dévorés par leurs propres parents qui ne les reconnaissent pas comme leur progéniture.

Avec l'évolution vers de nouvelles espèces de vertébrés comme les oiseaux et les mammifères, il se produisit un changement étonnant dans la structure du cerveau. À l'inverse de leurs cousins reptiliens, les nouveau-nés de ces espèces ne sont pas assez développés pour prendre soin d'eux-mêmes, mais doivent être élevés par leurs parents. Pour combler ce besoin – et assurer la survie de l'espèce –, une nouvelle couche de cerveau s'élabora. Cette couche, appelée « cerveau limbique », entoure le tronc cérébral comme une sorte de casque, et comporte une série de connections neuronales programmées de manière à stimuler l'instinct d'élever sa progéniture en lui procurant nourriture et protection, et de lui transmettre, au moyen du jeu, par exemple, les moyens essentiels de survie.

Ces cheminements neuronaux plus élaborés fournirent à de nouvelles familles d'animaux la capacité de percevoir une gamme d'émotions plus riche que celle du type « combattre ou fuir ». Les mammifères, par exemple, peuvent non seulement reconnaître le bruit émis par leurs petits, mais aussi déchiffrer ce que ces bruits expriment – détresse, plaisir, faim, etc. De plus, la zone limbique donne une capacité plus grande et plus subtile de « lire » les intentions qu'expriment les autres animaux par la posture, la façon de se mouvoir, les expressions faciales, le regard, et même les odeurs à peine perceptibles ou les phéromones. Grâce à leur pouvoir de traiter ces différents types de signaux, les mammifères et les oiseaux peuvent s'adapter de façon plus flexible aux changements, préparant ainsi le terrain de l'apprentissage et de la mémoire.

Le système limbique possède des structures et des capacités étonnantes que nous examinerons plus en détail par la suite, quand nous parlerons du rôle des émotions. Deux de ces structures méritent cependant une mention particulière. La première est l'hippocampe, localisé dans le lobe temporal, c'est-à-dire juste derrière la tempe – il y en a en fait deux, un de chaque côté du cerveau. L'hippocampe joue un rôle crucial dans la création de nouveaux souvenirs d'événements directement vécus, en fournissant un contexte spatial, intellectuel et – au moins chez les êtres humains – verbal, qui donne un sens à nos réactions émotionnelles. Lorsque cette région du cerveau est endommagée, on a des difficultés à créer de nouveaux souvenirs ; on peut se remémorer tout ce qui précède le moment où l'hippocampe a été détérioré, mais à partir de ce moment-là, on oublie en quelques instants toutes les personnes qu'on rencontre et les événements dont on est témoin. L'hippocampe est aussi l'une des premières zones du cerveau à être affectée par la maladie d'Alzheimer et par les maladies mentales comme la schizophrénie, la dépression aiguë et le trouble bipolaire.

Le second élément important du système limbique est l'amygdale, une petite structure en forme d'amande située au bas de la zone limbique, juste au-dessus du tronc cérébral. Comme pour l'hippocampe, le cerveau possède deux de ces structures, l'une dans l'hémisphère droit et l'autre dans le gauche. L'amygdale joue un rôle décisif dans la capacité de ressentir des émotions et de créer des souvenirs émotionnels. Des recherches ont montré que lorsque l'amygdale a été endommagée ou supprimée, on perd presque toute capacité de réaction émotionnelle, y compris les plus élémentaires comme la peur et la sympathie, et l'on est incapable de former ou de reconnaître des liens sociaux.

L'activité de l'amygdale et de l'hippocampe mérite toute notre attention lorsque nous essayons de définir une science pratique du bonheur. L'amygdale étant liée au système nerveux autonome, la zone du cerveau qui régule les réactions musculaires, cardiaques et glandulaires, et à l'hypothalamus, structure neuronale à la base de la région limbique qui décharge l'adrénaline et d'autres hormones dans le sang, les souvenirs émotionnels qu'elle engendre sont extrêmement puissants, car ils sont liés à des réactions biologiques et biochimiques importantes.

Lorsqu'un événement suscite une forte réaction biologique – telle qu'une décharge d'adrénaline ou d'autres hormones –, l'hippocampe envoie un signal au tronc cérébral qui y reste emmagasiné sous forme de schéma. C'est grâce à cela que nombre de gens peuvent se souvenir de l'endroit où ils se trouvaient et de ce qui se passait autour d'eux lorsque, par exemple, ils ont vu l'explosion de la navette spatiale ou l'assassinat du président Kennedy, ou lorsqu'ils ont entendu ces nouvelles. Les mêmes types de schémas peuvent être emmagasinés lors d'événements de nature plus personnelle et hautement chargés positivement ou négativement.

Comme ces souvenirs et les schémas qui leur sont associés sont très puissants, ils peuvent être déclenchés très facilement par des événements ultérieurs qui comportent une ressemblance, parfois très lointaine, avec le souvenir de départ. Ce type de réaction forte liée à la mémoire est très utile pour la survie dans les circonstances qui peuvent mettre la vie en péril. Il permet de reconnaître et de ne pas manger des aliments qui nous ont déjà rendus malades, ou d'éviter d'approcher des animaux ou des membres de notre propre espèce très agressifs. Mais il peut aussi voiler ou déformer la perception de circonstances plus ordinaires. Par exemple, les enfants qui sont régulièrement humiliés ou critiqués par leurs parents ou d'autres adultes peuvent éprouver de la peur, du ressentiment ou d'autres émotions d'une intensité inappropriée lorsque, à l'âge adulte, ils auront affaire à des personnes en position de pouvoir. Ce type de réaction exagérée résulte souvent du mode d'association trop vague dont dépend l'amygdale pour déclencher une réaction de souvenir. C'est ainsi que lorsqu'un élément significatif d'une situation présente comporte une ressemblance avec un élément d'une situation ancienne, il peut susciter toute une série de pensées, d'émotions et de réactions hormonales et musculaires emmagasinées en même temps que l'expérience première.

Les activités du système limbique – ou du « cerveau émotionnel », pour reprendre une appellation fréquente – sont en grande partie contrebalancées par la troisième couche du cerveau, la dernière dans l'ordre d'apparition : le néocortex. Cette zone, qui est spécifique des mammifères, permet de raisonner, d'organiser, de planifier et d'affiner les réactions émotionnelles. Elle est certes peu volumineuse chez la plupart des mammifères, mais si vous avez eu l'occasion d'observer un chat en train d'essayer d'ouvrir un placard ou un chien s'évertuant à utiliser la poignée d'une porte, vous avez vu à l'œuvre le néocortex d'un animal.

Chez les êtres humains et les autres mammifères très évolués, le néo-cortex s'est développé jusqu'à devenir une structure beaucoup plus complexe et volumineuse. La plupart d'entre nous, lorsqu'ils pensent au cerveau, ont l'image de cette structure-là, avec ses nombreux sillons et circonvolutions. En fait, sans ces derniers, nous serions totalement inaptes à imaginer le cerveau, puisque c'est notre volumineux néo-cortex qui nous rend capables d'imagination. C'est aussi lui qui nous permet de créer, de comprendre et d'utiliser des symboles. C'est le néo-cortex qui nous donne accès au langage, à l'écriture, aux mathématiques, à la musique et à toutes les formes d'art. Il est aussi le siège de nos activités rationnelles telles que la recherche de solutions à un problème, l'analyse, le jugement, le contrôle des impulsions, l'organisation des informations. Il permet de tirer des leçons des expériences et des erreurs passées, et de se montrer compréhensif envers les autres.

Le simple fait de se rendre compte que le cerveau humain est composé de ces trois niveaux – le tronc cérébral, la région limbique et le néo-cortex – est en soi étonnant. Plus fascinant encore est le fait que la production d'une seule pensée exige un grand nombre d'interactions complexes au sein de ces trois zones. De plus, il apparaît que chaque pensée, sensation ou expérience fait appel à un ensemble différent d'interactions qui impliquent fréquemment des zones du cerveau non sollicitées par d'autres types de pensée.

Le chef d'orchestre manquant

L'esprit n'est pas dans la tête.

Francisco J. Varela

Une question me troublait encore, malgré tout. Si le cerveau est un orchestre, comme le suggérait le professeur Livingston, ne devrait-il pas y avoir un chef d'orchestre ? Ne devrait-il pas y avoir une cellule ou un organe, identifiable objectivement, pour diriger le tout ? Nous pensons certainement comme s'il existait quelque chose de semblable ; ou, du moins, nous nous y référons, quand nous disons, par exemple : « j'ai l'esprit ailleurs », ou « rien ne me vient à l'esprit », ou « j'ai sûrement perdu l'esprit ».

Mes conversations avec des spécialistes des neurosciences, des biologistes et des psychologues m'ont appris que la science moderne a longtemps essayé de trouver ce « chef d'orchestre ». Elle y a consacré de gros efforts dans l'espoir de découvrir un ensemble de cellules qui dirigerait la sensation, la perception, la pensée et les autres activités mentales. Mais jusqu'ici, même en ayant recours à la technologie la plus sophistiquée, elle n'a pas trouvé trace du chef d'orchestre. Il n'existe aucune zone, dans le cerveau, aucun « moi », dirions-nous, même infime, dont on pourrait affirmer qu'il est responsable de la coordination des informations entre les différentes couches.

Les spécialistes des neurosciences ont donc renoncé à l'idée de chercher un chef d'orchestre et ont choisi d'explorer les principes et les mécanismes qui font que des milliards de neurones répartis dans tout le cerveau sont capables de coordonner leurs activités harmonieusement, sans avoir besoin d'un administrateur central. Ce comportement « global » ou « réparti » peut être comparé à l'accord spontané d'un groupe de musiciens de jazz. Lorsque les musiciens de jazz improvisent, chacun joue peut-être une phrase musicale légèrement différente. Pourtant, d'une manière ou d'une autre, ils parviennent à jouer ensemble de façon harmonieuse.

L'idée de localiser un « moi » dans le cerveau s'explique dans une grande mesure par l'influence de la physique classique, laquelle s'était traditionnellement concentrée sur l'étude de lois gouvernant des objets localisés. De ce point de vue traditionnel, si l'esprit produit un effet – sur les émotions, par exemple –, il doit se trouver quelque part. Pourtant, cette idée d'entités solides est discutable dans le contexte de la physique moderne. Chaque fois qu'un chercheur identifie le plus petit élément de matière imaginable, un autre découvre ensuite que celui-ci est en fait composé de particules plus infimes encore. À chaque nouvelle découverte, il devient plus difficile d'identifier de manière concluante le moindre constituant fondamental de la matière.

Logiquement donc, même s'il était possible de disséquer le cerveau en le réduisant à des éléments de plus en plus fins, jusqu'à l'échelle subatomique la plus infinitésimale, puisque chaque particule est composée de particules encore plus petites, comment serait-il possible d'identifier celle qui constituerait l'esprit ?

C'est à ce stade que le bouddhisme pourrait sans doute offrir un point de vue inédit qui servirait de point de départ à de nouvelles recherches. Le mot tibétain pour désigner l'esprit est *sem*, que l'on pourrait traduire par « ce qui connaît ». Ce terme, à lui seul, peut aider à comprendre le point de vue bouddhiste selon lequel l'esprit n'est pas tant une entité spécifique qu'une *capacité* de reconnaître ce que nous vivons, et d'y réfléchir. Bien que le Bouddha enseignât que le cerveau était bien le support physique de l'esprit, il prit soin d'ajouter que l'*esprit lui-même* n'est pas quelque chose de visible, de tangible ni même d'analysable à l'aide de mots. De même que l'œil n'est pas la vue ni l'oreille l'ouïe, le cerveau n'est pas l'esprit.

L'une des premières leçons que mon père me donna est que le bouddhisme ne considère pas l'esprit comme une entité séparée, mais plutôt comme une expérience qui se déroule continuellement. Je me souviens à quel point cette idée me sembla d'abord étrange, alors que je me tenais assis dans la salle d'enseignement de son monastère, au Népal, entouré d'étudiants venus du monde entier. Nous étions si nombreux, entassés dans cette pièce minuscule, que nous pouvions à peine bouger. Mais, par la fenêtre, je pouvais voir un immense paysage de forêts et de montagnes, et mon père était là, très calme, indifférent à la chaleur dégagée par tant de personnes, en train d'expliquer que ce que nous prenons pour notre identité – « mon esprit », « mon corps » – est en fait une illusion créée par le flux incessant de pensées, d'émotions, de sensations et de perceptions.

Je ne peux pas dire si c'était dû à la force de l'expérience de mon père tandis qu'il parlait, ou au contraste entre la sensation d'être serré sur un banc avec d'autres étudiants et la vue du vaste espace qui s'offrait à moi par la fenêtre – ou les deux à la fois –, mais à ce moment-là un déclic s'est produit, comme on dit en Occident. J'ai vraiment ressenti la liberté qu'il y a à faire la différence entre la pensée liée par les concepts de « mon esprit » ou « mon moi » et la possibilité de simplement *être*, aussi vaste et ouverte que l'étendue du ciel et des montagnes au-delà de la fenêtre.

Plus tard, en Occident, j'ai entendu des psychologues comparer notre perception de l'esprit et du moi au fait de regarder un film. Lorsqu'on regarde un film, on a l'impression d'être en présence d'un flux continu de sons et mouvements, alors que des images bien distinctes les unes des autres sortent du projecteur. Si nous pouvions voir le film image par image, notre impression serait totalement différente.

C'est exactement comme cela que mon père m'a enseigné à regarder l'esprit. Si je pouvais observer chaque pensée, chaque sentiment, chaque sensation qui défile dans mon esprit, l'illusion d'un moi limité s'évanouirait et serait remplacée par une sensation de conscience beaucoup plus calme, spacieuse et sereine.

J'ai également appris, auprès de scientifiques, que si l'on observe l'esprit sous cet angle, ce que l'on y voit opère des modifications dans les échanges entre les neurones : on peut donc transformer ainsi le « bavardage » cellulaire qui perpétue le sentiment du moi.

L'ATTENTION

À observer à maintes et maintes reprises l'esprit impossible à regarder, on le voit clairement tel qu'il est.

Le IIIe Karmapa

La clé – le *comment* de la pratique bouddhiste –, c'est d'apprendre à ne rien faire d'autre que demeurer dans la conscience nue des pensées, des sensations et des perceptions à mesure qu'elles surviennent. Dans la tradition bouddhiste, cette conscience tranquille est appelée « présence ». Elle consiste, en d'autres termes, à simplement demeurer dans la clarté naturelle de l'esprit. Comme dans l'exemple de la peur du chien, si je suis conscient de mes pensées, sensations et perceptions habituelles, au lieu d'être emporté par elles, leur pouvoir sur moi commence à s'affaiblir. Je perçois leurs allées et venues comme le fonctionnement naturel de l'esprit, et rien de plus, à l'instar des vagues qui se succèdent naturellement à la surface d'un lac ou d'un océan. Et je comprends qu'en fin de compte c'est exactement ce qui se produisait quand, enfant, j'étais assis seul dans ma cellule de retraite à essayer de vaincre l'angoisse qui m'affectait tant. Le fait de simplement *regarder* ce qui se passait dans mon esprit a réellement changé ce qui s'y passait.

Vous pouvez avoir un avant-goût de cette liberté propre à la clarté naturelle de l'esprit tout de suite, en faisant un petit exercice. Restez simplement assis droit, respirez normalement et prenez conscience de votre souffle tandis que vous inspirez et expirez. À mesure que vous vous détendez dans cet état, uniquement conscient de votre respiration, vous remarquerez sans doute que des centaines de pensées traversent votre esprit. Certaines sont faciles à laisser partir. D'autres, en revanche, vous entraîneront dans une longue succession de nouvelles pensées apparentées aux premières. Si vous vous rendez compte que vous êtes en train de donner suite à une pensée, ramenez simplement votre attention au souffle. Poursuivez pendant environ une minute.

Au début, vous serez sans doute étonné par la quantité et la diversité des pensées qui traversent votre conscience avec autant de force que l'eau qui tombe d'une falaise à pic. Cette sensation n'est pas un signe d'échec. Au contraire, elle montre que vous avez commencé à reconnaître le nombre de pensées qui traversent normalement votre esprit sans même que vous vous en aperceviez.

Il se peut aussi que vous vous laissiez entraîner dans un enchaînement de pensées particulier en perdant conscience de tout le reste et que, soudain, vous vous rappeliez que votre but est simplement d'observer les pensées. Au lieu de vous punir ou de vous blâmer, revenez simplement à l'attention au souffle.

En poursuivant cette pratique, vous constaterez que, malgré le va-et-vient des pensées, la clarté naturelle de l'esprit n'est jamais perturbée ni interrompue. Je vais vous raconter une histoire pour illustrer cela. Un jour que je me trouvais en Nouvelle-Écosse, je suis allé voir un centre de retraite qui se trouvait au bord de l'océan. Le jour de mon arrivée, le temps était parfait : pas de nuages dans le ciel et l'océan était d'un bleu clair et profond, très agréable à regarder. Mais le lendemain, quand je me suis levé, l'océan avait l'air d'une soupe épaisse et boueuse. Je me suis dit : « Tiens, l'océan était si limpide et bleu hier, et aujourd'hui, d'un seul coup, le voilà sale. » Je suis descendu jusqu'à la plage et n'ai trouvé aucune raison évidente à ce changement : il n'y avait pas de boue dans l'eau ou sur la plage. J'ai levé les yeux vers le ciel et vu qu'il était gros de nuages sombres de couleur verdâtre. Je me suis rendu compte que c'était la couleur des nuages qui avait changé celle de l'océan. L'eau elle-même, à bien y regarder, était toujours propre et claire.

L'esprit est, par bien des aspects, comparable à l'océan. Sa « couleur » change de jour en jour, d'instant en instant, à mesure qu'il reflète les pensées, les émotions et tout ce qui passe dans son ciel, pour ainsi dire. Mais, à l'instar de l'océan, l'esprit en lui-même ne change jamais. Quelles que soient les pensées qui s'y reflètent, il est toujours pur et clair.

De prime abord, la pratique de l'attention peut sembler difficile, mais l'important n'est pas de remporter un succès immédiat. Ce qui semble impossible au début deviendra plus aisé avec l'entraînement. Il n'est rien à quoi on ne puisse s'habituer. Pensez à toutes les choses déplaisantes que vous avez fini par accepter comme normales, comme se frayer laborieusement un passage au milieu de la circulation, ou vivre avec un voisin ou un collègue de travail irritable. Développer l'attention revient à établir peu à peu de nouvelles connexions entre neurones et à inhiber le bavardage qui s'était créé dans les anciennes. Pour y parvenir, il faut faire patiemment un petit pas à la fois, en procédant d'abord par périodes courtes.

Je me souviens d'un vieux proverbe tibétain qui dit : « Ce n'est pas en se hâtant qu'on parvient à Lhassa, mais en marchant à la bonne allure. » Il date de l'époque où les habitants du Tibet oriental faisaient le pèlerinage de Lhassa, la capitale, située au Tibet central. Certains, pressés d'y arriver, marchaient le plus vite possible, mais l'allure qu'ils s'imposaient les épuisait ou les rendait malades, si bien qu'ils étaient obligés de rentrer chez eux. En revanche, ceux qui maintenaient une allure raisonnable, installaient leur tente chaque soir, appréciaient la compagnie des autres et reprenaient la route le lendemain matin, ceux-là parvenaient à Lhassa plus rapidement.

Ce que l'on vit suit l'intention. Où que vous soyez, quoi que vous fassiez, la seule chose que vous ayez à faire est de reconnaître vos pensées, vos sentiments, vos perceptions comme un phénomène naturel. Sans rejeter ni accepter, contentez-vous de reconnaître l'expérience et de la laisser passer. À la longue, vous serez capable de traiter des situations qui, autrefois, vous paraissaient douloureuses, effrayantes ou tristes. Vous aurez acquis une confiance qui n'est pas fondée sur l'orgueil ou l'arrogance. Vous vous rendrez compte que vous avez toujours été à l'abri, toujours en sécurité, toujours « chez vous ».

Souvenez-vous du petit test que je vous avais proposé. Vous deviez vous demander, la prochaine fois que vous vous mettriez à table : « Qu'est-ce qui pense que ce plat a bon ou mauvais goût ? Qu'est-ce qui est conscient que je suis en train de manger ? » La réponse avait l'air évidente, mais elle ne l'est plus maintenant, n'est-ce pas ?

Et pourtant, j'aimerais que vous essayiez à nouveau, la prochaine fois que vous déjeunerez ou dînerez. Si les réponses qui vous viennent sont confuses et contradictoires, c'est bon signe. La confusion, m'a-t-on enseigné, est le début de la compréhension. C'est le premier stade de l'abandon du bavardage entre neurones qui nous tient enchaînés à des idées très limitées sur ce que nous sommes et sur nos capacités. En d'autres termes, la confusion est le premier pas sur la voie du bien-être véritable.

3

Au-delà de l'esprit, au-delà du cerveau

Quand on connaît directement l'esprit, c'est cela, le bouddha.

Soûtra du Moment qui passe

Vous n'êtes pas la personne limitée, anxieuse que vous croyez. N'importe quel maître bouddhiste expérimenté peut vous dire, avec toute la conviction de son expérience personnelle, que dans votre esprit se trouve l'essence même de la compassion [1], que vous êtes totalement conscient et parfaitement capable de faire le plus grand bien, non seulement à vous-même, mais aussi à tous les êtres qu'il est possible d'imaginer.

Le seul problème est que vous n'en êtes pas conscient. Pour exprimer cela en termes scientifiques, du moins tels que je les ai compris lors de mes conversations avec des chercheurs en Europe et aux États-Unis, disons que la plupart des êtres humains pensent que l'image d'eux-mêmes qu'ils

1. Le mot « compassion » est parfois source de malentendus. Dans le bouddhisme, au sens le plus commun, on le définit comme le désir de libérer les autres de leurs souffrances, mais il existe d'autres niveaux de sens qu'il serait trop long d'expliquer ici. L'essence, ou l'aspect ultime, de la compassion se manifeste lorsqu'on comprend directement la nature de l'esprit. À ce stade-là, il n'y a pas de différence entre celui qui souffre et celui qui compatit, mais il n'y a pas de souffrance non plus, puisque celle-ci est clairement perçue comme une illusion. Il n'y a qu'une ouverture totale et constante aux autres (*N.d.T.*).

ont élaborée et imprimée dans leurs neurones, à force d'habitude, représente leur véritable nature. Cette image est presque toujours faite de concepts dualistes : moi et les autres, plaisir et douleur, avoir et ne pas avoir, attraction et répulsion. D'après ce que j'ai appris, ce sont les pôles de différenciation élémentaires pour l'instinct de survie.

Malheureusement, lorsque l'esprit est « coloré » par cette vision dualiste, tout ce que l'on vit, même les moments de joie et de bonheur, s'accompagne d'un sentiment de limitation. Il y a toujours un *mais* embusqué derrière. Il y a le *mais* du désir de quelque chose d'autre – « Ma fête d'anniversaire a été merveilleuse, mais j'aurais aimé un gâteau au chocolat au lieu d'un gâteau aux carottes ! ». Il y a le *mais* du désir de mieux – « J'adore ma nouvelle maison, mais celle de mon ami John est plus grande et beaucoup plus lumineuse. » Il y a aussi le *mais* de la peur – « Je déteste mon travail, mais comment pourrais-je en trouver un autre dans ce secteur d'activité ? »

Or, j'ai appris par moi-même qu'il est possible de surmonter n'importe quel sentiment de limitation personnelle. Si ce n'était pas le cas, je serais probablement encore assis dans ma cellule de retraite, à me sentir trop paniqué et incompétent pour me joindre aux autres. À treize ans, je n'ai réussi qu'à dépasser mon sentiment de peur et d'insécurité. Plus tard seulement, grâce au soutien patient d'experts en psychologie et en neurosciences comme Francisco Varela, Richard Davidson, Dan Goleman et Tara Bennett-Goleman, j'ai commencé à comprendre *pourquoi*, d'un point de vue objectif et scientifique, les pratiques bouddhistes sont efficaces : parce que les sentiments de limitation, d'angoisse, de peur, etc., ne sont que du « bavardage » entre neurones. Ce ne sont essentiellement que des habitudes. Et les habitudes peuvent être désapprises.

L'ESPRIT NATUREL

On l'appelle vraie nature parce que personne ne l'a créée.

Chandrakirti

L'une des premières choses que j'ai apprises en tant que bouddhiste est que l'esprit, dans sa nature originelle, est si vaste qu'il échappe à toute compréhension intellectuelle. Il ne peut être décrit à l'aide de mots ni réduit à des idées bien ordonnées. Pour quelqu'un comme moi, qui aime les mots et me sens à l'aise dans les explications conceptuelles, c'était un problème.

En sanskrit, la langue dans laquelle les enseignements bouddhistes ont commencé à être rédigés, la nature fondamentale de l'esprit est appelée *tathagatagarbha*, terme difficile à interpréter car il décrit quelque chose de très subtil. Littéralement, il signifie « essence, ou matrice, de ceux qui sont ainsi allés », c'est-à-dire des êtres qui ont atteint l'Éveil total et ont complètement dépassé les limitations ordinaires descriptibles au moyen de mots. Cela ne nous aide pas énormément, je pense que vous en conviendrez.

Certains traduisent *tathagatagarbha* de façon moins littérale par « nature de bouddha », « véritable nature », « esprit ordinaire » ou « esprit naturel », mais aucun de ces termes ne nous éclaire beaucoup sur le vrai sens. Pour comprendre réellement ce que *tathagatagarbha* veut dire, il faut en faire l'expérience directe, ce qui, pour la plupart d'entre nous, ne survient que sous forme de visions fugitives et spontanées. Lorsque j'ai finalement eu un premier aperçu de cette nature, j'ai constaté que tout ce que les textes bouddhistes en disaient était véridique.

Pour la grande majorité d'entre nous, l'esprit naturel, ou nature de bouddha, est obscurci par l'image limitée de nous-même que créent nos schémas neuronaux – lesquels, à leur tour, ne reflètent rien d'autre que la capacité illimitée de notre esprit à créer toutes les situations de son choix. L'esprit naturel, en effet, est capable d'engendrer n'importe quoi, *même l'ignorance de sa propre nature.* Autrement dit, la non-reconnaissance de la nature de l'esprit n'est qu'un exemple de l'aptitude illimitée de l'esprit à engendrer ce qu'il veut. Chaque fois que nous éprouvons de la peur, de la jalousie, du désir ou toute autre émotion qui contribue à notre sensation de vulnérabilité ou de faiblesse, nous devrions nous donner une gentille tape dans le dos, car nous venons de faire l'expérience de la nature illimitée de l'esprit.

Le fait que la nature de l'esprit ne puisse pas être décrite directement ne signifie pas que nous puissions nous passer d'en acquérir au moins une certaine compréhension théorique. Celle-ci peut jouer le rôle de panneau indicateur pour nous montrer quelle direction il faut prendre pour aboutir à une expérience véritable. Le Bouddha comprit que le meilleur moyen d'expliquer les expériences impossibles à décrire était d'avoir recours à des contes ou à des métaphores. Il compara, par exemple, le *tathagatagarbha* à une pépite d'or couverte de boue et de poussière.

Imaginez que vous êtes un chercheur de trésors. Un jour, vous voyez dépasser de la terre une sorte de caillou. Vous le dégagez, vous l'emmenez chez vous et entreprenez de le laver. Un fragment d'or commence à apparaître, clair et brillant. Puis, à mesure que vous le nettoyez, le caillou tout entier s'avère être de l'or. Qu'est-ce qui a la plus grande valeur : la pépite enfouie dans la boue, ou celle que vous avez nettoyée ? Elles ont en fait la même valeur, car la différence entre la pépite sale et la pépite propre n'est que superficielle.

On peut en dire autant de la nature de l'esprit. Le bavardage entre neurones qui vous empêche de contempler votre esprit dans toute sa plénitude ne change rien à la nature de ce dernier. Les pensées telles que « je suis laid », « je suis stupide », « je suis ennuyeux » ne sont rien d'autre qu'une sorte de boue neuronale qui obscurcit temporairement les qualités lumineuses de la nature de bouddha, ou de l'esprit dans son état naturel.

Le Bouddha comparait parfois l'esprit naturel à l'espace, non pas au sens que lui donne l'astrophysique moderne, mais plutôt au sens poétique du sentiment profond d'ouverture que l'on éprouve en regardant un ciel sans nuages, ou en entrant dans une pièce très vaste. Comme l'espace, l'esprit naturel ne dépend pas de causes et de conditions pour exister. Il est, tout simplement : au-delà de toute mesure ou description possible.

La paix naturelle

Dans l'esprit naturel, il n'y a ni acceptation ni rejet, ni gain ni perte.

Le IIIe Karmapa

Soyons clair : la comparaison entre l'esprit naturel et l'espace n'est pas une description exacte, mais une métaphore utile. Le plus souvent, nous pensons à l'espace comme à un milieu vide dans lequel apparaissent et disparaissent toutes sortes d'objets : étoiles, planètes, comètes, astéroïdes, y compris des choses qui n'ont pas encore été découvertes ; et cette activité ne dérange en rien l'idée que nous avons de la nature essentielle de l'espace.

De façon comparable, l'essence de l'esprit n'est pas affectée par les pensées ou les circonstances, même celles que nous considérons d'habitude comme douloureuses. Elle est naturellement paisible, d'une paix que l'on compare quelquefois à l'humeur d'un jeune enfant qui accompagne ses parents dans un musée. Alors que ses parents sont pris par leurs jugements de valeur ou leurs évaluations du prix des œuvres exposées, le jeune enfant ne fait que voir. Il ne se demande pas combien tel tableau a pu coûter, de quand date telle statue et si l'œuvre de ce peintre-ci est meilleure que celle de ce peintre-là. Il accueille ingénument tout ce qu'il perçoit. Dans le bouddhisme, on appelle cette disposition d'esprit toute simple « paix naturelle ».

C'est un état proche de la sensation de détente complète que ressent, par exemple, celui qui a réalisé un effort physique intense ou une tâche très complexe.

Pour donner une bonne idée de cette sensation particulière, je raconte parfois l'histoire du roi qui avait fait construire un nouveau palais. Une fois les travaux terminés, il dut résoudre le difficile problème de déménager secrètement son or, ses joyaux et tout le reste de son trésor de l'ancien palais dans le nouveau. Il n'avait pas le temps de s'en charger lui-même, et trop peu de gens, à la cour, lui semblaient assez dignes de confiance pour accomplir cette tâche sans voler au passage une part des richesses. Seul un général fidèle lui parut faire l'affaire.

Le roi convoqua donc le général, lui dit qu'il était le seul membre de la cour en qui il puisse avoir confiance et qu'il voulait lui confier la tâche de transporter tous les trésors de l'ancien palais dans le nouveau. Le plus important, mis à part la discrétion, était que tout soit fini en un jour. Le roi lui promit, en cas de succès, de grands domaines cultivables, de vastes demeures, de l'or, des pierreries, bref, assez de richesses pour que le général passe le reste de son existence sans avoir à travailler. Le général accepta, tout ébloui à la perspective de gagner en un seul jour assez de richesses pour assurer à ses enfants, ses petits-enfants et même ses arrière-petits-enfants confort et gloire leur vie durant.

Le lendemain, le général se réveilla très tôt et commença le transfert du trésor royal, courant le long de passages secrets, les bras chargés de coffres d'or et de joyaux, et ne s'accordant qu'une brève pause pour manger afin de reprendre des forces. Le moment arriva, enfin, où il déposa la dernière caisse dans la salle forte du nouveau palais. Au moment où le soleil se couchait, il annonça au roi qu'il avait mené sa tâche à bien. Le roi le félicita et lui remit l'or, les joyaux et toutes les récompenses qu'il lui avait promises.

De retour chez lui, le général prit un bon bain, passa des vêtements confortables, entra dans sa chambre et, avec un grand soupir, se laissa tomber sur une pile de coussins moelleux, épuisé mais content d'avoir terminé un travail si difficile. Avec un tel sentiment de réussite et de confiance en lui, il ne pouvait plus que lâcher prise et jouir de la liberté d'être simplement ce qu'il était à cet instant précis.

Cet état de détente dégagé de tout effort ne fait que donner une idée de ce que l'on entend par « paix naturelle ». Mais, comme nombre d'autres aspects de l'esprit naturel, cette paix est tellement au-delà de ce que nous considérons habituellement comme un état de détente qu'il est impossible de la décrire, aussi impossible, disent les textes bouddhistes, que pour un muet d'expliquer le goût de la mangue. Tout comme un muet sera en mesure d'apprécier la saveur du fruit sans toutefois pouvoir la communiquer, la paix naturelle de l'esprit est une expérience indéniable, mais elle reste au-delà de notre capacité de l'exprimer avec des mots.

Donc, la prochaine fois que vous vous assiérez à table et vous demanderez : « Qui pense que ce plat a bon ou mauvais goût ? » ou « Qui se rend compte que je suis en train de manger ? », ne soyez pas surpris de ne pas pouvoir répondre. Félicitez-vous-en plutôt. Lorsque vous ne pouvez pas décrire une expérience très forte, c'est, dans ce cas, un signe de succès. Cela veut dire que vous avez au moins fait un premier pas dans le royaume de l'ineffable immensité de votre véritable nature, un acte courageux que la plupart des gens, trop bien installés dans leur insatisfaction habituelle, n'ont pas le courage d'accomplir.

Le mot tibétain pour « méditation » est *gom*. Il signifie littéralement « se familiariser ». Dans la méditation bouddhiste, il est véritablement question de se familiariser petit à petit avec la nature de l'esprit, un peu comme on apprend à connaître de plus en plus intimement un ami. Il est rare que cela se fasse tout d'un coup.

Apprendre à connaître l'esprit naturel

Si un trésor inépuisable était enfoui sous la maison d'un mendiant, l'homme n'en saurait rien, et le trésor ne dirait pas qu'il est là.

Maitreya

Le Bouddha compare souvent l'esprit naturel à de l'eau qui, par elle-même, est toujours claire et pure. De la boue ou d'autres substances peuvent la souiller momentanément, mais on peut lui rendre sa clarté naturelle en la filtrant, par exemple. Si elle n'était pas claire par nature, aucun filtre n'y changerait rien.

Le Bouddha illustra le premier pas vers la reconnaissance des qualités de l'esprit naturel par une allégorie. Un homme très pauvre vivait dans une vieille maison en ruines dont le sol et les murs étaient incrustés d'un grand nombre de pierres précieuses, mais il n'en connaissait pas la valeur. Bien qu'il possédât un trésor, il vivait donc d'aumônes et souffrait du froid l'hiver, de la canicule l'été, et de la faim tout le temps.

Un jour, un ami lui demanda :

« Pourquoi vis-tu comme un misérable ? Tu n'es pas pauvre, tu es même très riche !

– Tu es fou ! Comment peux-tu me dire une chose pareille ?

– Regarde donc autour de toi ! Ta maison est pleine de pierres précieuses, de diamants, de rubis, d'émeraudes, de saphirs ! »

Tout d'abord, le mendiant n'en crut pas un mot. Mais au bout d'un certain temps, il se posa des questions, enleva une pierre du mur et essaya de la vendre en ville. Le marchand à qui il la montra lui en offrit un prix incroyable. Avec cet argent, il put s'acheter une maison neuve dans laquelle il déposa toutes les pierres précieuses qu'il avait trouvées dans l'ancienne. Il s'acheta des vêtements neufs, remplit sa cuisine de nourriture, engagea des serviteurs et se mit à vivre dans un grand confort.

Maintenant je vous pose une question. Qui est le plus riche, l'homme qui vivait dans la vieille maison, entouré de joyaux sans le savoir, ou celui qui a compris la valeur de ce qu'il possède et jouit d'un parfait bien-être ?

Comme pour la pépite d'or, la réponse est « ni l'un ni l'autre », car l'un et l'autre détiennent le même trésor. La seule différence est que, pendant de nombreuses années, le premier n'a pas eu conscience de ce qu'il possédait. Ce n'est que lorsqu'il a reconnu sa véritable condition qu'il a pu se libérer de sa misère et de sa souffrance.

Il en va de même pour nous. Tant que nous ne reconnaissons pas notre véritable nature, nous souffrons. Une fois que nous la reconnaissons, nous sommes en mesure de nous libérer de la souffrance. Que cette nature soit reconnue ou non, ses qualités demeurent les mêmes, mais à partir du moment où nous la reconnaissons nous commençons à changer. La qualité de la vie que nous menons se transforme par la même occasion, et des choses auxquelles nous n'avions même pas rêvé commencent à se produire.

L'ESPRIT, LA BIOLOGIE, OU LES DEUX ?

Le Bouddha demeure dans ton propre corps.

Samputa tantra

Comme nous l'avons déjà vu lors de notre tentative de localiser concrètement l'esprit, le fait de ne pas avoir identifié une chose ne veut pas dire que cette chose n'existe pas. On ne peut nier qu'il y a une activité mentale, mais aucun scientifique n'a pu, jusqu'à aujourd'hui, confirmer l'existence de l'esprit lui-même, ni définir non plus avec précision la nature et les propriétés de l'espace au niveau le plus fondamental. Pourtant, nous savons que nous avons un esprit, et nous ne pouvons nier l'existence de l'espace.

L'esprit et l'espace sont des concepts profondément enracinés dans notre mode de pensée. Ils nous sont familiers, ils nous semblent normaux et, jusqu'à un certain point, tout à fait ordinaires. Par contre, comme nous sommes moins habitués aux notions d'« esprit naturel » ou de « paix naturelle », elles suscitent en nous un certain scepticisme. Pourtant, par le même procédé de déduction et d'expérience directe dont nous nous servons pour l'espace et l'esprit, nous pourrions au moins commencer à nous habituer à les considérer comme réels.

Selon le Bouddha, la réalité de l'esprit naturel peut être déduite d'un fait dont tout le monde constate l'évidence. C'est la réponse à la question : « Quelle est la préoccupation commune à tous les êtres ? » Lorsque je pose cette question pendant les conférences publiques, certains répondent : survivre, être heureux, éviter de souffrir, être aimé. D'autres ajoutent : la paix, le progrès, pouvoir manger et respirer, ne rien changer, améliorer les conditions de vie. D'autres encore : être en harmonie avec soi-même et avec les autres, comprendre le sens de la vie ou la peur de la mort. Une réponse m'a bien amusé : « Moi ! » Chacune de ces réponses est juste, au moins en partie, car le souci fondamental de tous les êtres – les hommes, les animaux, et même les insectes – c'est évidemment d'être heureux et de ne pas souffrir.

Chacun de nous a sa propre stratégie mais, en fin de compte, nous essayons tous d'atteindre le même but. Même les fourmis passent leur temps à courir dans tous les sens, sans rester tranquilles une seconde, pour amasser de la nourriture ou construire des galeries. Pourquoi se donnent-elles tant de peine ? Pour parvenir à une certaine forme de bonheur et se garantir contre la souffrance.

Le Bouddha affirme que le désir de trouver le bonheur durable et de ne pas souffrir est le signe indubitable de la présence de l'esprit naturel. Il existe beaucoup d'autres indices, mais il faudrait sans doute un livre entier pour en établir la liste. Pourquoi le Bouddha a-t-il privilégié à ce point ce signe particulier ? Parce que la véritable nature de tous les êtres est *déjà* libre de toute souffrance, et qu'en elle se trouve le bonheur permanent. Quand nous cherchons à être heureux et à fuir la souffrance, par quelque moyen que ce soit, nous ne faisons qu'exprimer ce que nous sommes déjà en essence. Le désir ardent de bonheur durable que la grande majorité d'entre nous ressentent est la petite voix silencieuse de l'esprit naturel qui nous rappelle ce que nous sommes vraiment capables de ressentir.

Le Bouddha comparait ce désir à celui d'une mère oiseau loin de son nid. Peu importe la beauté des lieux qu'elle survole et le nombre de choses intéressantes qu'elle peut apercevoir, une force la pousse irrésistiblement à revenir vers son nid. De même, aussi absorbante que soit notre vie quotidienne, aussi extraordinaire le fait de tomber amoureux, de recevoir des louanges ou de décrocher le travail idéal, nous sommes mus par une ardente envie de trouver un bonheur immuable et parfait.

D'une certaine façon, nous avons le mal du pays de notre véritable nature.

Être soi-même

Nous avons besoin de reconnaître notre état fondamental.

Tsoknyi Rinpotché

Selon le Bouddha, la nature essentielle de l'esprit peut être perçue directement en laissant simplement l'esprit reposer tel qu'il est. Comment y parvient-on ? Revenons à l'histoire du général qui devait déménager le trésor du roi en un seul jour. Imaginez à quel point il a pu se sentir détendu et satisfait, une fois ce travail terminé ! Au moment où il se reposait sur des piles de coussins après s'être baigné, son esprit était complètement au repos. On peut concevoir que des pensées y bouillonnaient encore, mais qu'il se contentait de les laisser aller et venir sans les poursuivre ni s'y attacher.

Vous avez sûrement éprouvé un sentiment semblable après avoir accompli un travail long et difficile qui avait exigé un gros effort physique ou intellectuel, au moment où votre esprit et votre corps se sont détendus dans un état d'épuisement heureux.

Essayons maintenant un petit exercice pour reposer l'esprit. Ce n'est pas une méditation. En fait, c'est une « non-méditation », une pratique bouddhiste très ancienne qui, selon mon père, soulage de la pensée qu'il faut atteindre un but ou parvenir à un état d'esprit particulier. Dans la non-méditation, on se contente d'observer ce qui se passe dans l'esprit, sans jamais interférer ni se préoccuper du résultat de cette observation.

La première fois que l'on m'a enseigné cette méthode, j'étais encore enfant et je cherchais à atteindre des buts. Chaque fois que je m'asseyais pour méditer, je voulais qu'il arrive quelque chose de merveilleux. Il m'a donc fallu du temps pour comprendre de quoi il s'agissait, pour pouvoir simplement me poser, regarder, sans me soucier du résultat.

Maintenez tout d'abord votre colonne vertébrale droite et votre corps détendu. Une fois que vous vous sentez à l'aise, laissez simplement votre esprit se reposer pendant environ trois minutes. Laissez-le simplement se relâcher, comme si vous veniez de finir un long travail harassant.

Quoi qu'il se passe dans votre esprit, que vous ayez des pensées ou des émotions, que vous vous sentiez mal à l'aise physiquement, que vous preniez conscience des sons et des odeurs autour de vous ou que vous ayez la tête complètement vide, ne vous souciez de rien. Tout ce qui se passe – ou ne se passe pas – fait simplement partie de l'expérience qui consiste à laisser reposer votre esprit.

Maintenant, donc, détendez-vous simplement dans la conscience de ce qui traverse votre esprit...

Détendez-vous simplement...

Détendez-vous simplement...

À la fin des trois minutes, interrogez-vous sur ce qui s'est passé. Ne jugez pas, n'essayez pas d'expliquer, passez simplement en revue ce que vous avez remarqué ou ressenti. Avez-vous eu une sensation brève de paix ou d'espace ? C'est bien. Avez-vous pris conscience de millions de pensées, de sensations, de sentiments variés ? C'est bien aussi. Pourquoi ? Parce que, dans les deux cas, tant que vous êtes resté conscient de ce que vous pensiez ou ressentiez, vous avez perçu directement votre esprit dans son fonctionnement naturel.

Je vais vous confier un grand secret. Quoi qu'il se passe en vous lorsque vous restez simplement attentif à ce qui survient chaque seconde dans votre esprit, c'*est* la méditation. Se détendre simplement dans cet état, c'*est* l'expérience de l'esprit naturel.

L'unique différence entre la méditation et le processus ordinaire, quotidien des pensées, des sentiments et des sensations est la présence ou non de la conscience simple et nue, celle qui survient lorsque vous laissez votre esprit se détendre tout bonnement tel qu'il est, sans donner suite aux pensées ni être distrait par des sentiments et des sensations.

Il m'a fallu longtemps pour comprendre à quel point il est facile de méditer. La raison principale est que cela m'apparaissait si simple, si proche de mes habitudes quotidiennes de perception, que je prenais rarement le temps de m'en rendre compte. Comme beaucoup de gens que je rencontre en enseignant de par le monde, je pensais que l'esprit naturel devait nécessairement être quelque chose de différent ou de mieux que ce que je connaissais déjà.

Comme presque tout le monde, je portais trop de jugements sur ce qui se passait en moi. Je me disais que les pensées de colère, d'anxiété, de peur, etc., qui allaient et venaient dans mon esprit tout au long de la journée étaient mauvaises, contre-productives, ou du moins incompatibles avec la paix naturelle. Or, l'enseignement du Bouddha, et aussi la leçon inhérente à cet exercice de non-méditation, est qu'en laissant l'esprit se détendre et prendre du recul, on peut commencer à voir que toutes les pensées ne font qu'aller et venir dans le champ d'un esprit illimité, et que celui-ci, comme l'espace, demeure fondamentalement non troublé par ce qui se passe en lui.

En réalité, il est encore plus facile de faire l'expérience de l'esprit naturel que de boire de l'eau. Pour boire un verre d'eau, il faut faire un certain effort. Il faut prendre le verre, le remplir, le porter à sa bouche, le lever pour que l'eau s'en écoule, avaler l'eau et reposer le verre. Pour connaître la paix naturelle, il n'est pas besoin de tant d'opérations. La seule chose à faire est de détendre l'esprit dans son espace naturel. Cela n'exige aucune concentration ni aucun effort particuliers.

Et si, pour une raison ou une autre, vous n'arrivez pas à laisser votre esprit se détendre, vous pouvez simplement voir les pensées, les sentiments et les sensations surgir, demeurer quelques secondes puis s'évanouir, et reconnaître que ces choses se passent dans votre esprit à cet instant même.

Où que vous soyez et quoi que vous fassiez, il est essentiel de reconnaître que ce que vous percevez est quelque chose d'ordinaire. C'est l'expression naturelle de votre esprit véritable. Si vous vous contentez d'observer ce qui se passe en vous, sans essayer d'arrêter quoi que ce soit, vous finirez par éprouver une sensation extraordinaire de détente et d'espace dans votre esprit : c'est en fait votre esprit naturel, l'arrière-plan naturellement non troublé sur lequel vos pensées vont et viennent. En même temps, vous ouvrirez de nouvelles voies de communication entre vos neurones, et à mesure que ces voies se renforceront et s'approfondiront, vous pourrez de mieux en mieux tolérer la cascade des pensées qui traversent votre esprit à tout instant. Chaque pensée perturbatrice agira ensuite comme un catalyseur. Elle stimulera votre conscience de la paix naturelle qui environne et imprègne cette pensée comme l'espace environne et imprègne chaque particule du monde phénoménal.

Il est temps maintenant de clore cette présentation générale de l'esprit et d'examiner plus en détail ses caractéristiques. Vous vous demandez peut-être pourquoi il est nécessaire d'en connaître davantage sur l'esprit naturel. Ne suffit-il pas, après tout, d'en avoir une compréhension générale ? Ne peut-on pas sauter les détails et passer directement à la pratique ?

Non, car c'est un peu comme si vous vouliez vous rendre quelque part en voiture. Vous ne pouvez pas partir sans rien savoir de la route et en n'ayant qu'une vague idée de l'endroit où vous allez. Sans cartes ni panneaux indicateurs pour vous guider, vous tournerez aux mauvais endroits et prendrez toutes sortes de chemins de traverse qui rallongeront votre trajet en le compliquant absurdement. Vous pourriez même finir par tourner en rond. Considérez donc les deux chapitres qui vont suivre comme une carte routière ou un ensemble de panneaux indicateurs vous permettant d'atteindre votre but plus rapidement.

4

La vacuité : la réalité au-delà de la réalité

La vacuité est décrite comme le fondement qui rend tout possible.

Le XIIe Tai Sitou Rinpotché

Le bouddhisme donne le nom de « vacuité » à cet espace que l'on ressent quand on laisse simplement l'esprit se détendre. Ce terme est l'un des plus mal compris de tous les enseignements bouddhistes. Il est difficile aux Orientaux d'en saisir le sens, mais pour les Occidentaux c'est pire encore, car les premières traductions de textes sanskrits ou tibétains attribuaient indûment à ce mot le sens de « vide absolu » ou de « néant ». Rien ne peut être plus éloigné de la vérité que le Bouddha cherchait à décrire.

Le Bouddha enseigna effectivement que l'esprit et tous les phénomènes sont, par nature, *vacuité*, mais il ne voulait pas dire qu'ils sont vides au sens qu'ils ne sont rien. Le mot tibétain signifiant « vacuité » est composé de deux parties : *tongpa* et *nyi*. La première signifie « vide », mais dans le sens de « au-delà de notre capacité de percevoir ou de concevoir avec nos sens et notre intellect ». « Inconcevable » ou « indicible » serait peut-être une meilleure traduction. Quant au terme *nyi*, il n'a pas de sens particulier en tibétain courant, mais lorsqu'on l'affixe à un mot comme *tongpa*, on lui attribue alors le sens de « possibilité que tout puisse surgir ou advenir ». Quand le bouddhisme parle de vacuité, il ne parle donc pas de néant mais de potentiel illimité permettant à n'importe quoi d'apparaître, de se transformer ou de disparaître.

Nous pouvons peut-être établir une analogie avec les phénomènes étranges et merveilleux que les physiciens modernes ont découvert en observant le fonctionnement interne des atomes. D'après les scientifiques avec qui j'ai parlé, on appelle souvent l'arrière-plan d'où surgissent tous les phénomènes « état de vacuum ». Elle correspond au niveau d'énergie le plus bas dans le monde subatomique. Dans cet état, des particules surgissent et disparaissent continuellement. Bien qu'apparemment vide, il s'agit d'un état très actif, car il a la possibilité de tout faire apparaître. De ce point de vue, il possède des points communs avec la vacuité de l'esprit. De même que le « vacuum » est considéré comme vide tout en étant la source de toutes les sortes de particules, l'esprit est essentiellement vide, dans le sens où il défie toute description, mais de cette base de connaissance indéfinissable et inconnaissable dans sa totalité, toutes les pensées, les émotions et les sensations surgissent sans discontinuer.

C'est parce que l'esprit est par nature vide que nous pouvons avoir une variété potentiellement infinie de pensées, d'émotions et de sensations. Même les erreurs au sujet de la vacuité surgissent de la vacuité !

Voici une anecdote qui permet peut-être de comprendre ce qu'est l'expérience de la vacuité. Il y a quelques années, un étudiant vint me voir pour me demander de lui expliquer ce que « vacuité » voulait dire. Je lui ai donné les éléments de base habituels, et il sembla très content, pour ne pas dire ravi.

« C'est vraiment super ! » me dit-il à la fin.

D'après mon expérience personnelle, il n'est pas facile de comprendre la vacuité du premier coup. Je lui demandai de passer les quelques jours suivants à méditer sur ce qu'il avait appris.

Quelques jours plus tard, il apparut tout d'un coup devant ma porte avec une expression de terreur. Pâle, voûté, tremblant, il traversa la pièce avec précaution comme s'il tâtait le sol devant lui pour détecter des sables mouvants.

« Rinpotché, me dit-il, vous m'avez demandé de méditer sur la vacuité, mais la nuit dernière il m'est venu à l'esprit que *tout* était vacuité. Cet immeuble est vacuité, les planchers sont vacuité, et le sol au-dessous est aussi vacuité ! Alors, pourquoi ne passons-nous pas à travers le plancher, et même à travers la terre ? »

Je le laissai finir, puis je lui demandai :

« Qui tomberait ? »

Il considéra un moment ma question, puis son expression changea du tout au tout.

« Ah ! J'ai pigé ! Si l'immeuble est vacuité et les gens aussi, il n'y a personne qui puisse tomber et rien à travers de quoi tomber ! »

Il poussa un long soupir, se détendit, et son visage reprit des couleurs. Je lui demandai alors de méditer sur la vacuité avec la compréhension nouvelle qu'il en avait.

Deux ou trois jours plus tard, il revint me voir à l'improviste. Il était de nouveau pâle et tremblant. De toute évidence, il faisait son possible pour retenir sa respiration, et l'idée même d'expirer le terrifiait.

Après s'être assis en face de moi, il me dit :

« Rinpotché, j'ai médité sur la vacuité comme vous me l'avez conseillé, et j'ai compris que j'étais vacuité, de même que cet immeuble et le sol sur lequel il se trouve. Mais à mesure que je méditais, je suis allé de plus en plus profond, jusqu'au point de cesser de voir ou de ressentir quoi que ce soit. J'ai peur, si je ne suis que vacuité, d'être sur le point de mourir. Alors je me suis précipité pour vous voir ce matin. Si je ne suis que vacuité, je ne suis, au fond, rien du tout, et rien n'empêche que je me dissolve dans le néant. »

Quand je fus certain qu'il avait tout dit, je lui demandai :

« Qui va se dissoudre ? »

J'attendis un moment, le temps qu'il digère la question, avant de poursuivre :

« Vous avez confondu la vacuité avec le néant. Au début, la plupart des gens font l'erreur d'aborder la vacuité comme s'il s'agissait d'une idée, d'un concept. J'ai fait cette erreur moi-même. Mais il n'y a, en réalité, aucun moyen de comprendre la vacuité à l'aide de concepts. Vous ne pouvez réellement la connaître que par une expérience directe. Je ne vous demande pas de me croire. Tout ce que je vous demande, c'est de vous poser cette question, la prochaine fois que vous vous asseyez pour méditer : si tout est, par nature, vacuité, qui ou quoi peut se dissoudre ? Qui ou quoi peut naître ? Qui ou quoi peut mourir ? Allez-y, et la réponse vous surprendra peut-être. »

Il soupira et accepta d'essayer encore.

Quelques jours plus tard, il revint me voir. Avec un sourire paisible, il m'annonça :

« Je pense que je commence à comprendre ! »

Je lui demandai de m'expliquer.

« J'ai suivi vos instructions. Après avoir médité longtemps sur la vacuité, j'ai compris que cela ne signifiait pas le néant, car pour qu'il n'y ait rien, il faudrait d'abord qu'il y ait quelque chose. La vacuité, c'est donc tout, toutes les possibilités d'existence et de non-existence imaginables, toutes présentes au même instant. Si la vacuité est notre vraie nature, on ne peut dire de personne qu'il naît ou qu'il meurt véritablement, car la possibilité d'être d'une façon ou d'une autre, ou de ne pas être, est présente en nous à tout moment.

– Très bien, lui dis-je. Maintenant, oubliez tout ce que vous venez de dire, parce que si vous essayez de vous le rappeler exactement, vous allez transformer en concepts ce que vous avez appris, et il vous faudra revenir à la case départ. »

Deux réalités : l'une absolue et l'autre relative

La vérité ultime ne peut être enseignée sans prendre appui sur la vérité relative.

Nagarjuna

Il nous faut du temps pour contempler et méditer avant de comprendre la vacuité. Quand j'aborde ce sujet, l'une des premières questions qu'on me pose est : « Si le réel est fondé sur la vacuité, d'où viennent tous les phénomènes ? » C'est une très bonne question, très profonde même. Mais le lien entre la vacuité et ce que nous percevons n'est pas aussi simple, ou plutôt, il est si simple qu'il est facile de ne pas le voir. C'est grâce au potentiel illimité de la vacuité que les phénomènes – terme fourre-tout qui comprend les pensées, les émotions, les sensations, les objets physiques et tout le reste – peuvent surgir, se mouvoir, se transformer et, finalement, disparaître.

Pour répondre à cette question, je ne me hasarderai pas à parler de mécanique quantique dans laquelle j'avoue ne pas être très expert. La meilleure façon d'aborder cet aspect de la vacuité me semble être de revenir à l'analogie de l'espace tel qu'il était conçu au temps du Bouddha, c'est-à-dire comme une ouverture immense qui n'est pas une chose en soi, mais plutôt un milieu infini, sans références, au sein duquel les galaxies, les étoiles, les planètes, les animaux, les êtres humains, les rivières, les arbres, bref, tous les phénomènes surgissent et se meuvent. Sans espace, aucun des phénomènes ne se distinguerait d'un autre. Il n'y aurait pas de place pour eux. Il n'y aurait, en quelque sorte, aucun arrière-plan qui les rendrait visibles. Les étoiles et les planètes ne peuvent naître, se mouvoir et disparaître que dans le milieu que constitue l'espace. Nous-mêmes, nous ne pouvons nous tenir debout, nous déplacer, nous asseoir, entrer dans une pièce et en sortir que grâce à l'espace qui nous entoure. Notre corps lui-même est « plein » de ces espaces que sont les orifices qui nous permettent de respirer, d'avaler, de parler et ainsi de suite, de même que les parties vides de nos organes tels que les poumons.

Il existe une relation similaire entre la vacuité et les phénomènes. Sans vacuité, rien ne pourrait apparaître. Et en l'absence de phénomènes, nous ne pourrions pas percevoir l'arrière-plan de vacuité d'où surgissent toutes choses.

Mais il y a en même temps une distinction importante à garder à l'esprit. La vacuité, ou l'infinie possibilité de manifestation, est la nature *absolue* des choses. Tout ce qui surgit de cette vacuité – les étoiles, les galaxies, les êtres, les tables, les lampes, les horloges, et même notre perception du temps et de l'espace – est l'expression *relative* d'un potentiel infini, une apparition momentanée au sein d'un espace et d'un temps sans limites.

Je voudrais en profiter pour faire une autre distinction capitale entre réalité absolue et réalité relative. Du point de vue bouddhiste et, semble-t-il, de certaines écoles de pensée scientifiques modernes en Occident, ne peut être considéré comme absolument réel que ce qui ne change pas, ce qui ne peut être affecté par le temps et les circonstances ou réduit à des éléments plus petits et de même nature. Sur la base de cette définition, mes maîtres m'ont enseigné que la vacuité – le potentiel incommensurable, indéfinissable, l'arrière-plan incréé de tous les phénomènes qu'aucun changement de causes ou de circonstances ne peut altérer – est la réalité absolue. Et puisque l'esprit naturel est vacuité, puisqu'il est totalement ouvert et n'est limité par aucune caractéristique nommable ou définissable, rien de ce l'on pense ou dit de lui ne peut être valablement dit pour définir sa vraie nature.

En d'autres termes, la réalité absolue ne peut être exprimée par des mots, des images ou même des formules mathématiques. On m'a dit que certaines religions considèrent également l'absolu comme inexprimable et indéfinissable et refusent qu'on lui donne des noms ou en fasse des images. Sur ce point, au moins, le bouddhisme est d'accord avec elles car, pour lui, l'absolu ne peut être compris que par l'expérience intérieure.

En même temps, il serait absurde de nier que nous vivons dans un monde où des choses apparaissent, se transforment et disparaissent dans l'espace et le temps. Les gens vont et viennent, les tables se fendent et se cassent ; on boit un verre d'eau et l'eau n'est plus là. Le bouddhisme donne à ce niveau de perceptions continuellement changeantes le nom de « vérité relative » – relative par rapport à la condition inaltérable et indéfinissable de la réalité absolue.

Bien qu'il soit inepte de prétendre que nous ne percevons pas des choses comme les tables, l'eau, les pensées, les planètes, en même temps nous ne pouvons pas dire qu'une seule de ces choses existe en soi et par soi. Par définition, tout ce qui existe par soi-même sans dépendre de rien d'autre doit être permanent, immuable, et ne peut être divisé en parties plus petites, ni affecté lorsque les causes ou les conditions changent.

Voilà une bien jolie description intellectuelle de la relation entre réalité relative et réalité absolue, mais elle ne peut remplacer la compréhension intérieure – au niveau des tripes, pourrait-on dire de nos jours – car seule cette dernière permet de saisir réellement ce lien. Lorsque ses disciples le pressaient d'expliquer la relation entre les deux vérités, le Bouddha avait souvent recours à l'exemple du rêve et comparait les perceptions de l'état de veille aux buffles, aux récoltes, aux toits de paille et aux murs de terre qui surgissent alors dans notre esprit. Comme je ne suis pas sûr que ces exemples, qui s'adressaient aux gens d'une autre époque, aient le même impact sur les êtres humains du XXIe siècle, j'utiliserai des images ou des exemples liés à notre temps.

Supposez que vous adoriez les voitures et que, dans un rêve, vous voyiez quelqu'un vous en offrir une toute neuve. Vous serez sans doute ravi. Le *vous* du rêve sera content de recevoir la *voiture* du rêve, content aussi de la conduire et de la montrer fièrement à tous ses amis.

Supposez maintenant que, pendant que vous conduisez cette voiture, toujours en rêve, un autre véhicule surgisse soudain et vous heurte de plein fouet, enfonçant complètement l'avant de votre véhicule et vous cassant une jambe. Dans le rêve, votre jubilation va soudain se transformer en désespoir. La voiture est maintenant une épave, vous n'avez pas souscrit d'« assurance de rêve », et votre jambe vous fait atrocement souffrir. Vous pleurez peut-être, au point de constater, au réveil, que votre oreiller est mouillé.

Je vous pose maintenant une question, pas difficile, rassurez-vous : la voiture du rêve était-elle réelle ? Bien entendu, la réponse est non. Aucun ingénieur ne l'a conçue et aucune usine ne l'a fabriquée. Elle n'est pas faite des différentes parties qui composent une vraie voiture, ni des molécules et des atomes qui constituent chacune de ses parties. Néanmoins, tant que le rêve dure, vous la percevez comme tout à fait réelle. De façon générale, tout ce que vous voyez en rêve vous semble réel et provoque en vous des pensées et des émotions réelles. Or, vous ne pouvez pas dire que ces choses existent en soi, n'est-ce pas ? D'ailleurs, au réveil elles cessent d'apparaître et se dissolvent dans la vacuité d'où tout peut surgir sans fin.

De même, dit le Bouddha, tout ce que nous percevons n'est qu'apparition jaillie du potentiel infini de la vacuité. On lit dans le *Soûtra du Cœur*, l'un des enseignements les plus célèbres du Bouddha :

La forme est la vacuité
Et la vacuité est la forme.
La vacuité n'est rien d'autre que la forme
Et la forme n'est rien d'autre que la vacuité.

En langage moderne, on dirait peut-être :

Une voiture rêvée est une voiture qui n'existe pas en soi
Et une voiture qui n'existe pas en soi est une voiture rêvée.
Une voiture rêvée n'est rien d'autre qu'une voiture qui n'existe
[pas en soi
Et une voiture qui n'existe pas en soi n'est rien d'autre qu'une
[voiture rêvée.

On pourra objecter que, logiquement, la comparaison entre ce que nous percevons en rêve et ce que nous percevons dans l'état de veille a ses limites. Quand le rêve est fini, il n'y a pas vraiment de jambe cassée ni d'épave de voiture au milieu de la rue, alors que si l'on a un accident dans l'état de veille, on se retrouve à l'hôpital et l'on doit dépenser beaucoup d'argent pour remettre la voiture en état.

Malgré tout, la base de votre expérience – les pensées, les émotions et les sensations qui varient selon les circonstances –

est la même dans le rêve et à l'état de veille. Si vous gardez ce fait à l'esprit, ce que vous percevrez dans l'état de veille commencera à perdre son pouvoir de vous affecter. Les pensées ne sont que des pensées, les sentiments des sentiments et les sensations des sensations. Ils vont et viennent à la même vitesse et avec la même facilité dans l'état de veille que dans l'état de rêve.

Tout ce que vous percevez varie quand les conditions changent. Si une seule circonstance change, votre perception ne sera plus la même. S'il n'y a pas de rêveur, il n'y a pas de rêve. Si le rêveur ne dort pas, il n'a pas de rêve non plus. Un ensemble de conditions doivent être réunies pour qu'un rêve se produise.

Exercice de vacuité

L'esprit est en essence vide, mais
bien qu'il soit vide, tout y surgit sans cesse.

Le IIIe Gyalwang Karmapa

La compréhension intellectuelle de la vacuité est une chose, mais l'expérience directe de la vacuité en est une autre. Faisons un exercice un peu différent des précédents. Regardez très attentivement vos pensées, vos émotions et vos sensations à mesure qu'elles surgissent de la vacuité, demeurent un instant tout en étant vides et disparaissent dans la vacuité. Si aucune pensée, aucun sentiment ni aucune sensation ne se manifeste, créez-en volontairement, autant que vous le pouvez, en succession rapide. Le plus important, dans cet exercice, est d'observer autant d'événements mentaux que vous le pouvez. Si vous ne les observez pas, ils échapperont à votre attention. Ne laissez donc rien passer.

Commencez par vous asseoir le dos droit, l'esprit détendu, et respirez normalement. Une fois bien installé, observez très clairement vos pensées, vos émotions et vos sensations. Rappelez-vous : si rien ne vient, baragouinez dans votre esprit. Tout ce que vous percevez – souffrance, tensions, bruits, etc. –, observez-le très clairement. Observez même les idées comme « voici une bonne pensée », « voilà une mauvaise pensée », « j'aime cet exercice » ou « je déteste cet exercice ». Vous pouvez aussi observer des choses aussi simples qu'une démangeaison. Pour en retirer tout le profit, continuez cet exercice pendant au moins une minute.

Vous êtes prêt ? Allez-y.

Observez les mouvements de votre esprit...

Observez les mouvements de votre esprit...

Observez les mouvements de votre esprit...

Maintenant, arrêtez !

L'important, dans cet exercice, est de regarder simplement tout ce qui traverse votre conscience, demeure un instant puis se résorbe dans la vacuité, un peu comme apparaissent et disparaissent les vagues sur l'immense océan. N'arrêtez pas vos pensées, mais ne les poursuivez pas non plus. Si vous leur donnez suite, ce sont elles qui vous mèneront ; elles décideront de ce que vous êtes, et vous perdrez la capacité de réagir de façon ouverte et spontanée à l'instant présent. Si, à l'inverse, vous essayez de les arrêter, vous créez des tensions et des limitations dans votre esprit. Ce point est important. Beaucoup pensent à tort que lorsqu'on médite, il faut arrêter volontairement le mouvement naturel des pensées et des émotions. Il est possible de le faire quelque temps, et même d'en retirer une certaine sensation de paix, mais c'est une paix de zombie, sans discernement ni clarté.

Par contre, si vous vous entraînez à laisser simplement votre esprit tel qu'il est, il finira par se calmer de lui-même. Vous éprouverez un sentiment d'espace, et vous serez davantage capable de percevoir les choses de façon claire et impartiale. Lorsque, pleinement conscient, vous observerez vos pensées et vos émotions aller et venir, vous commencerez à voir qu'elles n'ont qu'une existence relative, qu'elles ne peuvent être définies que par rapport à d'autres phénomènes mentaux. Par exemple, un sentiment agréable de bonheur ne peut se définir que par rapport à son contraire, de même qu'un homme ne peut être qualifié de « grand » que par rapport à d'autres plus petits que lui. En lui-même, il n'est ni grand ni petit. Une pensée ou une sensation ne peut pas, non plus, en elle-même être qualifiée de bonne ou de mauvaise, sinon par comparaison avec d'autres pensées.

La physique et le vécu

Les objets physiques n'existent pas dans l'espace mais possèdent une étendue spatiale. Ainsi, le concept d'espace vide perd son sens.

Albert Einstein

Dans mes conversations avec des scientifiques modernes, j'ai été frappé par un certain nombre de similarités qui existent entre les principes de la mécanique quantique et la vision bouddhiste du lien entre apparences et vacuité. Comme les termes que nous utilisions étaient différents, j'ai mis assez longtemps à m'apercevoir que nous parlions de la même chose, à savoir de phénomènes se produisant d'instant en instant, sous l'effet de causes et de conditions dont le nombre et la variété sont quasiment infinis.

Pour apprécier ces similarités, il m'a semblé important de comprendre quelque peu les principes de la physique classique qui ont servi de base à la mécanique quantique.

« Physique classique » est un terme général regroupant un ensemble de théories expliquant le fonctionnement du monde naturel et fondées sur les découvertes d'Isaac Newton, savant génial du XVIIe siècle, ainsi que des chercheurs qui contribuèrent à ses découvertes ou suivirent ses traces. D'après la physique classique, le monde est une machine géante et bien ordonnée. Selon le modèle mécaniste qu'elle propose, si l'on connaissait la localisation et la *vélocité*, c'est-à-dire la vitesse et la direction du mouvement, de chacune des particules de l'univers à un moment donné, ainsi que les forces qui agissent entre elles, on pourrait prévoir la position et la vélocité de chaque particule de l'univers à n'importe quel instant. On pourrait, de même, déterminer toute l'histoire de l'univers à partir de son état présent. On pourrait la considérer comme une trame géante composée des histoires individuelles des particules reliées entre elles par des lois de cause à effet absolues et identifiables.

Les lois et les théories de la physique classique, cependant, sont fondées en grande partie sur l'observation des phénomènes macroscopiques tels que le mouvement des étoiles et des planètes et, sur terre, l'interaction des objets matériels. Or, les progrès de la technologie au XIXe et au XXe siècle permirent aux scientifiques d'observer les phénomènes à une échelle de plus en plus petite, et leurs expériences – qui forment la base de la mécanique quantique – montrèrent qu'à des échelles infiniment petites les éléments de la matière ne se comportent pas de la façon prévisible et bien ordonnée conçue par la physique classique.

L'un des aspects les plus troublants de ces expériences montre que ce que l'on considère habituellement comme de la « matière » n'est pas aussi solide et définissable qu'on l'avait cru. À l'échelle subatomique, la matière se comporte de façon plutôt étrange, en manifestant parfois des propriétés ordinairement associées aux particules, et en ayant d'autres fois l'apparence d'ondes, de l'énergie immatérielle. D'après ce que j'ai appris, il est impossible de définir simultanément la position et la vélocité de ces particules-ondes. En conséquence, l'idée classique selon laquelle on peut décrire l'état de l'univers en termes de localisation et de vélocité des particules s'effondre.

De même que la mécanique quantique s'élabora peu à peu sur la base des lois de la physique classique, la description que fit le Bouddha de la nature de notre vécu évolua progressivement en s'adaptant à la compréhension de ses auditeurs, chaque nouvel éclairage s'induisant du précédent. Les enseignements du Bouddha se divisent chronologiquement en trois cycles, appelés « mises en branle de la roue du dharma ». Le mot sanskrit *dharma* signifie ici « vérité » ou « manière d'être des choses ». Le Bouddha donna le premier cycle d'enseignements au parc des Gazelles, près de Varanasi, localité connue aujourd'hui sous le nom de Bénarès. Il y décrivit la nature relative des choses sur la base de l'expérience physique observable. On résume souvent ce premier cycle aux « quatre vérités » qui pourraient plus précisément s'appeler les « quatre élucidations de la manière d'être des choses ». On peut les résumer ainsi :

1. La vie ordinaire est empreinte de souffrance.
2. La souffrance est le résultat de causes précises.
3. Il est possible de mettre un terme à ces causes.
4. Il existe une voie simple pour y parvenir.

Dans les deuxième et troisième cycles de son enseignement, le Bouddha exposa la réalité absolue. Le deuxième cycle, qu'il donna au pic des Vautours, dans l'État actuel du Bihar, au nord-est de l'Inde, avait pour sujet la vacuité, l'amour, la compassion et la *bodhicitta* – mot sanskrit souvent traduit par « esprit d'Éveil ». Dans le troisième et dernier cycle, le Bouddha expliqua dans différents lieux de l'Inde ce qu'était, par essence, la nature de bouddha.

En eux-mêmes, ces trois cycles sont passionnants par tout ce qu'ils nous apprennent sur la nature de l'esprit, l'univers et la façon dont l'esprit perçoit les choses. Ils permettent aussi de clarifier les différents points de vue des premiers adeptes du bouddhisme. Après le départ du Bouddha de ce monde, ses disciples ne furent pas tous d'accord sur l'interprétation exacte de ses paroles. Certains n'avaient sans doute pas reçu les trois cycles d'enseignement, mais leurs différends sont explicables : comme le Bouddha le déclara de nombreuses fois avec insistance, l'essentiel de son enseignement est impossible à saisir au moyen de l'intellect seul, il doit faire l'objet d'une expérience directe.

Ceux qui n'avaient reçu que le premier cycle d'enseignement

fondèrent deux écoles de pensée – appelées Vaibhashika et Sautrantika. Selon celles-ci, les particules infinitésimales considérées comme les plus petits éléments de la matière sont « absolument réelles », c'est-à-dire complètes en elles-mêmes et indivisibles, comme le dit l'étymologie du mot « atome » en Occident. Ces particules fondamentales constituent les « briques » avec lesquelles sont construits tous les phénomènes. Elles ne peuvent jamais disparaître ou se perdre, elles ne peuvent que prendre de nouvelles formes. Celles qui constituent le bois, par exemple, ne se perdent pas quand le bois brûle, elles se transforment simplement en flammes et en fumée. Ce point de vue n'est pas sans rappeler la « loi de conservation de l'énergie », l'un des principes de base de la physique selon lequel rien ne se perd ni ne se crée, la matière prenant simplement des formes différentes. L'énergie chimique de l'essence, par exemple, se convertit en énergie mécanique qui met en mouvement les automobiles.

À ce stade, vous vous demandez peut-être ce que les progrès de la physique moderne ont à voir avec le bonheur personnel. Si vous pouvez me supporter encore quelques instants, le rapport vous apparaîtra bientôt clairement.

Dans les enseignements que le Bouddha donna dans les dernières années de sa vie, on lit que le simple fait que les particules infinitésimales puissent se transformer – comme le prouverait Einstein des siècles plus tard avec son équation $E = mc^2$, qui exprime l'équivalence entre la masse et l'énergie – montre que ces particules « indivisibles » sont en fait des phénomènes transitoires et ne peuvent être considérées comme ayant une réalité absolue.

Prenons un exemple facilement observable dans la vie courante : lorsqu'il fait très froid, l'eau se transforme en glace. À la température ambiante d'une maison, elle est liquide, et si on la chauffe elle devient vapeur. Au laboratoire, on peut diviser les molécules d'eau en atomes d'oxygène et d'hydrogène, et lorsqu'on observe ces atomes de près, on s'aperçoit qu'ils sont eux-mêmes constitués de particules de plus en plus fines.

Il est possible d'établir un parallèle intéressant entre le point de vue des Vaibhashikas et des Sautrantikas et celui de la physique classique. Comme nous l'avons dit, selon la physique classique, à l'échelle macroscopique, qui est celle de notre vie quotidienne ainsi que des planètes, des étoiles, etc., les constituants de la matière peuvent être définis par des données précises et mesurables telles que la localisation et la vélocité. Ils se déplacent aussi dans l'espace et le temps de façon prévisible, en fonction de certaines forces comme la gravité et la polarité électrique. Cette interprétation classique donne, aujourd'hui encore, de bons résultats pour prévoir les phénomènes à grande échelle, comme le mouvement des planètes.

Plus tard, les progrès de la technologie permirent d'observer la matière à l'échelle microscopique. Au début du XXe siècle, le physicien anglais J.J.Thomson effectua une série d'expériences montrant que l'atome n'est pas indivisible, mais qu'il est constitué de particules plus petites, tels les électrons, dotées d'une charge électrique. Sur la base des travaux de Thomson, le physicien Edward Rutherford conçut un modèle d'atome familier de tous ceux qui ont suivi des cours de physique et de chimie, montrant des électrons tournant autour d'un noyau et rappelant la structure du système solaire.

Le problème de ce modèle est qu'il n'explique pas un fait d'observation particulier, à savoir que les atomes émettent toujours, lorsqu'on les chauffe, une lumière communément appelée « spectre », dont l'énergie particulière varie en fonction de l'orbite. En 1914, Nils Bohr comprit que si les électrons d'un atome étaient considérés comme des ondes, le spectre énergétique de l'atome devenait explicable. Sa découverte fut l'un des grands succès de la mécanique quantique et força le monde scientifique à prendre au sérieux cette étrange théorie nouvelle.

À peu près à la même époque, Albert Einstein démontra qu'on pouvait décrire la lumière, non pas en termes ondulatoires mais comme étant constituée de particules qu'il appela « photons ». Quand on projette les photons sur une plaque métallique, ils accélèrent l'activité des électrons et produisent ainsi de l'électricité. Par la suite, un certain nombre de physiciens effectuèrent des expériences montrant que toutes les formes d'énergie peuvent être décrites comme des particules, un point de vue très semblable à celui des Vaibhashikas.

Tandis que les physiciens modernes continuent d'étudier les phénomènes subatomiques, ils demeurent confrontés au problème de la double nature des constituants fondamentaux de la matière – à la fois ondes et particules. Ils ne peuvent donc déterminer qu'une *probabilité* selon laquelle une particule subatomique manifestera telles propriétés ou se comportera de telle façon. Alors que la théorie quantique s'est avérée indiscutable dans ses champs d'application pratique comme les transistors, les scanners et les puces informatiques, sa description de l'univers reste mathématique et très abstraite. Gardons cependant à l'esprit que les mathématiques sont un langage symbolique, une sorte de poésie utilisant des nombres et des symboles au lieu de mots pour traduire la réalité qui se cache derrière nos perceptions conventionnelles.

La liberté des probabilités

La conscience fraîche de tout ce qui se manifeste [...] est en elle-même suffisante.

Le IXe Karmapa

Dans ses premiers enseignements, le Bouddha décrivait le problème de la souffrance comme résultant de l'attachement à un monde perçu comme absolument réel, et en particulier à un « moi » et à des phénomènes qui existeraient en soi et par soi. Par la suite, alors que la compréhension de ses auditeurs s'affinait, il parla plus directement de la vacuité et de la nature de bouddha. De manière un peu comparable, les idées des physiciens classiques sur la nature et le comportement de la matière s'affinèrent et furent peu à peu redéfinies et mises à jour grâce aux efforts des scientifiques de la fin du XIXe siècle.

Comme nous l'avons mentionné, l'observation de la matière à l'échelle subatomique a permis aux scientifiques modernes de découvrir que les éléments de cette matière se comportent normalement, c'est-à-dire comme on l'attend de particules, lorsqu'on les observe dans certaines conditions, mais qu'ils réagissent comme des ondes dans des conditions différentes. Cette observation de la dualité ondes-particules marqua, sous bien des aspects, le début de la nouvelle physique, celle de la mécanique quantique.

Je suppose que ce comportement bizarre mit mal à l'aise les chercheurs qui le constatèrent pour la première fois. C'est un peu comme si quelqu'un que vous pensez très bien connaître et qui vous traite comme son meilleur ami se comportait tout à coup comme s'il ne vous avait jamais rencontré.

En même temps, cette découverte a dû être passionnante, car elle ouvrait un champ d'investigation entièrement nouveau, comparable à celui qui se présente à nous quand nous commençons à examiner le comportement de notre esprit. On s'aperçoit soudain qu'il y a beaucoup de choses à découvrir, beaucoup à apprendre !

Avec leur diligence habituelle, les physiciens du début du XXe siècle retournèrent à leur tableau noir pour tenter d'expliquer le comportement ondulatoire des particules. Sur la base de la description fournie par Niels Bohr de la nature ondulatoire des électrons à l'intérieur des atomes, ils parvinrent à une nouvelle présentation de l'univers subatomique. Dans leur langage mathématique complexe, ils montrèrent comment chaque particule de l'univers peut être considérée comme une onde, et chaque onde comme une particule. Autrement dit, les constituants de l'univers peuvent, sous un certain angle, être envisagés comme des « choses », et sous un autre angle comme des événements se propageant à travers l'espace et le temps.

Qu'a donc à voir la physique avec le bonheur ? Nous

aimons nous considérer comme des individus distincts, consistants, ayant une personnalité et des buts bien définis, mais si nous prenons honnêtement en compte les découvertes de la science moderne, nous devons admettre que cette vision de nous-mêmes est pour le moins incomplète.

Les enseignements du Bouddha se divisent en deux catégories : ceux qui traitent de la sagesse, ou de la théorie, et ceux qui exposent les méthodes ou pratiques. Le Bouddha compara souvent ces deux aspects aux deux ailes d'un oiseau. L'aile de la sagesse est nécessaire parce que, sans avoir au moins une idée du but que l'on veut atteindre, la méthode ne servirait à rien. Même ceux qui font de la culture physique ont une vague idée de ce qu'ils veulent obtenir en transpirant sur un tapis roulant ou en soulevant des haltères. Le même principe s'applique aux efforts que nous pouvons faire pour reconnaître directement notre capacité innée d'être heureux. Il nous faut savoir où nous allons pour pouvoir y parvenir.

La science moderne, et plus particulièrement la physique quantique et les neurosciences, offre un point de vue sur la sagesse qui est d'emblée plus acceptable et plus facilement démontrable pour des êtres du XXe siècle que la compréhension de la nature du réel à laquelle parvient le bouddhisme au moyen de l'analyse subjective. Elle aide à comprendre, grâce à des analyses rigoureuses, pourquoi les pratiques bouddhistes sont efficaces, et elle éclaire aussi de manière très intéressante le point de vue bouddhiste sur les phénomènes transitoires qui apparaissent et disparaissent d'instant en instant en fonction de causes et de circonstances. Mais pour découvrir certains de ces points de convergence, nous devons plonger encore un peu plus profond dans le monde de la science.

5

Le caractère relatif des perceptions

La pureté originelle du fondement est absolument au-delà des mots, des concepts et des formulations.

Jamgön Kongtrul Lodrö Thayé

La définition de la vacuité comme « infinie possibilité » ne constitue qu'une description élémentaire d'une réalité complexe. À un niveau subtil qui a échappé aux premiers traducteurs occidentaux, la vacuité implique que tout ce qui surgit de ce potentiel infini, qu'il s'agisse de pensées, de mots, de planètes ou de tables, n'existe pas réellement en soi, mais résulte d'un grand nombre de causes et de conditions. Si une seule de ces causes et conditions vient à manquer, il se produira un phénomène différent. La mécanique quantique, tout comme le deuxième cycle d'enseignement du Bouddha, ne décrit pas ce que nous percevons sous forme d'un enchaînement d'événements qui est le seul possible et qui aboutit à un résultat unique, mais plutôt en termes de probabilités d'événements et de phénomènes. Ce point de vue est donc étrangement proche de celui du bouddhisme sur la réalité absolue.

L'INTERDÉPENDANCE

Tout ce qui dépend de conditions est décrit comme vide.

Soûtra requis par Anavatapta

Imaginez deux chaises différentes, l'une ayant quatre pieds solides et l'autre deux bons pieds seulement, les deux autres étant fendus. Si vous prenez la première, vous serez assis confortablement, mais si vous vous asseyez sur la seconde, vous vous retrouverez par terre. À un niveau superficiel, les deux méritent le nom de chaise, mais à cause de leur état différent, votre expérience ne sera pas du tout la même avec l'une et avec l'autre.

Ce concours de causes et de conditions est appelé, dans le bouddhisme, « interdépendance ». On peut à tout moment voir cette interdépendance à l'œuvre autour de soi. Une graine, par exemple, porte en elle son propre potentiel de croissance, mais elle ne peut actualiser ce potentiel en devenant une plante ou un arbre que dans certaines conditions. Il faut d'abord qu'elle soit semée, puis arrosée, puis qu'elle reçoive assez de lumière, et ainsi de suite. Même dans de bonnes conditions, le type de plante qui apparaîtra dépendra de la nature de la graine. Une graine de pommier ne pourra pas donner un oranger, et vice versa. Le principe d'interdépendance s'applique donc même à l'intérieur d'une graine.

De même, les choix que nous faisons dans nos vies quotidiennes mettent en mouvement des causes et des conditions qui engendrent des effets inéluctables dans le domaine de la réalité relative. Les choix qu'on opère dans la vérité relative sont comparables à des pierres lancées dans une mare. Même si ces pierres ne tombent pas très loin, des cercles concentriques se propageront à partir du point d'impact. Il est impossible que ce phénomène n'ait pas lieu, sauf, bien sûr, si vous visez mal et si, au lieu de tomber dans la mare, la pierre vole à travers la fenêtre du voisin, auquel cas un tout autre enchaînement de conséquences se produira.

Les idées que vous avez de vous-même – « je ne suis pas bon », « je suis trop gros », « hier, j'ai fait une erreur épouvantable », etc. – sont elles-mêmes l'effet de causes et de conditions précédentes. Vous n'avez peut-être pas bien dormi la veille, quelqu'un vous a dit des paroles déplaisantes dans la journée, ou vous avez peut-être simplement faim et votre corps réclame à grands cris les vitamines ou les minéraux qui lui manquent pour fonctionner correctement. Le fait tout simple de ne pas avoir assez bu peut entraîner de la fatigue, des maux de tête et une incapacité à se concentrer. N'importe quoi peut influencer la nature de ce que vous ressentez, sans toutefois changer la réalité absolue de ce que vous êtes.

Quand les chercheurs en neurosciences effectuaient des tests sur moi dans leur laboratoire du Wisconsin, je les ai longuement questionnés sur la manière dont la science moderne considère la perception. Les bouddhistes ont leurs propres théories, mais j'étais curieux de connaître le point de vue scientifique occidental. J'ai ainsi appris que, du strict point de vue des neurosciences, pour qu'il y ait acte de perception il faut que trois éléments essentiels soient présents : un stimulus (par exemple, une forme qui surgit, un son, une odeur, quelque chose que nous touchons), un organe des sens et un ensemble de circuits neuronaux qui, dans le cerveau, organise et interprète les signaux envoyés par les organes des sens.

Prenons comme exemple la perception visuelle d'une banane. Les scientifiques m'ont expliqué que les nerfs optiques – les neurones sensoriels situés dans les yeux – commencent par détecter une chose longue, jaune et incurvée, avec peut-être une tache brune à chaque bout. Stimulés, les neurones envoient des messages au thalamus, structure neuronale située au centre du cerveau. Comme dans les centraux téléphoniques qu'on voit dans les vieux films, les messages sensoriels y sont triés avant d'être expédiés dans d'autres parties de l'encéphale.

Une fois que les messages ont été triés par le thalamus, ils sont transmis au système limbique, dont la fonction principale est de traiter les réactions émotionnelles et les sensations de plaisir et de souffrance. À ce stade, le cerveau opère une sorte de jugement immédiat pour décider si le stimulus visuel, en l'occurrence la chose longue, jaune et incurvée avec les taches brunes aux deux bouts, est bonne, mauvaise ou neutre. On dit parfois de cette réaction instinctive, comme le sentiment immédiat qu'on éprouve parfois en présence de certaines personnes, qu'elle vient des « tripes » ; cette expression est beaucoup plus simple et parlante que « stimulation des neurones de la région limbique ».

En même temps que ces informations sont traitées dans la région limbique, elles sont transmises « plus haut » dans la zone du néocortex, dont la fonction est surtout analytique, pour y être organisées en schémas, ou plus précisément en concepts, qui nous fournissent le guide ou la carte que nous utilisons pour naviguer dans le monde de tous les jours.

Le néocortex évalue ces schémas et parvient à la conclusion que l'objet qui a stimulé les cellules des nerfs optiques est une banane. S'il a déjà créé le schéma ou le concept « banane », ce schéma fournit toutes sortes de détails liés à nos expériences passées – par exemple, le goût de la banane, le fait qu'on l'aime ou qu'on ne l'aime pas, et différentes sortes d'informations associées à notre concept de banane : l'ensemble nous permet de savoir comment réagir plus efficacement devant l'objet identifié comme une banane.

Ce que je viens de décrire n'est qu'un aperçu du processus de la perception, mais cela permet de comprendre comment même un objet banal peut devenir une source de plaisir ou de souffrance. Une fois parvenus au stade de reconnaissance de la banane, nous ne voyons plus véritablement l'objet de départ, mais une *image* élaborée par le néocortex et conditionnée par une multiplicité de facteurs : notre environnement, nos attentes, nos expériences passées et la structure même de nos circuits neuronaux. Dans le cerveau proprement dit, tous ces facteurs et les processus sensoriels peuvent être qualifiés d'interdépendants, au sens qu'ils s'influencent constamment les uns les autres. Comme le néocortex fournit en fin de compte le schéma qui nous permet de reconnaître, de nommer et de prédire le comportement – ou les « règles » – associé aux objets que nous percevons, il façonne très profondément le monde pour nous. En d'autres termes, nous ne voyons pas la réalité absolue de la banane, mais son apparence relative, une image construite mentalement.

Pour illustrer ce point, lors de la première conférence de l'institut Mind and Life, en 1987, le Dr Livingston décrivit une expérience simple qui consistait à montrer à plusieurs personnes la lettre T, dessinée de telle sorte que la barre verticale et la barre horizontale soient exactement de la même longueur. Lorsqu'on leur demanda si l'une des barres était plus longue que l'autre ou si les deux étaient de longueur égale, les sujets donnèrent trois réponses différentes, chacune liée à leur environnement familier. La plupart de ceux qui vivaient ou avaient grandi dans un pays plat, comme la Hollande, avaient tendance à percevoir la barre horizontale comme plus longue. Par contre, ceux qui avaient l'habitude d'une région montagneuse et avaient donc plus fréquemment l'occasion de voir les choses selon des critères de haut et de bas étaient presque tous persuadés que c'était la barre verticale qui était la plus longue. Une poignée seulement de participants s'aperçut que les deux barres étaient de même longueur.

D'un point de vue purement biologique, donc, le cerveau joue un rôle actif dans le façonnage et le conditionnement de nos perceptions. Bien que les scientifiques n'aillent pas jusqu'à nier l'existence d'un « monde réel » d'objets situé au-delà des limites du corps, ils s'accordent généralement sur le fait que, malgré notre impression de percevoir les choses de manière directe et immédiate avec nos sens, les processus mis en jeu sont beaucoup plus subtils et complexes qu'il y paraît. Comme Francisco Varela le déclara plus tard, au cours de la même conférence : « C'est comme si le cerveau faisait surgir le monde à travers les perceptions. »

Le rôle que joue le cerveau dans le processus de perception détermine donc en grande partie notre état d'esprit ordinaire.

Ce même rôle donne la possibilité à ceux qui sont prêts à entreprendre certaines pratiques d'entraînement mental de transformer peu à peu leurs perceptions anciennes façonnées par des années de conditionnement. En créant un conditionnement nouveau, ils établissent dans leur cerveau de nouvelles connections entre les neurones, et celles-ci leur permettent non seulement de transformer les perceptions déjà existantes, mais aussi d'aller au-delà des états mentaux ordinaires d'anxiété, d'impuissance ou de douleur pour atteindre un sentiment de bonheur et de paix durable.

Voilà donc une bonne nouvelle pour ceux qui se sentent pris au piège de leur vision de la vie. Rien dans nos sentiments, nos pensées ou nos sensations n'est aussi fixe et immuable que nous le croyons. Nos perceptions ne sont qu'une approximation grossière de la réalité des choses. En fait, l'univers dans lequel nous vivons et celui qui est dans notre esprit forment un tout cohérent. Comme me l'ont expliqué les spécialistes des neurosciences, les physiciens et les psychologues, la science moderne, dans son effort audacieux pour décrire la réalité en termes objectifs et rationnels, a commencé à nous redonner une idée de la magie et de la grandeur de l'existence.

Sujet et objet : le point de vue des neurosciences

La pensée dualiste est la manifestation du pouvoir créateur de l'esprit.

Jamgön Kongtrul

Munis de ces quelques connaissances supplémentaires en physique et en biologie, nous pouvons maintenant nous poser des questions plus profondes sur la réalité absolue de la vacuité et sur celle, relative, de nos perceptions ordinaires. Par exemple, si nous ne percevons que l'image d'un objet, et si l'objet lui-même, du point de vue de la physique, est une masse tourbillonnante de particules infimes, comment se fait-il que nous percevions une table en face de nous comme solide ? Comment pouvons-nous voir et toucher un verre d'eau sur la table ? Si nous buvons l'eau qu'il contient, celle-ci nous paraît tout à fait réelle et tangible. Comment l'expliquer ? Si nous ne buvons pas, nous avons soif. Pourquoi ?

À l'origine, l'esprit s'engage à plusieurs niveaux et de bien des manières dans un processus que le bouddhisme appelle « saisie », et qui consiste à prendre les choses comme ayant une réalité en soi. Cette « saisie » nous pousse à percevoir la vie comme une survie essentiellement fondée sur la peur. Dans le bouddhisme, l'entraînement de l'esprit permet de remplacer cette perception par une expérience différente dans laquelle la vie devient une succession de phénomènes singuliers et fascinants.

Considérez les petits symboles visuels appelés « émoticons » qu'on utilise parfois dans les messages électroniques ☺. Ce groupe est facilement identifiable comme un « smiley », un visage souriant avec deux yeux (..), un nez (ı) et une bouche (‿). Si ces trois symboles sont mis dans un ordre différent, par exemple , le cerveau ne reconnaîtra pas le schéma et les interprétera comme des points, une ligne et une courbe placés de manière aléatoire.

Des chercheurs en neurosciences m'ont expliqué que ces mécanismes de reconnaissance des schémas opèrent de façon quasi simultanée avec la reconnaissance par les neurones des formes, des couleurs et des autres objets de perception par le moyen de la synchronie neuronale. Celle-ci peut être décrite en termes simples comme le processus par lequel des neurones situés dans des zones du cerveau très éloignées les unes des autres communiquent entre eux spontanément et instantanément. Par exemple, lorsque les formes ☺ sont perçues exactement dans cet ordre, les neurones appropriés s'envoient mutuellement des signaux spontanés mais coordonnés avec précision qui représentent la détection d'un schéma spécifique. Lorsque aucun schéma n'est reconnu, les neurones concernés s'envoient des signaux aléatoires.

Cette tendance à identifier des schémas ou des objets est l'équivalent le plus clair, sur le plan biologique, du concept de « saisie ». Je la soupçonne de s'être formée au cours de l'évolution comme une fonction de survie, puisque le pouvoir de faire la différence entre des objets ou des événements nuisibles, bénéfiques ou neutres, peut s'avérer très utile ! Comme je le mentionnerai plus loin, les études cliniques montrent que la pratique de la méditation élargit le mécanisme de la synchronie neuronale, au point que le sujet commence à percevoir consciemment l'identité de son esprit et de l'objet que son esprit perçoit. En d'autres termes, la pratique prolongée de la méditation fait disparaître la sensation artificielle de séparation entre sujet et objet, ce qui donne au sujet la liberté de déterminer la qualité de ce qu'il vit, ainsi que de distinguer entre ce qui est réel et ce qui n'est qu'apparence.

Abolir la sensation de la distinction entre sujet et objet ne veut cependant pas dire que les perceptions deviennent totalement floues. On continue à percevoir le monde en termes de sujet et d'objet, mais on reconnaît en même temps que cette distinction est essentiellement conceptuelle, que la perception de l'objet n'est pas différente de l'esprit qui le perçoit.

Comme ce changement est difficile à concevoir intellectuellement, j'utiliserai de nouveau l'analogie du rêve pour essayer de l'expliquer. Si, pendant un rêve, vous reconnaissez que ce que vous voyez n'est qu'un rêve, vous vous rendez compte par la même occasion que tout ce que vous percevez dans ce rêve ne se passe que dans votre esprit. Cette prise de conscience, à son tour, libère votre esprit des problèmes, des souffrances et des limitations qui sont perçues dans l'état de rêve. Le rêve peut se poursuivre, mais tous ses aspects douloureux ou déplaisants disparaissent pour laisser place à une sorte d'étonnement presque enfantin au spectacle de ce que l'esprit est capable de créer.

De même, si dans l'état de veille vous transcendez la distinction entre sujet et objet, tout ce que vous percevrez ne sera pas différent de l'esprit qui le perçoit. L'état de veille ne s'interrompra pas, mais vous passerez d'une sensation de limitation à un sentiment d'étonnement et d'enchantement.

Le don de l'incertitude

Le mahâmudrâ, *c'est quand l'esprit est sans point de référence.*

Tilopa

Revenons à l'exemple des spectateurs qui regardent une table. On peut affirmer que, même à une échelle normalement observable, la table change perpétuellement. Entre hier et aujourd'hui, une partie du bois a pu être endommagée et la peinture a pu s'écailler. Si, par ailleurs, on observe la table du point de vue d'un physicien, au niveau microscopique on constate que le bois, la peinture, les pièces métalliques et la colle qui la composent sont eux-mêmes constitués de molécules et d'atomes qui, à leur tour, sont faits de particules qui s'agitent rapidement dans l'immense espace subatomique.

À cette échelle, comme nous l'avons mentionné, les physiciens se trouvent devant une question intéressante. Quand ils essaient de déterminer la position exacte d'une particule, ils ne peuvent plus mesurer sa vélocité avec précision. Et lorsqu'ils essaient de mesurer la vélocité, c'est la position qu'ils ne peuvent plus établir. Le problème de la mesure simultanée de la position et de la vélocité porte le nom de « principe d'incertitude de Heisenberg », d'après le patronyme de l'un des inventeurs de la mécanique quantique.

Le problème vient en partie du fait que, pour « voir » la position de la particule, le physicien doit lui envoyer une brève impulsion de lumière, ce qui lui procure une énergie supplémentaire, laquelle modifie la vitesse de son mouvement. D'autre part, quand le physicien tente de mesurer la vélocité d'une particule, il le fait en mesurant le changement de fréquence des ondes de lumière qu'il dirige sur la particule tandis qu'elle se déplace, un peu comme la police utilise la fréquence du radar pour mesurer la vitesse des voitures. Ainsi, c'est en fonction du type d'expériences qu'ils veulent effectuer que les scientifiques recueillent des informations, soit sur l'une des propriétés d'une particule, soit sur l'autre. En termes simples : le résultat d'une expérience est conditionné par la nature de cette dernière, c'est-à-dire par les questions que se pose le scientifique qui prépare l'expérience puis observe.

Nous pouvons établir un parallèle entre ce phénomène paradoxal et nos perceptions en disant que toutes nos pensées, nos sensations et nos perceptions sont conditionnées par les habitudes mentales que nous leur ajoutons.

Les physiciens modernes ont donc montré que notre compréhension des phénomènes matériels est, en un sens, limitée par les questions que nous nous posons à leur sujet. Mais aussi, l'impossibilité de prédire exactement le lieu où une particule subatomique va surgir et la façon dont elle va le faire implique, par analogie, que nous sommes libres de déterminer, dans une certaine mesure, la nature de nos perceptions.

Le contexte : point de vue des sciences cognitives

Notre vie est façonnée par notre esprit.

Dammapada

Les pratiques bouddhistes nous permettent de renoncer peu à peu à nos présupposés et de faire l'expérience de points de vue différents. Ce changement n'est pas aussi difficile qu'il y paraît. Au cours d'une longue conversation que j'ai eue au Népal avec un de mes étudiants qui travaillait dans le domaine de la psychologie cognitive, j'ai appris que la capacité de modifier notre vision des choses est l'une des caractéristiques fondamentales de l'esprit humain. En termes de psychologie cognitive, le sens des informations que l'on reçoit est en grande partie déterminé par le contexte dans lequel on l'envisage, les différents contextes rappelant de manière frappante les différentes façons d'observer les phénomènes dans la mécanique quantique.

Prenez, par exemple, les lettres qui forment mon nom : Mingyour Rinpotché.

Vous pouvez les considérer de différentes manières : comme un agencement de lignes et d'espaces, comme un groupe de lettres, comme un simple nom, une référence à quelqu'un que vous connaissez ou que vous ne connaissez pas, etc. Il y a sans doute d'autres niveaux d'interprétation, mais contentons-nous de ceux-ci pour notre propos.

Il est intéressant de noter qu'aucune de ces interprétations possibles n'invalide les autres. Toutes représentent des niveaux de sens susceptibles de varier selon le contexte, lequel, à son tour, dépend en grande partie de nos expériences passées.

Si vous m'avez déjà rencontré, en voyant les mots qui forment mon nom vous vous direz : « Ah oui, c'est ce Tibétain pas très grand qui porte des lunettes et se promène en robe rouge en disant à tout le monde que les tables n'existent pas de façon absolue. »

Si vous ne connaissez rien de moi et si vous n'avez fait que voir ces mots dans un article de magazine sur des maîtres tibétains, vous penserez simplement que c'est le nom d'un de ces Tibétains un peu courtauds qui se baladent en robe rouge et racontent partout que les tables n'ont pas de réalité absolue.

Si vous ne connaissez pas bien l'alphabet occidental, vous identifierez sans doute le nom Mingyour Rinpotché comme un groupe de lettres, mais vous ne saurez pas quel sens lui donner, ni s'il désigne, par exemple, une personne ou un lieu. Si vous êtes totalement analphabète, mon nom ne sera pour vous qu'un ensemble de traits dont vous penserez qu'il a peut-être un sens, mais peut-être pas.

Quand je parle donc d'abandonner les préjugés habituels et de percevoir le monde d'un point de vue différent, je veux dire que si vous observez les choses plus attentivement, vous vous rendez compte qu'il est difficile de mettre le doigt sur leur réalité *absolue*. Vous commencez à comprendre que la permanence et l'existence propre que vous attribuez aux choses sont dues au contexte dans lequel vous les envisagez. Et si vous vous entraînez à vous voir vous-même, ainsi que le monde qui vous entoure, sous un angle différent, la perception que vous avez de vous-même et du monde changera en conséquence.

Bien sûr, pour transformer ses perceptions du monde ainsi que ses attentes le concernant, il ne suffit pas de faire des efforts, il faut aussi du temps. C'est pourquoi, si vous voulez dépasser ces obstacles et commencer réellement à faire l'expérience de la liberté que procure la vacuité, vous devez également apprendre à considérer le temps lui-même d'une autre manière.

La tyrannie du temps

Imperceptible est le passé, imperceptible le futur, et imperceptible le présent.

Prajñâpâramitâsûtra

Si vous considérez vos perceptions sous l'angle de la durée, vous pouvez dire que les tables ou les verres d'eau existent dans le temps, mais seulement d'un point de vue relatif. La plupart d'entre nous considèrent que le temps comporte trois aspects : le passé, le présent et le futur. C'est ce que reflète notre langage : « Je *suis allé* à une réunion ennuyeuse », « j'*assiste* à une réunion ennuyeuse », « je *vais aller* à une réunion ennuyeuse ». « Je *fais* déjeuner les enfants », « Ah ! non ! Je *vais devoir* préparer le dîner des enfants, et comme il n'y *a* plus rien dans le réfrigérateur, il *faudra* que je fasse des achats en sortant de cette réunion ennuyeuse ».

En réalité, quand on pense au passé, on fait simplement

resurgir une expérience qui a déjà eu lieu. Vous avez quitté la réunion, vous avez fait dîner les enfants, vous avez fini vos courses. Le passé est comparable à une graine brûlée. Une fois qu'elle a été réduite en cendres, la graine n'existe plus, ce n'est plus qu'un souvenir, une pensée qui traverse l'esprit. Autrement dit, le passé n'est rien d'autre qu'une idée.

De même, ce que l'on nomme « futur » désigne un aspect du temps qui n'est pas encore advenu. On ne parle pas d'un arbre non encore semé comme d'une chose solide et vivante, puisqu'on ne dispose d'aucun contexte où le situer. On ne parle pas non plus d'enfants qui n'ont pas encore été conçus de la même manière que de personnes avec lesquelles on entretient des relations en ce moment. Le futur n'est donc, lui aussi, qu'une idée, une pensée.

Que reste-t-il donc, dont nous fassions vraiment l'expérience ?

Le présent ? Mais comment le définir ? Les années sont divisées en mois, les mois en jours, les jours en heures, les heures en minutes, les minutes en secondes, les secondes en microsecondes, nanosecondes, et ainsi de suite. On peut essayer de réduire l'expérience du présent à un instant de plus en plus court, mais le temps d'identifier ce dernier, il est déjà passé.

Le Bouddha comprit intuitivement les limitations de notre conception habituelle du temps. Dans l'un de ses enseignements, il explique que, d'un point de vue relatif, la division du temps en unités telles que les heures, les jours, les semaines, etc. est pertinente, mais que, du point de vue de la réalité absolue, il n'y a pas réellement de différence entre un instant et un éon. Un éon peut contenir un instant, et un instant un éon, sans pour autant que l'un devienne plus long et l'autre plus court.

Pour illustrer son propos, il raconta l'histoire d'un jeune homme qui était allé voir un grand maître pour lui demander un enseignement profond. Le maître accepta de le lui donner, mais il l'invita d'abord à prendre le thé avec lui. « Après, ajouta-t-il, je te donnerai l'enseignement profond que tu désires. »

Le maître lui versa une tasse de thé, mais à l'instant où le jeune homme la porta à ses lèvres elle se transforma en un grand lac entouré de montagnes, au bord duquel il se retrouva assis, en train d'admirer le paysage. Une jeune fille survint derrière lui et s'avança jusqu'à la berge pour y puiser de l'eau. Le jeune homme tomba immédiatement amoureux d'elle, et lorsque la jeune fille tourna son regard vers lui, elle sentit, elle aussi, la passion l'envahir. Le jeune homme la suivit jusqu'à la maison où elle vivait avec ses parents. Ces derniers se prirent peu à peu d'affection pour lui et, ce sentiment devenant réciproque, on décida que les deux jeunes gens devaient s'épouser.

Au bout de trois ans, le couple mit au monde son premier enfant, un garçon. Quelques années plus tard, c'est une fille qui naquit. Les enfants grandissaient heureux et en bonne santé, jusqu'au jour où le garçon, alors âgé de quatorze ans, tomba malade. Les médecins lui administrèrent des remèdes, mais aucun ne put le guérir, et au bout d'un an il mourut.

Peu de temps après, la fille, qui était partie chercher du bois dans la forêt, fut tuée par un tigre. Incapable de supporter la perte de ses deux enfants, la jeune femme se suicida en se jetant dans le lac. Désespérés par la mort de leur fille et de leurs petits-enfants, les grands-parents perdirent l'appétit et se laissèrent mourir. Le mari, sous le coup des disparitions successives de ses enfants, de sa femme et de ses beaux-parents, se dit qu'il valait mieux qu'il meure, lui aussi. Il partit pour le lac, bien décidé à s'y noyer.

Mais alors qu'il était sur le point de sauter dans l'eau, il se retrouva soudain dans la maison du maître, en train de porter la tasse à ses lèvres. Il venait de passer presque toute une vie près du lac, et pourtant un instant à peine s'était écoulé : dans sa main, la tasse était toujours chaude, et le thé lui brûlait les lèvres.

Il regarda le maître qui se tenait en face de lui. Le maître hocha la tête : « Tu vois, maintenant ? Tous les phénomènes proviennent de l'esprit, qui est vacuité. Ils n'ont d'existence véritable que dans l'esprit, et pourtant ils ne sont pas rien. Voilà pour ton enseignement profond. »

Du point de vue bouddhiste, le temps et l'espace, de même que tout ce qui se meut dans l'espace, sont en essence vacuité. Si l'on essaie de réduire l'espace et le temps à des éléments de plus en plus infimes, un moment viendra où il faudra renoncer. Vous pouvez essayer vous-même de découvrir, au moyen de la méditation, la plus petite unité de temps selon votre propre perception. Vous parviendrez à un point où vous ne pourrez plus rien nommer ou définir. Vous commencerez alors à faire une expérience au-delà des mots, des idées, des concepts.

« Au-delà des concepts » ne signifie pas que votre esprit devienne vide comme une coquille d'œuf, ou inerte comme un caillou. En réalité, c'est le contraire. Votre esprit est plus vaste et plus ouvert. Vous pouvez toujours percevoir un sujet et un objet, mais un peu comme des spectacles de magie. Vous les reconnaissez en tant que concepts et non comme des entités qui existent par elles-mêmes et sont objectivement réelles.

J'ai demandé à bon nombre de scientifiques s'il se trouvait, dans les découvertes ou les théories modernes, des idées correspondant au point de vue bouddhiste sur l'espace et le temps. Ils m'en ont énuméré un grand nombre, mais aucune ne me semblait exactement convenir, jusqu'à ce qu'on me cite la théorie de la « gravité quantique » qui a pour but d'unifier la mécanique quantique et la relativité générale et de répondre à des questions fondamentales telles que : De quoi sont faits l'espace et le temps ? Existent-ils de façon absolue, ou émergent-ils de quelque chose de plus fondamental ? À quoi ressemblent l'espace et le temps à des échelles très petites ? Est-il possible de trouver la plus petite unité de temps ?

D'après ce que l'on m'a expliqué, dans la plupart des branches de la physique l'espace et le temps sont envisagés comme s'ils étaient infinis, uniformes, parfaitement lisses. Ils constituent une sorte de milieu statique dans lequel les objets se meuvent et les événements se déroulent. Cette hypothèse est très pratique pour étudier la nature et les propriétés des objets physiques très gros aussi bien que des particules subatomiques. Mais lorsqu'on veut étudier l'espace et le temps eux-mêmes, il n'en va plus du tout de même.

À l'échelle de nos perceptions humaines ordinaires, le monde a l'air bien net, clair et solide. Un plateau reposant sur quatre pieds, c'est une table. Un petit cylindre ouvert d'un côté et fermé de l'autre par un fond plat, c'est très certainement un verre. S'il comporte une poignée, cela doit être une tasse.

Mais maintenant, imaginez que vous examiniez un objet matériel à l'aide d'un puissant microscope. Vous vous attendez logiquement à ce que sa structure fondamentale vous apparaisse de plus en plus clairement à mesure que vous augmentez la puissance de l'appareil. Or, c'est le contraire qui se produit. Lorsque vous parvenez au point où vous pouvez percevoir les atomes, tout devient de plus en plus flou et vous êtes obligé de laisser derrière vous la plupart des règles de la physique classique. Vous entrez dans le monde de la mécanique quantique où les particules subatomiques s'agitent dans tous les sens et de toutes les façons possibles, surgissant et disparaissant à une allure folle.

Si l'on continue à augmenter le grossissement afin de percevoir des éléments de plus en plus fins, on constate que l'espace et le temps commencent eux-mêmes à « frémir ». L'espace présente des courbes et des distorsions infinitésimales qui se manifestent et disparaissent à une vitesse inconcevable. Ce phénomène se passe à une échelle infiniment petite par rapport à celle de l'atome, aussi petite que celle de l'atome par rapport au système solaire tout entier. Les physiciens lui donnent le nom de « mousse d'espace-temps ». Pensez à de la mousse à raser qui, de loin, paraît lisse mais qui, de près, est constituée de millions de micro-bulles.

À ce stade, la physique elle-même commence à s'agiter, car l'étude de la matière, de l'énergie, du mouvement ainsi que de la manière dont ces éléments sont liés les uns aux autres ne peut pas même être formulée sans référence sous-jacente au temps. Les physiciens admettent qu'ils n'ont aucune idée sur la façon de décrire ce qui « reste » : c'est un état qui inclut toutes les possibilités, au-delà de l'espace et du temps.

La description de la réalité proposée par la mécanique quantique implique un degré de liberté qui peut sembler étrange, voire légèrement effrayant, à ceux qui n'y sont pas habitués. Même pour les Occidentaux, qui apprécient tant la capacité d'être libre, l'idée que l'observation d'un événement suffise à en influencer l'issue peut donner l'impression d'une responsabilité personnelle trop lourde à assumer. Il est beaucoup plus facile de penser que l'on subit son destin, en attribuant à une cause extérieure la responsabilité de ce que l'on éprouve. Et pourtant, si nous devions prendre au sérieux les découvertes de la science contemporaine, il nous faudrait bien assumer la responsabilité de ce que nous vivons, d'instant en instant.

Il n'est certes pas facile de renoncer à l'habitude de se considérer comme une victime. Mais en assumant l'entière responsabilité de ce qui nous advient, nous pouvons nous ouvrir des possibilités que nous n'avions sans doute jamais imaginées. Notre vie peut devenir un espace de jeu où d'innombrables occasions d'apprendre et d'inventer nous sont offertes, et où notre impression de limitation personnelle et de vulnérabilité est peu à peu remplacée par un sentiment d'ouverture et de choix illimités. Nous pouvons percevoir ceux qui nous entourent sous un jour totalement différent, non plus comme des menaces pour notre sécurité et notre bonheur, mais comme des êtres qui ignorent simplement les possibilités infinies de leur propre nature. Puisque, foncièrement, nous ne sommes pas limités par des distinctions arbitraires qui nous font penser que nous sommes « comme ceci » ou « comme cela » et pas autrement, que nous avons telles facultés mais pas d'autres, nous sommes capables de faire face à n'importe quelle situation.

L'IMPERMANENCE

Il n'est absolument rien d'animé ou d'inanimé qui soit stable et permanent.

Patrul Rinpotché

La plupart des êtres humains sont habitués par la société dans laquelle ils vivent à mettre des étiquettes conceptuelles sur le flux perpétuellement changeant des phénomènes physiques et mentaux. Lorsque nous avons cherché à savoir ce qu'est véritablement une table, nous avons continué instinctivement à utiliser l'appellation « table », même après avoir constaté que l'objet en question n'est pas une entité toute d'une pièce, qu'il est fait de différentes parties et qu'aucune de ces parties ne peut être assimilée à la table elle-même. En réalité, « table » n'est qu'un nom attribué à des phénomènes qui apparaissent et disparaissent très rapidement en produisant l'illusion d'une présence absolument réelle.

De même, on nous a appris à appeler « je » ou « moi » un flux de perceptions qui nous confortent dans notre impression que ce moi existe. Il nous semble bien que nous sommes une entité unique qui traverse le temps, inchangée. Nous sommes porté à croire qu'aujourd'hui nous sommes le même qu'hier. Quand nous nous rappelons l'époque où nous étions adolescent et où nous allions en classe, nous pensons naturellement que notre « moi » actuel est celui qui a étudié, grandi, quitté la maison familiale, trouvé un travail, et ainsi de suite.

Pourtant, devant un miroir, nous pouvons nous rendre compte que ce « moi » a changé. Nous verrons peut-être des rides qui n'étaient pas présentes l'année dernière. Nous portons peut-être des lunettes alors que nous n'en avions pas. Nos cheveux ne sont peut-être plus de la même couleur – quand ils n'ont pas carrément disparu de notre crâne. À l'échelle moléculaire, les cellules de notre corps sont en perpétuel changement, les vieilles mourant tandis que de nouvelles se forment.

Si nous analysons le sentiment de « moi » que nous éprouvons en pensant à notre esprit et à notre corps de la même façon que nous avons procédé avec la table, nous constaterons que notre « moi » physique, par exemple, est, lui aussi, constitué de différentes parties : les jambes, la tête, les bras, les pieds, les organes, etc. Est-ce que l'une de ces parties est véritablement identifiable au moi ?

Vous pouvez répondre : « Ma main n'est pas *mon moi*, mais elle est *à moi.* » Bien, mais elle est faite d'une paume et de doigts, elle a une face supérieure et une face inférieure, et chacun de ces éléments peut, à son tour, être décomposé en d'autres éléments comme les ongles, la peau, les os, etc. Lequel de ces éléments peut être appelé « ma main » ? Si nous poursuivons ce type d'investigation jusqu'à l'échelle atomique, puis subatomique, nous retrouverons toujours le même problème, à savoir l'impossibilité de trouver quoi que ce soit dont nous pourrions dire que c'est notre moi ou simplement notre main.

Que l'on analyse ainsi les objets matériels, le temps, notre corps ou l'esprit, on parvient immanquablement à un point où il est inutile d'essayer de poursuivre. La quête d'une entité irréductible s'effondre d'elle-même. À l'instant où l'on renonce à trouver quelque chose qui existerait dans l'absolu, on ressent un avant-goût de ce qu'est la vacuité, l'essence infinie et indéfinissable de la réalité telle qu'elle est.

Quand nous prenons conscience de la formidable multiplicité de facteurs qui doivent être réunis pour produire le sentiment d'un « moi » particulier, notre attachement à ce « moi » que nous croyons être commence à se relâcher. Nous sommes moins enclins à essayer de contrôler ou d'arrêter nos pensées, nos émotions, nos sensations et tout le reste. Nous les percevons sans souffrir ni nous sentir coupables, nous acceptons leur passage comme la simple manifestation d'un univers aux possibilités sans limite. Nous retrouvons ainsi l'attitude candide que nous avons connue, pour la plupart, dans notre enfance. Nos cœurs s'ouvrent aux autres comme les fleurs s'épanouissent. Nous écoutons mieux, nous sommes davantage conscients de ce qui se passe autour de nous. Nous sommes capables de réagir plus spontanément et avec justesse aux situations qui, autrefois, nous irritaient ou nous rendaient confus. Peu à peu, à un niveau peut-être trop subtil pour que nous le remarquions, nous nous éveillons à un état d'esprit libre, clair, aimant, au-delà de nos rêves les plus optimistes.

Mais il faut beaucoup de patience pour apprendre à voir que tout cela est possible.

En fait, il faut beaucoup de patience pour voir, tout simplement.

6

Le don de la clarté

Tous les phénomènes sont la manifestation de l'esprit.

Le IIIe Karmapa

Lorsqu'on veut se représenter la nature infinie de l'esprit, on la compare à l'espace. Mais cette image est imparfaite. L'espace, pour autant qu'on le sache, n'est pas conscient. Or, du point de vue bouddhiste, vacuité et conscience sont indissociables. On ne peut pas plus les séparer que l'humidité de l'eau ou la chaleur du feu. Autrement dit, notre nature authentique n'a pas seulement un potentiel sans limite, elle est aussi parfaitement consciente.

Dans le bouddhisme, on appelle cette conscience spontanée « clarté » ou « luminosité », ou parfois « claire lumière de l'esprit ». C'est cet aspect connaissant de l'esprit qui nous permet de reconnaître et de distinguer les pensées, les sentiments, les sensations et tous les phénomènes sans nombre qui émergent perpétuellement de la vacuité. La clarté est à l'œuvre même lorsque nous ne sommes pas spécialement attentifs, par exemple lorsqu'il nous vient soudain à l'esprit : « Il faut que je mange », « je dois partir », « je dois rester ». Sans cette clarté, nous serions incapables de penser, de sentir ou de percevoir quoi que ce soit. Nous ne pourrions pas reconnaître notre propre corps ni le monde extérieur, ni quelque phénomène que ce soit.

La conscience naturelle

L'esprit et les phénomènes sont comme le feu et la chaleur.

Ogyenpa

Mes maîtres m'ont enseigné que la claire lumière de l'esprit est lumineuse d'elle-même, comme une flamme qui est en même temps lumière et source de lumière. Depuis toujours, elle ne fait tout naturellement qu'un avec l'esprit. On ne peut pas la développer, comme on peut développer ses muscles par des exercices physiques. La seule chose que l'on puisse faire est de constater sa présence, de remarquer que l'on est conscient. Le défi, bien sûr, est qu'elle fait tellement partie de notre expérience quotidienne qu'il est difficile de la reconnaître. C'est comme si nous voulions voir nos cils sans l'aide d'un miroir.

Alors, comment s'y prendre pour l'identifier ?

Selon le Bouddha, il faut méditer, mais pas nécessairement au sens que la plupart d'entre nous donnent à ce mot.

La méditation dont il s'agit ici est une sorte de « non-méditation ». Il n'est pas nécessaire d'imaginer ou de fixer son esprit sur quoi que ce soit. Certains de mes élèves appellent cela « méditation bio, sans additifs ».

Comme pour d'autres exercices que mon père m'a enseignés, il est d'abord nécessaire de s'asseoir le dos droit, en respirant normalement, puis de laisser peu à peu l'esprit se détendre. « L'esprit détendu, expliquait-il à ceux qui étaient présents dans la petite salle où il enseignait, au Népal, soyez simplement conscients de toutes les pensées, tous les sentiments et toutes les sensations qui le traversent. Tandis que vous les regardez passer, cherchez à voir s'il y a une différence entre l'esprit et les pensées, entre le penseur et ce qu'il pense. Poursuivez votre observation pendant trois minutes environ en gardant ces questions à l'esprit, puis arrêtez-vous. »

Nous étions là, certains tendus, d'autres en train de gigoter, mais tous à essayer d'observer notre esprit et à nous demander s'il y a une différence entre les pensées et le penseur qui pense les pensées.

Comme j'étais encore enfant et que les autres étaient, adultes, j'en déduisais naturellement que les autres s'en sortaient beaucoup mieux que moi. Mais tandis que j'observais cette réflexion me traverser l'esprit, je me souvins des instructions de mon père et une chose curieuse se produisit. Pendant un court instant, je me rendis compte que la pensée « je ne suis pas aussi bon que les autres » n'était qu'une pensée, et que les pensées n'avaient pas de réalité en soi : ce sont de simples manifestations de l'esprit. Bien sûr, cet instant de clarté disparut aussitôt, et je me retrouvai en train de me comparer aux autres étudiants. Mais il avait été profond.

Comme mon père nous l'expliqua à la fin, le but de l'exercice est de reconnaître qu'il n'y a, en réalité, pas de différence entre l'esprit qui pense et les pensées qui vont et viennent. L'esprit, ainsi que les pensées, les émotions, les sensations, bref, tout ce qui surgit, demeure et disparaît dans l'esprit, n'est qu'expression de la vacuité, autrement dit, de la possibilité illimitée de manifestation. Si l'esprit n'est pas une chose mais un événement, tout ce qui surgit dans l'esprit est également un événement. Lorsqu'on repose simplement dans l'expérience de l'esprit et des pensées aussi indissociables que les deux faces d'une même pièce, on commence à comprendre le véritable sens de la clarté, à savoir un état conscient au pouvoir de manifestation illimité.

Beaucoup pensent que méditer signifie parvenir à un état mental très clair, inhabituel, absolument différent de ce que l'on connaissait auparavant. Ils contraignent leur esprit, persuadés qu'il faut à tout prix atteindre un niveau de conscience supérieur, avoir des visions extraordinaires, comme des arcs-en-ciel ou des terres pures, ou émettre un halo de lumière dans l'obscurité.

C'est ce que l'on appelle « en faire trop ». Croyez-moi, cela m'est arrivé aussi, comme à beaucoup de gens que j'ai rencontrés au fil des années.

Récemment, alors que j'attendais un avion pour l'Europe à l'aéroport de Delhi, un homme s'est approché de moi et m'a demandé si j'étais un moine bouddhiste. Je lui ai répondu que oui.

« Savez-vous méditer ?

– Oui.

– Comment cela se passe-t-il pour vous ?

– Ça va.

– Vous ne trouvez pas cela difficile ?

– Non, pas vraiment. »

Il secoua la tête et soupira.

« Pour moi, c'est vraiment un problème. Au bout de dix à quinze minutes, je commence à avoir la tête qui tourne. Et si je continue, il m'arrive de vomir. »

Je lui ai dit qu'il était probablement trop tendu et qu'il devait essayer de se décontracter davantage pendant sa pratique.

« Non ! Quand j'essaie de me détendre, cela me donne encore plus le vertige. »

Son problème me paraissait bizarre, et comme il avait l'air de chercher sincèrement une solution, je lui ai demandé de s'asseoir et de méditer devant moi. Il s'est installé sur le siège en face de moi, les bras, les jambes et la poitrine extrêmement raides. Il a écarquillé les yeux, relevé d'un coup les sourcils et fait une grimace qui déformait tout son visage. Même ses oreilles avaient l'air de se décoller de sa tête. Il était si tendu qu'il en tremblait.

Comme le simple fait de le regarder était près de me donner le tournis, je lui ai dit qu'il pouvait arrêter.

Ses muscles se sont détendus, sa grimace a disparu et ses yeux, ses oreilles et ses sourcils ont repris leur apparence normale. Il me regardait, impatient d'entendre mes conseils. Je lui ai dit que j'allais méditer à mon tour et que c'était maintenant à lui de me regarder.

Je me suis simplement assis sur mon siège comme d'habitude, le dos droit, les muscles détendus, les mains posées sur les genoux et regardant devant moi sans faire d'effort particulier, et j'ai laissé mon esprit se détendre, uniquement conscient du moment présent. Pendant ce temps, cet homme me scrutait de la tête aux pieds, des pieds à la tête et à nouveau de la tête aux pieds. Puis j'ai arrêté ma démonstration et lui ai dit que c'était ainsi que je méditais.

Après un moment de silence, il hocha la tête et déclara qu'il pensait avoir compris.

Le haut-parleur annonça que nous devions embarquer, et comme nos sièges ne se trouvaient pas dans la même partie de l'avion, nous nous sommes séparés et je ne l'ai plus revu de tout le vol.

À l'arrivée, nous nous sommes aperçus en descendant de l'avion. Il m'a fait signe et s'est approché de moi pour me dire :

« Vous savez, j'ai essayé de pratiquer comme vous me l'avez montré, et pendant tout le vol j'ai pu méditer sans avoir la tête qui tourne. Je pense que j'ai enfin compris ce que veut dire être détendu pendant la méditation. Merci beaucoup ! »

Il est certainement possible de faire des expériences intenses lorsqu'on médite en se forçant, mais habituellement on obtient trois sortes de résultats. Le premier résultat est l'assoupissement. On ne fait que s'épuiser à essayer d'être conscient de toutes les pensées, sentiments et sensations qui traversent rapidement l'esprit. Le deuxième est l'inverse du premier : l'esprit devient trop agité. Le troisième est un état d'hébétude : toutes les pensées et les sensations que l'on observe passent si vite qu'elles échappent totalement à l'attention. Dans chacun de ces cas, on peut raisonnablement conclure que la méditation n'est pas l'expérience magnifique à laquelle on s'attendait.

En réalité, l'essence de la méditation, c'est l'abandon de toute attente concernant la méditation. Chacune des qualités de l'esprit naturel – paix, ouverture, détente, clarté, etc. – est présente dans votre esprit, juste tel qu'il est. Vous n'avez rien à faire de spécial. Vous n'avez pas à changer de conscience. Tout ce que vous avez à faire, lorsque vous observez votre esprit, c'est de reconnaître les qualités qu'il possède déjà.

Illuminer l'obscurité

Vous ne pouvez pas séparer une zone de lumière d'une zone d'ombre, elles sont trop proches l'une de l'autre.

Tulkou Ogyen Rinpotché

Apprendre à reconnaître la clarté de l'esprit se fait petit à petit ; prendre conscience de la vacuité aussi. Il faut d'abord saisir le point essentiel, se familiariser avec lui, puis s'entraîner simplement à le reconnaître de plus en plus clairement. Certains textes comparent ce lent processus de reconnaissance à la façon dont une vieille vache urine. Cette image terre à terre nous préserve d'imaginer un processus trop difficile ou abstrait, mais son sens ne saute pas tout de suite aux yeux de ceux qui ne sont pas des nomades tibétains ou n'ont pas été élevés dans une ferme. Une vieille vache n'urine pas brièvement d'un seul trait, mais petit à petit. Au début, l'urine coule très peu, et à la fin, elle ne tarit pas brusquement. Il arrive même, au cours de l'opération, que la vache parcoure une bonne distance en continuant à brouter. Mais quand elle a fini, quel soulagement !

Comme pour la vacuité, il est impossible de trouver une définition parfaite de la clarté de l'esprit sans la transformer en concept qu'on rangera ensuite dans une case de l'esprit en se disant : « Ça y est ! J'ai compris, mon esprit est clair, et alors ? » La vraie clarté ne peut être connue que par l'expérience intérieure. Et lorsqu'on a fait cette expérience, il n'y a pas de « et alors ? » : on comprend, tout simplement.

Si vous réfléchissez à la difficulté de décrire quelque chose qui échappe, précisément, à toute description, vous aurez une idée du défi qu'a dû relever le Bouddha lorsqu'il essayait de parler de la nature de l'esprit à ses disciples. Ces derniers nous ressemblaient sans doute. Ils cherchaient des définitions bien nettes qu'ils pourraient ranger dans un coin de leur esprit en se sentant fiers d'être plus malins et perspicaces que les autres.

Pour éviter ce piège, le Bouddha a choisi, comme nous l'avons mentionné, de définir l'indescriptible à l'aide de fables et de métaphores. Pour faire comprendre ce qu'est la clarté de l'esprit en termes simples de tous les jours, il a eu recours, en particulier, à l'image du rêve, la même qu'il avait utilisée pour la vacuité.

Dans l'obscurité totale du sommeil, lorsque les yeux sont clos et que l'esprit est plongé dans l'inconscience, des images et des sensations commencent à émerger du noir. Nous rencontrons des êtres, certains familiers, d'autres non. Nous nous trouvons dans des lieux que nous connaissons ou dans d'autres que nous venons tout juste d'imaginer. Les événements qui nous apparaissent sont parfois l'écho de ce que nous avons vécu dans l'état de veille, et parfois ils nous semblent entièrement nouveaux. Dans le rêve, où toutes les expériences sont possibles, la lumière qui illumine et permet de distinguer les lieux, les événements et les êtres qui surgissent des ténèbres du sommeil est un aspect de la pure clarté de l'esprit.

La principale différence entre le rêve et la véritable clarté est qu'en rêve la plupart d'entre nous font encore la distinction entre soi-même et les autres, les lieux et événements. En revanche, dans l'expérience de la véritable clarté, on ne perçoit plus cette distinction. L'esprit naturel est indivisible. Ce n'est pas comme si *je* faisais l'expérience de la clarté ici et que *vous* la fassiez là-bas. La clarté, comme la vacuité, est sans limite : elle n'a ni début ni fin. Plus on examine son esprit en profondeur, moins il est possible d'établir une distinction entre la fin de son propre esprit et le début de celui des autres.

Lorsqu'une telle expérience commence à se produire, le sentiment de différence entre « moi » et « autrui » est remplacé par un autre, plus léger et plus fluide, d'identification avec les autres et avec le monde qui nous entoure. On commence alors à comprendre que le monde n'est peut-être pas un endroit si effrayant ; que les ennemis ne sont pas des ennemis, mais des gens comme nous, désirant à tout prix le bonheur et cherchant le meilleur moyen de l'obtenir ; que tous les êtres ont le discernement, la sagesse et la compréhension nécessaires pour voir au-delà des différences apparentes et découvrir ce qui est réellement bénéfique non seulement pour eux-mêmes, mais pour tous les êtres.

Apparence et illusion

En voyant comme tels ce qui a un sens et ce qui n'en a pas, on est capable de compréhension véritable.

Dhammapada

L'esprit est comme un prestidigitateur. Il peut nous faire voir des choses qui n'existent pas réellement. Nous sommes fascinés par les illusions créées par notre esprit, et nous l'encourageons même à produire toujours davantage de fantasmes extravagants. Ce spectacle, en lui-même, engendre une dépendance et provoque ce que certains de mes élèves appellent une « poussée d'adrénaline » ou une sensation d'euphorie, de sorte que nous nous sentons, nous-mêmes ou nos problèmes, « plus grands que la vie », même quand la situation qui nous donne ce sentiment est à faire peur.

De même que nous applaudissons un prestidigitateur lorsqu'il sort un lapin d'un chapeau, nous regardons des films d'horreur, nous lisons des romans à suspense, nous nous lançons dans des relations amoureuses compliquées ou nous nous querellons avec nos supérieurs et nos collègues de travail. Bizarrement, et peut-être est-ce lié à la zone reptilienne, la plus ancienne de notre cerveau, nous jouissons en réalité de la tension que ces situations produisent en nous. En renforçant le sentiment de « moi » contre « eux », ces dernières confirment notre impression d'individualité – qui, nous l'avons vu au premier chapitre, n'est qu'une apparence dépourvue de réalité.

Certains spécialistes des sciences cognitives avec lesquels je me suis entretenu comparent l'esprit humain à un projecteur de cinéma. De même qu'un projecteur envoie des images sur un écran, l'esprit projette des phénomènes sensoriels sur une sorte d'écran cognitif, ou de milieu, que nous voyons comme « le monde extérieur », en même temps qu'il envoie des pensées, des sentiments et des sensations sur un autre écran que nous considérons comme notre monde intérieur, ou « moi ».

Ce point de vue se rapproche de la conception bouddhiste de la réalité absolue et de la réalité relative. La réalité absolue est la vacuité, dans laquelle les perceptions sont intuitivement reconnues comme un flux éphémère et sans fin d'expériences possibles. Lorsqu'on commence à reconnaître les perceptions comme de simples événements fugaces et occasionnels, elles ne pèsent plus aussi lourdement sur nous, et tout le schéma dualiste de « moi » et de « l'autre » perd de sa solidité. La réalité relative est la somme des expériences provenant de l'idée erronée que tout ce que l'on perçoit est réel et existe en soi.

Toutefois, l'habitude que nous avons de croire que les choses existent « là-bas », dans le monde, ou bien à l'intérieur de soi, n'est pas facile à perdre. Y renoncer, c'est renoncer, du même coup, aux illusions qui nous sont chères et reconnaître que tout ce que nous projetons, tout ce que nous prenons pour « autre », n'est qu'une manifestation spontanée de notre esprit. C'est renoncer à nos idées *au sujet de* la réalité pour percevoir le flux de cette réalité *telle qu'elle est*. Cela ne signifie pas que nous devons nous couper totalement de nos perceptions et nous isoler dans une grotte ou un ermitage de montagne. Nous pouvons jouir de nos perceptions sans y prendre une part active, en les regardant comme les images qui nous viennent en rêve. Nous pouvons, en fait, commencer à nous émerveiller de la multitude des expériences qui se présentent à nous.

En faisant la différence entre apparitions naturelles et illusions, nous nous rendons compte que certaines de nos perceptions sont erronées ou partiales, que nos idées sur la manière dont les choses devraient être se sont parfois solidifiées à un degré tel que nous ne percevons plus d'autre opinion que la nôtre. Personnellement, lorsque j'ai commencé à reconnaître la vacuité et la clarté de mon esprit, ma vie est devenue plus riche et plus vivante à un point que je n'aurais jamais pu imaginer. Une fois que j'ai eu renoncé à mes idées sur ce que les choses devraient être, je suis devenu libre de répondre, tel que je suis, aux événements que je perçois tels qu'ils sont, ici et maintenant.

L'UNION DE LA CLARTÉ ET DE LA VACUITÉ

Notre véritable nature recèle d'inépuisables vertus.

Mahayana uttaratantra shastra

On dit que le Bouddha enseigna 84 000 méthodes pour aider toutes les catégories d'êtres, avec leurs compréhensions différentes, à reconnaître le pouvoir de l'esprit. Je ne les ai pas toutes étudiées, je ne peux donc pas jurer que le nombre soit exact. Il est possible qu'il y en ait en fait 83 999, ou 84 001. Quoi qu'il en soit, l'essence de ces enseignements peut se ramener à une seule chose, à savoir que l'esprit est la source de tout ce que nous vivons, et que changer l'orientation de son esprit revient à changer la qualité de toutes ses perceptions. Autrement dit, lorsqu'on transforme son esprit, tout ce qu'on perçoit ou ressent est transformé en même temps. Comme lorsqu'on met des lunettes à verres jaunes : tout devient aussitôt jaune. Avec des verres bleus, tout deviendra bleu.

Sous cet angle, la clarté peut être comprise comme l'aspect créatif de l'esprit. Tout ce que l'on perçoit, on le perçoit par le pouvoir de la conscience. Il n'y a véritablement aucune limite au pouvoir créatif de l'esprit, et ce pouvoir créatif est la conséquence naturelle de l'union indissoluble de la vacuité et de la clarté. On l'appelle parfois en tibétain *magakpa*, « absence d'entraves » et, par extension, « puissance » ou « capacité », mais cela signifie toujours la même chose, à savoir que l'esprit est libre de percevoir ou de ressentir absolument n'importe quoi, absolument tout.

Plus nous pouvons reconnaître le véritable pouvoir de notre esprit, plus nous sommes maîtres de ce que nous vivons. La douleur, la tristesse, la peur, l'angoisse et toutes les autres formes de souffrance ne perturbent plus notre vie autant qu'auparavant. En fait, les événements qui autrefois nous apparaissaient comme des obstacles se transforment en occasions d'approfondir notre compréhension de la nature sans entraves de l'esprit.

Chacun éprouve des sensations de plaisir et de souffrance d'un bout à l'autre de sa vie. Un grand nombre de ces sensations ont une origine physique. Manger un repas délicieux, être massé ou prendre un bain chaud, ces choses sont généralement considérées comme des expériences agréables. Se brûler les doigts, se faire faire une piqûre ou être pris dans un embouteillage un jour de canicule dans une voiture sans climatisation, voilà qui, par contre, est perçu comme déplaisant. En réalité, le fait que l'on ressente ces choses comme agréables ou pénibles ne dépend pas des sensations physiques proprement dites, mais de la perception que l'on en a.

Certains, par exemple, ne supportent pas la chaleur et le froid. Ils disent que s'ils sortent un jour de canicule ils crèvent de chaud et que la moindre goutte de sueur leur est intolérable. En hiver, ils ne supportent pas de recevoir quelques flocons de neige sur la tête. Pourtant, si un médecin en qui ils ont confiance leur dit qu'ils se porteront mieux en passant chaque jour dix minutes dans un sauna, il suivront ses conseils. Ils rechercheront la situation même qu'ils ne pouvaient pas supporter auparavant, allant jusqu'à payer pour la subir. Une fois assis dans le sauna, ils se diront : « Que c'est bon, je transpire ! » Si ce changement radical est possible, c'est parce qu'ils se sont autorisés à changer leur perception. Ils ont attribué une signification différente à la chaleur et à la transpiration. Et si le médecin ajoute qu'une douche glacée après le sauna améliorera leur circulation sanguine, ils apprendront aussi à aimer le froid, et ils en viendront même à le considérer comme délicieusement rafraîchissant.

Les psychologues appellent parfois ce type de transformation « restructuration cognitive ». En appliquant une attention et une intention à une expérience particulière, nous pouvons déplacer la signification qu'elle a pour nous du champ du douloureux et de l'intolérable au champ de l'agréable et du supportable. Avec le temps, la restructuration cognitive établit de nouvelles liaisons neuronales dans le cerveau, et en particulier dans la zone limbique, où la plupart des sensations de plaisir et de douleur sont reconnues et traitées.

Si nos perceptions sont réellement des constructions mentales conditionnées par nos expériences passées et nos attentes présentes, ce sur quoi nous fixons notre attention et la manière dont nous la fixons jouent un rôle crucial en déterminant notre expérience. Plus profonde est notre croyance en la réalité d'une chose, plus cette chose a de chances de devenir notre réalité. Si nous pensons être faibles, stupides ou incompétents, nous nous ressentirons comme tels, quels que soient par ailleurs nos véritables qualités et le point de vue de nos amis et associés.

Que se passe-t-il, alors, lorsque vous commencez à comprendre que ce que vous vivez est le résultat de vos propres projections ? Que se passe-t-il lorsque vous commencez à ne plus avoir peur des gens qui vous entourent et des circonstances que vous redoutiez ? D'un certain point de vue, il ne se passe rien ; mais d'un autre point de vue, tout devient différent.

7

La compassion, ou la survie du plus bienveillant

Une immense compassion jaillit spontanément pour tous les êtres qui souffrent, prisonniers de leurs illusions.

Kalou Rinpotché

Imaginez que vous passiez votre vie dans une petite pièce dont la seule fenêtre, condamnée, est si poussiéreuse qu'elle ne laisse passer pratiquement aucune lumière. Vous pensez sans doute que le monde est sombre, lugubre, plein d'êtres aux formes étranges qui projettent des ombres terrifiantes en passant devant chez vous.

Supposez maintenant qu'un jour, pour une raison ou pour une autre, vous soyez amené à essuyer les vitres, faisant ainsi disparaître un peu de crasse et entrer un rayon de lumière. Curieux, vous frottez encore, un peu plus fort et, à mesure que les vitres s'éclaircissent, il pénètre de plus en plus de lumière dans la pièce. Vous vous direz que le monde n'est peut-être pas aussi lugubre que vous le pensiez, que la cause en était simplement la fenêtre.

Vous vous acharnez sur les carreaux et ne vous arrêtez pas avant que tout soit propre. La lumière envahit la pièce et vous vous rendez compte, pour la première fois, que les ombres qui vous effrayaient en passant étaient des gens comme vous. Vous sentez alors grandir, du tréfonds de vous-même, un désir instinctif de sortir et de vous trouver avec ces êtres, de vous lier à eux.

En réalité, vous n'avez rien changé. Le monde, la lumière et les êtres ont toujours été là. Vous ne pouviez pas les voir pour la seule raison que votre vision était obscurcie. Mais à présent que vous les percevez, votre vie est totalement différente !

Cela illustre ce qu'on appelle, dans la tradition bouddhiste, la naissance de la compassion, l'éveil de notre capacité innée à comprendre l'expérience des autres et à s'identifier à elle.

Biologie de la compassion

Celui qui a la compassion possède tous les enseignements du Bouddha.

Le Soûtra qui résume tout le Dharma

Dans le bouddhisme, le mot « compassion » a un sens différent de celui qu'on lui donne ordinairement. Il ne signifie pas simplement avoir pitié des autres. Le terme tibétain, *nying djé*, implique un mouvement d'expansion venant du cœur. En Occident, l'équivalent le plus proche est peut-être « amour », mais un amour sans attachement ni aucun espoir d'obtenir quoi que ce soit en contrepartie. C'est le sentiment spontané d'être relié à tous les autres êtres. Ce que vous ressentez, je le ressens. Ce que je ressens, vous le ressentez. Il n'y a pas de différence entre nous.

Biologiquement, nous sommes programmés pour réagir à notre environnement de façon relativement simple, en fuyant ce qui menace notre survie et en nous emparant des occasions d'améliorer notre bien-être. Il suffit de tourner les pages des livres d'histoire pour constater que l'histoire des hommes est le plus souvent un récit de violences écrit dans le sang des plus faibles.

Pourtant, cette même programmation biologique qui nous pousse à être violents et cruels nous nourrit également d'émotions qui, non seulement inhibent notre agressivité, mais nous incitent à servir les autres en faisant fi de notre impulsion de survie personnelle. Lors d'une conférence de l'institut Mind and Life, j'ai été frappé par une phrase de Jerome Kagan, professeur à Harvard. Il fit remarquer qu'en même temps que notre tendance à l'agressivité, notre instinct de survie nous a dotés d'un penchant biologique encore plus fort pour la bonté, la compassion, l'amour et pour prendre soin des autres.

J'ai entendu nombre d'histoires de gens qui, pendant la Seconde Guerre mondiale, ont risqué leur vie pour sauver des Juifs recherchés par les nazis, ou de héros anonymes qui sacrifient de nos jours leur bien-être personnel pour secourir les victimes des guerres, des famines et de la tyrannie à travers le monde. Beaucoup de mes élèves occidentaux sont aussi des parents qui sacrifient une part énorme de leur temps et de leur énergie pour que leurs enfants fassent du sport, apprennent la musique et pratiquent d'autres activités, tout en mettant patiemment de l'argent de côté pour leur offrir des études.

Ces sacrifices semblent bien montrer qu'il y a, en chacun de nous, un ensemble de facteurs biologiques qui nous permettent de dépasser les désirs et les appréhensions personnels. Le simple fait que nous ayons pu créer des sociétés qui reconnaissent au moins le besoin de protéger et de soigner les pauvres, les faibles et les êtres sans défense corrobore la conclusion du professeur Kagan : « Le sens moral est un trait biologique de notre espèce. »

Renversement d'attitude

Les graines épicées produisent des fruits épicés
Et les graines sucrées produisent des fruits sucrés.

Soûtra requis par Sourata

D'après ce que je sais, la plupart des conflits naissent de l'incompréhension des motivations des autres. Nous avons tous nos raisons de faire ce que nous faisons et de dire ce que nous disons. C'est pourquoi plus nous nous laissons guider par la compassion, en nous arrêtant un instant pour voir d'où viennent les autres, moins il y a de risque d'entrer en conflit avec eux. Même en cas de problèmes, si nous prenons le temps de respirer et d'écouter, le cœur ouvert, nous pourrons toujours gérer la situation plus efficacement en réglant nos différends de telle sorte que chacun y trouve son compte, sans qu'il y ait nécessairement un gagnant et un perdant.

Un de mes amis, en Inde, avait un voisin qui possédait un chien agressif. En Inde, les cours intérieures sont entourées de murs élevés et sont fermées par des portes plutôt que des portails. Or, l'entrée de la cour de mon ami était placée juste devant celle du voisin, et chaque fois que mon ami sortait de chez lui, le chien jaillissait derrière sa porte en aboyant et en grognant, tous les poils hérissés, ce qui ne manquait pas de le terrifier. Comme si cela ne suffisait pas, le chien avait aussi pris l'habitude de pousser la porte de mon ami en prenant le même air menaçant, ce qui créait de gros problèmes.

Mon ami réfléchit longuement à la façon dont il pourrait punir le chien pour sa conduite. Il eut finalement l'idée de garder légèrement entrouverte la porte de sa cour et d'empiler au-dessus, en équilibre instable, plusieurs objets lourds qui ne manqueraient pas de tomber sur le chien en lui infligeant une douloureuse leçon qu'il ne serait pas près d'oublier.

Un matin, après avoir installé le piège, mon ami s'installa devant sa fenêtre en attendant l'arrivée du chien. Le temps passait mais le chien ne se montrait pas. Mon ami se mit à chanter des prières tout en jetant régulièrement un regard vers la cour. Mais le chien ne parut toujours pas. Parmi les textes que mon ami récitait, il y avait une prière d'aspiration très ancienne intitulée « Les quatre pensées incommensurables ». Elle commençait ainsi :

« Puissent tous les êtres trouver le bonheur et les causes du [bonheur !
Puissent-ils être libres de la souffrance et des causes de la [souffrance ! »

En chantant cette prière, il lui vint soudain à l'esprit que le chien était, lui aussi, un être conscient, et qu'en installant un piège, il le ferait inévitablement souffrir. « Si je récite ces paroles, je vais mentir, pensa-t-il. Je ne devrais peut-être pas les dire. »

Mais il se sentait mal à l'aise, car la prière des quatre pensées faisait partie de son quotidien. Il recommença donc la récitation en faisant un effort sincère pour ressentir de la compassion envers le chien, mais, à mi-chemin, il s'arrêta de nouveau. « Non ! Ce chien est vicieux, il me cause beaucoup de torts. Je ne veux pas qu'il soit heureux et libéré de la souffrance ! »

Il ressassa le problème pendant quelque temps encore, et il trouva enfin la solution. Il allait simplement changer un mot de la prière en remplaçant « Puissent *tous* les êtres » par : « Puissent *certains* êtres ».

Il fut très satisfait de sa trouvaille. Il termina ses prières, prit son repas, ne pensa plus au chien et décida de sortir pour faire une promenade. Mais, dans sa hâte, il oublia le piège qu'il avait laissé en place et, dès qu'il ouvrit la porte de la cour, c'est lui qui reçut les objets lourds placés en équilibre.

La douleur lui fit prendre conscience d'une chose très importante : exclure certains êtres de ses souhaits de bonheur revenait à s'exclure soi-même. Reconnaissant qu'il était victime de son propre manque de compassion, il décida de changer de tactique.

Le jour suivant, quand il sortit pour sa promenade, il emporta une boule de *tsampa* – sorte de pâte faite avec de la farine d'orge, du sel, du thé et du beurre – que les Tibétains mangent habituellement le matin. Dès qu'il sortit de la cour, le chien se jeta sur lui comme d'habitude, mais, au lieu de le maudire, il lui envoya simplement la *tsampa*. Surpris en plein aboiement, le chien attrapa la nourriture et se mit à la mâcher, distrait mais grognant encore.

Ce petit jeu se poursuivit pendant quelques jours. Puis le chien commença à remuer la queue en avalant la *tsampa*. Au bout d'une semaine, il cessa ses attaques et, au contraire, vint faire la fête à mon ami, s'attendant, tout joyeux, à recevoir sa friandise quotidienne. Finalement, ils devinrent amis, à tel point que, maintenant, le chien arrive en trottinant tranquillement dans la cour de mon ami pour s'étendre au soleil près de lui pendant que celui-ci récite ses prières, bien content, désormais, de pouvoir prier pour le bonheur de *tous* les êtres.

Une fois que nous avons reconnu que tous les êtres, y compris les animaux, et jusqu'aux plus petits insectes, nous ressemblent en ce que leur principal désir est de se sentir bien et de ne pas souffrir, lorsque l'un d'entre eux fait ou dit quelque chose qui contrarie nos souhaits, nous disposons d'une compréhension de base qui nous permet de penser : « Cet être est comme moi, il veut être heureux et ne pas souffrir. Son but principal n'est pas de s'en prendre à moi, c'est de faire ce qui lui paraît nécessaire. »

La compassion est la sagesse spontanée du cœur. Elle est toujours avec nous, elle l'a toujours été et elle le sera toujours. Quand elle se manifeste en nous, c'est simplement que nous avons appris combien, en réalité, nous sommes forts et ne risquons rien.

8

Pourquoi ne sommes-nous pas heureux ?

Tous les êtres ordinaires tendent à agir d'une façon qui leur est nuisible.

Jamgön Kongtrul

Pendant les dix ans que j'ai déjà passés à enseigner dans une vingtaine de pays, j'ai vu et entendu beaucoup de choses étranges ou admirables de la part des gens qui venaient écouter mes conférences publiques ou me demander des conseils privés. Mais ce qui m'a le plus surpris, c'est de voir que ceux qui vivent dans des pays disposant d'un grand confort matériel éprouvent des souffrances aussi profondes que ceux qui vivent dans les pays moins développés comme l'Inde ou le Népal. Ils expriment simplement leur souffrance de façon un peu différente.

J'ai commencé à prendre la mesure de cette souffrance lors de mes premières visites en Occident, quand mes hôtes m'emmenaient visiter les monuments les plus célèbres de leur ville. La première fois que j'ai vu l'Empire State Building ou la tour Eiffel, je n'ai pu qu'être frappé par le génie de leurs concepteurs et le degré de coopération et de détermination dont les constructeurs avaient dû faire preuve. Mais lorsque je suis monté au sommet de ces édifices, j'ai constaté que la vue était gâchée par des barrières et que des gardes étaient présents. J'ai demandé pourquoi, et on m'a répondu que c'était pour empêcher les gens de se jeter dans le vide. J'ai trouvé infiniment triste que des sociétés capables de produire de telles choses soient obligées d'imposer ce genre de mesures pour que les hommes n'utilisent pas de beaux monuments pour se suicider.

Cette constatation finit par concorder avec un autre détail que j'avais remarqué, à savoir que les gens qui vivent dans des sociétés jouissant d'un grand confort matériel ont tendance à sourire facilement, mais leurs yeux trahissent presque toujours un sentiment d'insatisfaction, ou même de désespoir. D'ailleurs, les questions qu'ils me posent pendant les conférences publiques et les entretiens privés tournent souvent autour de la manière de devenir meilleur ou plus fort, ou de vaincre la « haine de soi ».

Plus je voyageais et plus il m'apparaissait clairement que dans les sociétés favorisées par le progrès matériel et technologique, il arrivait tout autant que dans les sociétés moins modernes aux gens de souffrir, d'être angoissés, de se sentir seuls et de sombrer dans le désespoir.

Après avoir, pendant quelques années, posé des questions précises à mon auditoire, j'ai commencé à comprendre que lorsque le progrès matériel, ou extérieur, est plus rapide que le progrès intérieur, les êtres semblent souffrir de problèmes émotionnels profonds, sans disposer en eux-mêmes de moyens d'y faire face. L'abondance d'objets matériels fournit une telle multiplicité de distractions extérieures que l'on perd le lien avec la vie de l'esprit.

Pensez au nombre de personnes qui cherchent désespérément à pimenter leur existence en allant manger dans un nouveau restaurant, en se lançant dans de nouvelles aventures amoureuses ou en changeant de travail. Pendant quelque temps, la nouveauté semble leur fournir l'excitation dont ils ont besoin, mais celle-ci finit par retomber. Les nouveaux amis, les nouvelles sensations, le nouveau métier deviennent, à leur tour, ordinaires, et le plaisir initial s'évanouit.

Ils essaient alors de nouvelles stratégies. Certains vont à la plage. Pendant quelque temps, cela aussi semble les satisfaire. Le soleil est chaud, la mer est épatante, il y a des foules de gens nouveaux à rencontrer, et toutes sortes d'activités nouvelles comme le ski nautique ou le paravoile. Mais au bout d'un certain temps, même la plage les ennuie. Les conversations sont toujours les mêmes, le sable leur irrite la peau, le soleil est trop fort ou se cache derrière les nuages, et l'eau est trop froide. Il est temps d'essayer une autre plage, peut-être dans un autre pays. L'esprit invente un mantra de sa fabrication, comme « je veux aller à Tahiti... Tahiti... Tahiti... »

Le problème, avec toutes ces solutions, c'est qu'elles sont, par nature, éphémères. Tous les phénomènes résultent d'un concours de causes et de conditions. Ils sont donc inévitablement sujets au changement. Quand les causes sous-jacentes qui ont produit et perpétué quelque temps une sensation de bonheur se mettent à changer, la plupart des gens en attribuent la responsabilité à des circonstances extérieures – les autres, le lieu, le temps – ou à eux-mêmes – « j'aurais dû lui dire quelque chose de plus gentil », « j'aurais dû aller ailleurs », etc. Mais comme cette attitude reflète un manque de confiance en soi ou dans les choses dont on nous a appris à croire qu'elles devaient nous rendre heureux, nos blâmes ne font que rendre notre quête de bonheur plus difficile encore.

Plus problématique est le fait que, dans leur grande majorité, les gens ne savent pas clairement ce qu'est le bonheur et finissent par créer les causes de l'insatisfaction à laquelle ils tentent désespérément de mettre fin. Il serait donc utile d'examiner plus attentivement ce que sont le bonheur et le malheur, et quelles sont leurs causes respectives.

Le corps émotionnel

Il n'y a pas davantage de centre localisable des émotions qu'il y en a pour le jeu de tennis.

Richard Davidson

Notre corps joue un rôle beaucoup plus important que nous ne le croyons dans la production des émotions. Tout commence par les perceptions, dont nous savons qu'elles impliquent l'envoi d'informations des organes des sens vers le cerveau où, ensuite, la représentation d'un objet s'élabore. La plupart d'entre nous supposent, tout à fait naturellement, qu'au moment où un objet est perçu et reconnu, une réponse émotionnelle se déclenche, suivie d'une réaction physique.

Mais c'est en fait le contraire qui se produit. Au moment où le thalamus fait passer le message plus haut, dans les régions analytiques du cerveau, il envoie simultanément dans la région limbique un signal d'alerte à l'amygdale qui, comme nous l'avons vu, gère les réponses émotionnelles, et plus particulièrement la peur et la colère. Comme le thalamus et l'amygdale sont très proches l'un de l'autre, ce signal va beaucoup plus vite que les messages transmis au néocortex. L'amygdale met aussitôt en œuvre des réactions physiques qui stimulent le cœur, les poumons, les principaux groupes de muscles des bras, de la poitrine, de l'abdomen et des jambes, ainsi que les organes qui produisent des hormones comme l'adrénaline. C'est ensuite seulement que la zone analytique du cerveau interprète les réactions physiques comme exprimant une émotion spécifique. Autrement dit, cela ne se passe pas comme si nous voyions quelque chose d'effrayant, puis éprouvions de la peur, et enfin nous nous enfuyions. Après avoir perçu quelque chose d'effrayant, nous commençons à nous enfuir – en même temps que notre cœur bat la chamade et que l'adrénaline se diffuse dans notre corps –, et seulement alors, nous interprétons la réaction de notre corps comme de la peur. Dans la plupart des cas, il est vrai, lorsque le reste du cerveau a rattrapé les réactions du corps, ce qui prend à peine quelques millièmes de seconde, nous sommes en mesure d'évaluer notre réaction, de déterminer si elle est appropriée, et d'ajuster notre comportement en fonction des circonstances.

Le résultat de cette évaluation peut être mesuré grâce à une technologie mise depuis peu à la disposition des scientifiques. Les émotions comme la peur, la colère, le dégoût ou le mépris se manifestent partiellement sous forme d'activité accrue des neurones dans le lobe frontal droit, une région du néocortex située tout à l'avant de la partie droite du cerveau, tandis que les émotions comme la joie, l'amour, la compassion ou la confiance peuvent être mesurées par l'accroissement de l'activité des neurones dans le lobe frontal gauche.

Il peut arriver, m'a-t-on dit, que notre capacité d'évaluer nos propres réactions soit inhibée, et que nous réagissions à certaines situations sans réfléchir. Dans ce cas, la réponse de l'amygdale est si forte qu'elle court-circuite la réponse des zones supérieures du cerveau. Ce mécanisme de réaction d'urgence représente sans aucun doute un avantage du point de vue de la survie. Il nous permet, par exemple, de réagir sur-le-champ à une nourriture qui nous a déjà rendu malade, ou encore d'éviter un animal agressif. Mais comme les schémas neuronaux stockés dans l'amygdale peuvent être facilement activés par des événements qui ne comportent qu'une ressemblance minime avec un incident passé, ils peuvent aussi déformer notre perception des événements présents.

États et traits émotionnels

Toutes choses dépendent de circonstances.

Patrul Rinpotché

D'un point de vue scientifique, les émotions sont considérées soit comme des événements brefs, soit comme des conditions durables. Les émotions brèves comprennent, par exemple, les accès de colère soudaine qui se manifestent lorsque nous réparons quelque chose dans la maison et que nous nous frappons sur le pouce par inadvertance avec un marteau, ou la bouffée de fierté que provoque en nous un compliment sincère. En termes scientifiques, ces phénomènes relativement courts sont fréquemment appelés des « états ».

Les émotions qui perdurent et subsistent dans une multiplicité de situations, comme l'amour pour un enfant ou une rancœur tenace, sont appelées « traits de tempérament » et sont considérées par la plupart d'entre nous comme révélatrices du caractère de quelqu'un. Par exemple, nous avons tendance à penser que les gens habituellement souriants, énergiques, qui ont toujours des choses aimables à dire aux autres sont « enjoués », tandis que ceux qui froncent souvent les sourcils, font tout au pas de course, se tiennent recroquevillés à leur bureau et se mettent facilement en colère sont des gens « tendus ».

La différence entre les « états » et les « traits » est assez évidente, même pour ceux qui ne sont pas spécialistes. Si vous vous donnez un coup de marteau sur le doigt, il y a de fortes chances pour que votre coup de colère ne dure qu'un instant et que vous n'ayez pas peur des marteaux pour le restant de vos jours. Les traits émotionnels sont plus subtils. La plupart du temps, nous pouvons reconnaître si nous sommes angoissé ou excité au réveil, jour après jour, mais, même pour notre entourage proche, les indications de notre tempérament ne se révèlent que peu à peu.

Les états émotionnels sont des poussées soudaines de bavardage neuronal, alors que les traits sont plutôt l'équivalent de relations suivies entre les neurones. Ces liens durables peuvent avoir différentes causes. Ils ont parfois une base génétique, ils peuvent aussi être dus à un traumatisme grave ou simplement résulter d'expériences constantes ou répétées dans l'enfance ou l'adolescence.

Quelle que soit leur origine, les traits émotionnels ont un effet conditionnant sur la manière de juger les expériences quotidiennes et d'y réagir. Ceux qui sont prédisposés à la peur ou à la dépression aborderont une situation nouvelle avec un sentiment d'anxiété, alors que ceux qui ont tendance à être confiants aborderont la même situation avec plus de calme et d'assurance.

Les facteurs conditionnants

La souffrance suit une pensée négative comme les roues d'un char le bœuf qui le tire.

Dhammapada

La biologie et les neurosciences nous permettent de savoir ce qui se passe dans le cerveau quand on éprouve des émotions agréables ou désagréables. Le bouddhisme nous aide, de l'intérieur, à nous représenter ces expériences plus clairement et nous fournit, de plus, les moyens de modifier nos pensées, nos sentiments et nos perceptions de telle sorte que nous devenons des êtres humains plus heureux, plus en paix et plus aimants, et qu'il est possible de le vérifier, même au niveau cellulaire.

Qu'on l'envisage sous l'angle subjectif, en passant par l'observation attentive enseignée par le Bouddha, ou sous l'angle objectif, grâce à la technologie dont disposent les laboratoires modernes, on constate que ce qu'on nomme « esprit » se manifeste comme la rencontre perpétuellement changeante de deux phénomènes de base : la perception nue – la simple conscience de ce qui se passe – et les facteurs conditionnants – le processus par lequel notre perception est jugée et notre réaction déterminée. Autrement dit, toute activité mentale procède de l'activité combinée de la perception pure et des associations neuronales durablement établies.

L'une des leçons que mon maître Saljay Rinpotché me répétait inlassablement est que, si je voulais être heureux, je devais apprendre à reconnaître et à travailler sur les facteurs conditionnants qui produisent des réactions compulsives, ou liées aux traits émotionnels. En essence, il disait que tout facteur peut être perçu comme contraignant, dans la mesure où il nous empêche de voir les choses telles qu'elles sont, sans les juger. Si quelqu'un hurle après nous, nous prenons rarement le temps de faire la distinction entre la perception nue qui nous rend simplement conscient du fait lui-même – un homme en train de hausser la voix et de prononcer telles ou telles paroles – et la réaction émotionnelle qui nous fait dire ou penser : « pauvre type ! » Au lieu de cela, nous réagissons globalement, en faisant un tout de la perception nue et de la réponse émotionnelle : « Cet homme hurle après moi *parce que* c'est un pauvre type ! »

Si nous pouvions prendre le recul nécessaire pour percevoir les faits de manière plus objective, nous verrions peut-être que celui qui crie est contrarié par un événement qui n'a rien à voir avec nous, qu'il vient d'être critiqué par un supérieur et redoute d'être renvoyé, ou qu'on lui a dit à l'instant qu'un de ses proches est gravement malade, ou encore qu'il s'est querellé avec un ami ou un partenaire et que cela l'a empêché de dormir. L'influence de nos propres conditionnements est tellement forte que nous pensons rarement que nous *pouvons* prendre ce recul. Et comme, de ce fait, notre compréhension est limitée, nous confondons la vérité partielle que nous percevons avec la vérité complète.

Comment pouvons-nous réagir de façon juste avec une vision si étroite, dans l'ignorance de tous les faits ? Si nous disons, pour reprendre l'expression consacrée des palais de justice, « toute la vérité, rien que la vérité », nous devons reconnaître que, dans notre vie quotidienne, « toute la vérité », c'est que les autres, quels qu'ils soient, veulent simplement être heureux, mais que, malheureusement, leur façon de chercher le bonheur est telle qu'ils détruisent cela même à quoi ils aspirent. Si nous pouvions voir « toute la vérité » de chaque situation, notre seule réaction au comportement d'autrui serait la compassion.

Les afflictions mentales

Qui a créé les armes de l'enfer, et comment ?

Shantideva

Dans le bouddhisme, les facteurs conditionnants sont souvent appelés « afflictions mentales » – termes habituellement traduits par « émotions négatives » – ou encore « poisons ». Les textes bouddhistes en énumèrent un grand nombre, mais ils s'accordent tous à les ramener à trois principaux : l'ignorance, l'attachement et l'aversion. Ces trois facteurs conditionnants constituent la base de tout ce qui nous empêche de voir les choses telles qu'elles sont.

L'ignorance

L'ignorance est l'incapacité fondamentale à reconnaître le potentiel illimité, la clarté et le pouvoir de notre esprit. Être sous l'emprise de l'ignorance, c'est comme regarder le monde à travers des lunettes teintées : tout ce qu'on perçoit est masqué ou dénaturé. Au niveau le plus fondamental, l'ignorance transforme la perception ouverte de la conscience éveillée en toutes sortes de distinctions entre soi et les autres perçus comme réellement existants.

Une fois qu'on a établi le schéma neuronal qui consiste à s'identifier comme un « moi » unique, pourvu d'une existence indépendante, on perçoit inévitablement ce qui n'est pas ce moi comme « autre ». Cet autre peut être n'importe quoi : une table, une banane, une personne, ou même ce que notre « moi » pense ou ressent. Tout ce qu'on perçoit devient, en quelque sorte, « étranger ». À mesure qu'on s'habitue à distinguer ainsi entre soi et les autres, on se verrouille dans un mode de perception dualiste qui dessine des frontières conceptuelles entre le « moi » et le reste du monde, et ce monde semble si vaste qu'on ne peut s'empêcher de se percevoir soi-même comme infime, limité et vulnérable. Nous considérons les autres êtres, les objets matériels et toutes choses comme des sources de bonheur ou de malheur potentiels, et la vie devient une lutte pour obtenir ce que nous pensons indispensable au bonheur avant que d'autres ne mettent la main dessus.

En sanskrit, cette lutte est appelée *samsâra*. Ce terme signifie littéralement « roue » ou « cercle ». Il désigne plus particulièrement le cercle vicieux du malheur, l'habitude de tourner en rond en recherchant sans cesse les mêmes expériences avec, chaque fois, l'espoir d'obtenir un résultat différent. C'est un peu comme lorsqu'un chien court après sa queue. Cela peut être amusant à regarder, mais ce l'est moins lorsque c'est notre esprit qui en fait autant.

Le contraire du samsâra est le *nirvâna*, un terme presque aussi mal compris que celui de vacuité. Ce mot, également sanskrit, peut être grossièrement traduit par « extinction », comme celle d'une flamme de bougie. On considère généralement qu'il s'agit d'un état de félicité ou de bonheur complet qui résulte de l'extinction de l'ego, ou de l'idée du « moi ». Cette interprétation est exacte dans une certaine mesure, mais elle parle peu à la majorité d'entre nous, qui sommes des êtres de chair et de sang vivant dans un monde relativement réel où il faut établir des distinctions dans tous les domaines (moral, légal, physique, etc.). Essayer de mener sa vie sans se soumettre à ces distinctions relatives serait aussi sot et compliqué que ne pas tenir compte du fait qu'on est droitier ou gaucher.

Sur un plan plus subtil, le nirvâna signifie l'acceptation de toutes les expériences, agréables ou non, comme des aspects de la conscience claire. La plupart d'entre nous préfèrent, bien sûr, ne vivre que dans les aigus du bonheur. Mais, comme l'un de mes étudiants m'en a fait la remarque récemment, supprimer toutes les notes graves d'une symphonie de Beethoven, ou d'une chanson moderne, peu importe, produirait un effet bien pauvre et limité.

Dans la pratique, il serait peut-être plus juste de décrire samsâra et nirvâna comme deux points de vue. Le point de vue du samsâra est fondé principalement sur le fait de classer les expériences en deux groupes, agréables et désagréables, et de s'identifier à elles. Le nirvâna est un état de conscience fondamentalement objectif dans lequel les expériences sont acceptées sans jugement. Il nous rend capables de percevoir des solutions qui ne sont pas nécessairement liées à notre survie en tant qu'individus mais qui concourent au bien de tous les êtres.

Cela nous conduit à la deuxième des afflictions mentales de base.

L'attachement

Comme nous l'avons vu, la perception d'un moi séparé des autres relève d'un mécanisme essentiellement biologique. Il s'agit d'un schéma bien établi de bavardage entre neurones qui signale automatiquement aux autres parties du système nerveux le fait que chacun de nous est un être existant en soi et a besoin de certaines choses pour continuer à exister. Comme nous possédons un corps physique, certains des éléments dont nous avons besoin, comme l'oxygène, l'eau ou la nourriture, sont réellement indispensables. De plus, selon certaines études sur la mortalité infantile dont j'ai pris connaissance, nous avons aussi besoin d'un minimum d'attention. L'enfant a besoin qu'on le touche, qu'on communique avec lui, qu'on reconnaisse le simple fait qu'il existe.

Le problème commence pour nous lorsque nous étendons ce minimum vital à des domaines qui n'ont rien à voir avec la simple survie. C'est ce que, dans le bouddhisme, on appelle « désir », ou encore « attachement ». Comme pour l'ignorance, on peut montrer que ce désir possède une base purement biologique.

Quand nous trouvons agréable le goût du chocolat, par exemple, nous établissons une liaison neuronale qui associe le chocolat à une sensation physique agréable. Ici, la question n'est pas de savoir si le chocolat est en soi une bonne chose ou pas. Il se trouve qu'il y a un grand nombre de substances chimiques dans le chocolat, et que celles-ci procurent une sensation de plaisir. Le problème commence au moment où se crée notre attachement neuronal au chocolat.

Le désir-attachement est, sous bien des aspects, semblable à l'addiction, à la dépendance compulsive d'objets ou d'expériences qui engendrent en nous une illusion de complétude. Et comme l'addiction, le désir s'intensifie avec le temps. De plus, la satisfaction procurée par l'obtention de l'objet du désir est de courte durée. Ce qui nous rend heureux aujourd'hui, ce mois-ci ou cette année est inévitablement sujet au changement. Le changement est, d'ailleurs, la seule constante de la vérité relative.

Le Bouddha comparait le désir au fait de boire de l'eau de mer. Plus on boit de l'eau salée, plus on a soif. De même, lorsque notre esprit est conditionné par le désir-attachement, rien de ce que nous possédons ne nous apporte de satisfaction durable, et nous ne pouvons plus distinguer entre la pure expérience de bonheur et les objets qui nous rendent temporairement heureux. Nous devenons donc dépendants de ces objets et, de plus, nous renforçons les schémas neuronaux qui nous conditionnent à trouver notre bonheur dans des sources extérieures.

On peut remplacer le chocolat par n'importe quoi d'autre. Pour certains, les relations amoureuses sont la clé du bonheur. Quand ils voient quelqu'un qu'ils trouvent attirant, ils essaient par tous les moyens de s'en approcher. Mais quand ils y réussissent, la relation qu'ils créent alors ne leur apparaît pas, à la longue, aussi satisfaisante qu'ils l'avaient imaginé. Pourquoi ? Parce que l'objet de leur désir-attachement n'est pas vraiment extérieur. C'est une histoire élaborée par les neurones de leur cerveau et qui se déroule à plusieurs niveaux, entre ce qu'ils espèrent gagner en réalisant leur désir et ce qu'ils redoutent de perdre s'ils n'y parviennent pas.

D'autres pensent qu'ils seront vraiment heureux s'ils ont un gros coup de chance et gagnent, par exemple, une fortune au Loto. Mais une étude intéressante réalisée par Philip Brinkman a montré que les gens qui avaient récemment gagné de grosses sommes n'étaient guère plus heureux que ceux d'un groupe témoin qui n'avaient pas connu la chance de devenir riches soudainement. En fait, une fois la première sensation forte émoussée, les gagnants du Loto ont avoué qu'ils retiraient moins de joie de plaisirs simples tels qu'une discussion entre amis, un compliment ou simplement la lecture d'un magazine que les gens dont la vie n'avait pas changé aussi radicalement.

Cette étude m'a rappelé une histoire que j'ai entendue, récemment, au sujet d'un vieil homme qui avait acheté un ticket de loterie dont le lot était de plus de cent millions de dollars. Peu après, il eut un problème cardiaque et dut être hospitalisé. Le médecin qui le soignait lui imposa le repos complet et lui interdit tout ce qui pouvait lui causer une excitation trop forte. Pendant ce temps, le tirage eut lieu et le ticket gagnant se révéla être le sien. Comme il était alité, il n'en savait rien, mais sa femme et ses enfants l'apprirent et allèrent le voir à l'hôpital pour lui annoncer la bonne nouvelle.

Avant d'entrer dans sa chambre, ils rencontrèrent son médecin et lui parlèrent de ce qui venait de se passer. Le médecin les supplia de ne rien dire à leur père sur le moment, car le choc de la nouvelle risquait d'être fatal à son cœur. La famille plaida que la bonne nouvelle pouvait, au contraire, l'aider à guérir mais finit par accepter que le médecin se charge lui-même de le mettre au courant petit à petit, pour éviter une réaction trop brusque.

Pendant que la famille attendait dans le hall, le docteur entra dans la chambre du malade et lui posa différentes questions sur ce qu'il ressentait. Puis il lui demanda, sur un ton désinvolte, s'il avait déjà acheté un billet de loterie. L'homme répondit qu'il en avait justement acheté un avant de se retrouver à l'hôpital.

« Que ressentiriez-vous si, par hasard, votre ticket était gagnant ?

– Ce serait bien. Mais si je ne gagne pas, je m'en ficherai. Vous savez, je suis vieux, je n'en ai plus pour très longtemps à vivre. Que je gagne ou non n'a pas vraiment une grande importance.

– Ce n'est pas tout à fait vrai, dit le docteur comme s'il parlait d'une chose purement hypothétique. Si vous gagniez, vous seriez, bien sûr, très excité, n'est-ce pas ?

– Pas vraiment. En fait, je serais très content de vous en donner la moitié, si seulement vous trouviez un moyen pour que je me sente mieux. »

Le médecin se mit à rire.

« Vous n'y pensez pas ! Je posais juste la question ! »

Mais le patient insista :

« Non, non, je suis sincère. Si je gagnais, je vous en donnerais vraiment la moitié, pourvu que vous puissiez améliorer mon état. »

Le médecin se mit de nouveau à rire.

« Pourquoi ne pas mettre cela par écrit ? demanda-t-il sur le ton d'une boutade.

– Bien sûr, pourquoi pas ? »

Et le vieil homme s'exécuta. Il rédigea lentement, péniblement, une note dans laquelle il déclarait donner au médecin la moitié de l'argent qu'il pourrait gagner à la loterie. Puis il la signa et la tendit au médecin. Quand celui-ci vit le texte suivi de la signature, il fut si excité à l'idée qu'il venait de gagner tant d'argent qu'il s'écroula, mort.

Le vieil homme appela aussitôt à l'aide. En entendant les cris, les enfants s'imaginèrent que le médecin avait eu raison sur toute la ligne, que la nouvelle avait été trop forte et que le cœur de leur père avait lâché. Ils se précipitèrent dans la chambre, mais virent leur père assis dans son lit et le médecin étendu à terre. Pendant que le personnel tentait de ranimer ce dernier, la famille annonça tranquillement au vieil homme qu'il avait gagné le gros lot et fut surprise de voir que cela ne l'émouvait pas outre mesure. Au bout de quelques semaines, son état de santé s'améliora et il put sortir de l'hôpital. Il fut content d'être riche, sans pour autant s'y attacher. Le médecin, à l'inverse, s'était si fortement attaché à l'idée d'avoir énormément d'argent, et son excitation avait été si forte, que son cœur n'avait pu le supporter.

L'aversion

Tout désir intense engendre, que ce soit de crainte de ne pas obtenir ce que l'on veut ou de le perdre si on l'a obtenu, une peur pareillement forte. Cette peur est une forme de ce que les textes bouddhistes appellent « aversion ». C'est une résistance aux changements inéluctables qui résultent de la nature impermanente de tout phénomène dans le monde relatif.

La notion d'un « moi » doté d'une existence propre nous pousse à faire d'énormes efforts pour résister au changement et nous assurer que ce moi est bien en sécurité. Lorsque nous avons réussi à créer des conditions qui suscitent en nous un sentiment confortable de complétude et d'achèvement, nous voulons que tout reste en l'état. Plus nous sommes attachés à ce qui nous procure cette sensation parfaite, plus nous redoutons de le perdre, et plus notre douleur est cruelle quand cela disparaît.

Par bien des côtés, l'aversion est une sorte de prophétie qui engendre sa propre réalisation. Elle nous contraint à agir de telle façon que tous les efforts que nous faisons pour obtenir ce qui semble devoir nous apporter une stabilité, une satisfaction et une paix durables échoueront pratiquement à coup sûr. Pensez simplement à la façon dont vous agissez avec quelqu'un qui vous attire. Est-ce que vous vous comportez comme la personne suave, raffinée et sûre d'elle que vous voulez paraître à ses yeux, ou bien devenez-vous soudain bête à ne pas pouvoir sortir un mot ? Si cette personne parle et rit avec quelqu'un d'autre, ne vous sentez-vous pas blessé(e) ou jaloux(se), et ne trahissez-vous pas votre dépit de façon plus ou moins évidente ? N'êtes-vous pas si obsédé par cette personne qu'elle s'en rend compte et se met à vous fuir ?

L'aversion renforce les schémas neuronaux qui engendrent une image mentale de soi limitée, faible et incomplète. Puisque vous percevez comme une menace tout ce qui pourrait compromettre l'indépendance de ce moi fabriqué par vous, inconsciemment vous consacrez énormément d'énergie à repérer les dangers potentiels. L'adrénaline se décharge dans votre corps, votre cœur bat la chamade, vos muscles se contractent et vos poumons pompent l'air frénétiquement. De nombreux scientifiques m'ont dit que ces symptômes de stress pouvaient causer toute une variété de problèmes comme la dépression, l'insomnie, les troubles digestifs, les éruptions cutanées, les désordres rénaux ou thyroïdiens, la tension artérielle et l'excès de cholestérol.

Sur un plan purement émotionnel, l'aversion se manifeste de préférence sous forme de colère ou de haine. Au lieu de reconnaître que tous vos sentiments de mécontentement se fondent sur une image construite par votre esprit, vous trouvez « naturel » de blâmer les autres ou les circonstances pour votre souffrance. Quand les autres agissent d'une façon qui vous apparaît comme un obstacle à ce que vous voulez obtenir, vous les considérez comme malveillants ou indignes de confiance, ou encore vous faites tout pour les éviter ou leur faire du tort. Quand vous êtes sous l'emprise de la colère, les êtres et les choses prennent tous l'allure d'ennemis. Votre monde intérieur et le monde extérieur se rétrécissent alors de plus en plus. Vous perdez confiance en vous-même et vous renforcez les schémas neuronaux qui engendrent les sentiments de peur et de fragilité.

Réelle affliction ou chance à saisir ?

Considérez les avantages de cette rare vie humaine !

Jamgön Kongtrul

Il serait facile de considérer nos afflictions mentales comme des défauts de notre caractère. Mais cela reviendrait à nous dévaluer inutilement. Notre capacité à éprouver des émotions, à distinguer le plaisir de la souffrance et à réagir « avec nos tripes » a joué, et joue encore, un rôle essentiel pour notre survie. Elle nous permet de nous adapter presque instantanément aux changements, même infimes, du monde qui nous entoure, et d'exprimer consciemment ces adaptations, de telle sorte que nous pouvons les évoquer quand nous le désirons et les transmettre aux générations suivantes.

Une telle sensibilité confirme l'une des leçons les plus fondamentales du Bouddha, à savoir que notre vie humaine est éminemment précieuse, avec toutes les libertés et les conditions favorables qu'elle nous procure, mais qu'elle est rare et facile à perdre.

Peu importe qu'à vos yeux l'existence humaine soit un accident cosmique, un effet du karma ou la volonté d'un créateur. Si vous vous donnez simplement le temps de réfléchir au nombre et à l'infinie variété des êtres qui vivent avec nous sur cette planète, comparés au petit pourcentage d'êtres humains, vous serez obligés de conclure que le fait de naître humain est une chance extrêmement rare. La science, en nous montrant la complexité et la sensibilité extraordinaires du cerveau humain, nous rappelle également notre bonne fortune d'être des hommes, avec notre capacité particulière à percevoir et à prendre en compte ce que ressentent les autres autour de nous.

Du point de vue bouddhiste, la présence innée des tendances émotionnelles constitue un défi intéressant. Il n'est pas nécessaire d'avoir un microscope pour pouvoir observer nos habitudes psychologiques. La plupart d'entre nous n'ont qu'à considérer leur dernière relation amoureuse. Au début, vous vous dites en général : « Cette fois, ce sera différent. » Et quelques semaines, quelques mois ou quelques années plus tard, vous vous tapez la tête contre les murs en disant : « Ah non ! C'est exactement le même genre de relation qu'avant ! »

Ou bien considérez votre vie professionnelle. Vous commencez un nouveau travail en pensant : « Cette fois-ci, je ne vais pas me retrouver en train de travailler tard pendant des heures, pour me voir finalement critiqué parce que je n'en fais pas assez. » Et cependant, au bout de quelque temps, vous voilà en train d'annuler des rendez-vous ou de téléphoner à vos amis pour dire : « Je ne pourrai pas ce soir, j'ai trop de travail ! »

En dépit de toutes vos bonnes intentions, vous répétez les mêmes schémas tout en espérant obtenir un résultat qui sera différent. Beaucoup de ceux avec qui j'ai travaillé au cours des années passées m'ont dit qu'il leur tardait que la semaine soit passée pour pouvoir profiter du week-end. Et, le week-end fini, ils étaient de retour à leur bureau pour une nouvelle semaine, et rêvaient du week-end suivant. Ou encore, ils me disent qu'ils ont consacré énormément de temps et d'énergie à la réalisation d'un projet, mais qu'ils ne peuvent même pas se permettre d'être satisfaits puisqu'ils doivent aussitôt attaquer le prochain sur la liste. Même quand ils se détendent, ils se préoccupent de ce qui s'est passé une semaine, un mois ou une année auparavant, en ressassant certains événements et en se demandant ce qu'ils auraient pu faire pour obtenir un meilleur résultat.

Heureusement, plus nous nous habituons à observer notre esprit, plus nous trouvons rapidement une solution aux problèmes, et plus nous pouvons, aussi, reconnaître facilement que nos attachements, nos aversions, nos stress, nos angoisses, nos peurs, nos attentes ne sont que des fabrications de notre esprit.

Ceux qui ont fait l'effort sincère de découvrir leurs richesses intérieures jouissent naturellement et en toutes circonstances d'une certaine forme de réputation, de respect et de crédibilité. Leur comportement inspire l'admiration et la confiance, mais les succès qu'ils remportent dans le monde n'ont rien à voir avec l'ambition personnelle ou le désir d'attention. Ils ne sont pas, non plus, liés à la belle voiture, à la maison somptueuse, au brillant plan de carrière ou au titre ronflant qui sont peut-être les leurs. Ils proviennent du fait que leur esprit est ouvert et détendu, ce qui leur permet de voir les êtres et les situations plus clairement, mais aussi de conserver un sentiment fondamental de bonheur, quelles que soient les situations dans lesquelles ils se trouvent.

On entend souvent parler de gens riches, célèbres ou puissants contraints d'admettre que le succès ne leur a pas apporté le bonheur attendu. Malgré leur argent et leur pouvoir, ils sont parfois plongés dans une souffrance si profonde que le suicide leur apparaît comme la seule issue. S'ils souffrent tant, c'est parce qu'ils ont cru que choses et situations sont à même de procurer un bonheur durable.

Si vous voulez vraiment trouver un bonheur et un contentement durables, vous devez apprendre à reposer votre esprit. C'est seulement ainsi que vos qualités intérieures pourront se révéler. Si vous voulez rendre claire de l'eau boueuse, le meilleur moyen est de la laisser reposer. Si vous reposez votre esprit, l'ignorance, l'attachement, l'aversion et toutes les autres afflictions mentales s'apaiseront graduellement, et la compassion, la clarté et la véritable nature de l'esprit deviendront manifestes.

DEUXIÈME PARTIE

LA VOIE

L'esprit discipliné engendre une joie véritable.

Dhammapada

9

Trouver son équilibre

Posez-vous sans vous fixer.

Götsangpa

Nous allons, pendant quelque temps, laisser de côté le monde de la science et de la théorie pour discuter des applications pratiques, ce que le bouddhisme appelle « la voie ». J'aimerais tout d'abord vous raconter une histoire que j'ai entendue il y a longtemps. C'est celle d'un homme qui avait été champion de natation dans sa jeunesse et qui, le grand âge venant, cherchait un défi aussi passionnant que la natation l'avait été pour lui autrefois. Il décida de se faire moine, et se donna pour but de maîtriser son esprit. Il trouva un maître pour lequel il éprouvait du respect, prit des vœux monastiques et se mit à suivre les instructions de son maître. Comme c'est souvent le cas, ses débuts dans la méditation ne furent pas faciles, et il alla voir son maître pour lui demander conseil.

Le maître lui demanda de s'asseoir et de méditer devant lui, pour voir comment il s'y prenait. Au bout d'un moment, il se rendit compte que l'ex-champion en faisait trop. Lorsqu'il essayait de concentrer son esprit, il était excessivement tendu, à la fois mentalement et physiquement. Le maître lui conseilla de se détendre, mais son élève trouva cela tout aussi difficile, car son esprit partait à la dérive et son dos s'affaissait. Finalement, le maître lui dit :

« Vous savez nager, n'est-ce pas ?

– Bien sûr, et même mieux que les autres.

– Quand nagez-vous bien ? Quand vos muscles sont très tendus ou quand ils sont complètement relâchés ?

– Ni l'un ni l'autre. Il faut que je trouve un équilibre entre tension et relâchement.

– Bon, et maintenant dites-moi. Quand vous nagez et quand vos muscles sont trop tendus, est-ce que c'est vous qui créez cette tension ou est-ce que c'est quelqu'un d'autre qui vous y force ? »

L'homme réfléchit un instant.

« Personne ne m'y force. »

Le maître attendit que le nageur eût assimilé sa propre réponse et poursuivit :

« Si, quand vous méditez, votre esprit est trop tendu, c'est vous qui en êtes responsable. Mais si vous vous détendez trop, votre esprit se relâche trop et vous vous assoupissez. En tant que nageur, vous avez appris à trouver le juste équilibre entre tension et relâchement. En tant que méditant, vous devez maintenant trouver un équilibre semblable dans votre esprit. Une fois que vous serez devenu parfaitement stable, vous serez capable de traverser toutes les circonstances de la vie de la même façon que vous nagez dans l'eau. »

Ce qui revient en fait à dire, de façon simple, que le moyen le plus efficace de méditer est de faire de son mieux sans se soucier du résultat.

SAGESSE ET MOYENS

Clair est l'esprit inaltéré,
limpide l'eau que l'on ne trouble pas.

Le IXe Karmapa

Les instructions que le maître donna au nageur font en réalité partie d'un enseignement plus large sur la manière d'équilibrer la sagesse, ou la compréhension philosophique, et la méthode, ou les applications pratiques de la sagesse. La sagesse est inutile sans les moyens de l'appliquer. C'est ici que la méthode intervient dans notre propos. Elle sert à utiliser l'esprit pour connaître l'esprit. Voilà en fait une bonne définition de la méditation. La méditation ne sert pas à « s'éclater », à « planer » ou à « s'éclaircir les idées », pour donner un échantillon des nombreux termes que j'ai entendus au cours de mes voyages. C'est un exercice très simple qui consiste à rester dans l'état naturel de l'esprit et à être simplement et clairement conscient de toutes les pensées, les sensations et les émotions qui y surgissent.

Beaucoup repoussent l'idée de méditer parce que l'image qui leur vient tout de suite à l'esprit est celle de quelqu'un assis pendant des heures, le dos droit comme un manche à balai, les jambes en tailleur et l'esprit complètement vide. Or, cette image ne correspond à rien.

Pour s'asseoir les jambes croisées et le dos droit, il faut certes un peu d'habitude, surtout en Occident où l'on s'avachit fréquemment devant la télévision ou l'ordinateur. Quant à garder l'esprit vide, c'est une idée fausse. Penser est la fonction naturelle de l'esprit. Il n'est pas davantage possible d'empêcher l'esprit d'avoir des pensées, des sentiments ou des sensations que d'empêcher le soleil d'émettre de la chaleur et de la lumière ou un orage de produire des éclairs et de la pluie. Quand j'ai commencé à apprendre la méditation, on m'a dit que si j'essayais de supprimer la fonction naturelle de mon esprit, ce serait, au mieux, une solution temporaire. Qu'au pire, en essayant de chasser délibérément mes pensées je ne ferais que renforcer ma tendance naturelle à m'attacher à ces dernières comme existant en soi.

L'esprit est sans cesse en mouvement, il engendre continuellement des pensées comme l'océan produit des vagues, et on ne peut pas plus arrêter les pensées que les vagues de l'océan. Laisser l'esprit reposer dans son état naturel n'a rien à voir avec le fait de mettre un terme aux pensées. La méditation bouddhiste n'a absolument pas pour but de rendre l'esprit vide, car il est impossible de méditer sans pensée. Si vous parvenez à stopper vos pensées, ce n'est pas de la méditation, c'est une déviation de celle-ci vers un état proche de celui des zombies.

Par ailleurs, vous constaterez peut-être que, dès que vous observez une pensée, celle-ci s'évanouit comme un poisson qui plonge soudainement dans les eaux profondes. C'est une bonne chose. Tant que vous maintenez un état d'attention ou de conscience nue, même si les pensées vous échappent, vous faites l'expérience de la clarté spontanée et de la vacuité de votre esprit dans son état naturel. Le véritable but de la méditation est de demeurer dans la conscience nue, quoi qu'il se passe ou ne se passe pas dans l'esprit. Peu importe ce qui émerge en vous, restez simplement ouvert et présent à ce phénomène, et laissez-le disparaître de lui-même. Si rien ne se produit, ou si les pensées s'évanouissent avant que vous ne les ayez remarquées, demeurez simplement dans cette clarté naturelle.

Comment pourrait-on trouver exercice plus simple !

Un autre point à considérer. Nous sommes attachés à l'idée que certaines expériences sont meilleures, plus appropriées ou plus profitables que d'autres, mais en réalité il n'y a aucune pensée bonne ou mauvaise. Il n'y a que des pensées. Pourtant, dès qu'un groupe de neurones bavards commence à lancer des signaux que nous traduisons comme « pensées », un autre groupe se met à les juger. « Voilà une pensée de revanche, ce n'est pas bien de ta part », ou « en fait tu as peur, tu n'es bon à rien ». La méditation est vraiment un exercice de conscience nue, sans jugement. Quand on médite, on doit le faire comme un scientifique étudierait les perceptions subjectives d'une autre personne. Au début, ce n'est pas facile, car la plupart d'entre nous ont l'habitude de penser que s'ils jugent une chose bonne ou mauvaise, elle l'est réellement. Mais lorsqu'on s'entraîne à simplement observer les pensées aller et venir, ces distinctions perdent peu à peu de leur rigidité. Le simple bon sens suffit d'ailleurs à nous convaincre que les innombrables phénomènes mentaux qui vont et viennent en nous en l'espace d'une seule minute ne peuvent pas *tous* refléter la réalité.

Si vous continuez à rester conscient de l'activité de votre esprit, vous reconnaîtrez assez vite le caractère inconsistant des pensées, des émotions, des sensations et de toutes les perceptions que vous avez l'habitude de considérer comme réelles et solides. C'est comme si vous ôtiez des couches de poussière et de crasse de la surface d'un miroir. En vous accoutumant à voir le miroir propre de votre esprit, vous découvrirez la véritable nature lumineuse de ce dernier, et vous cesserez d'être trompé par votre bavardage intérieur concernant ce que vous pensez être.

La posture physique

Le corps recèle une grande sagesse.

Hevajra Tantra

Le Bouddha enseigna que le corps est le support de l'esprit. On peut les comparer à un verre et à l'eau qu'il contient. Si vous posez un verre sur le bord de la table ou à un endroit qui n'est pas plat, l'eau remuera et se répandra peut-être hors du verre. Si, au contraire, vous posez le verre sur une surface plane et ferme, l'eau restera immobile.

De même, le meilleur moyen de laisser l'esprit se poser est d'adopter une posture physique stable. Dans sa sagesse, le Bouddha enseigna comment donner au corps une position équilibrée qui permette de rester alerte et détendu. Au cours des années, on l'a appelée la « posture en sept points de Vairochana », d'après le nom du bouddha primordial qui représente l'aspect pur de l'ignorance.

Le premier point consiste à fournir au corps une base ferme en croisant les jambes, dans la mesure du possible, de sorte que chaque pied repose sur la cuisse de l'autre jambe. Si vous ne le pouvez pas, mettez seulement un pied dans cette position, tandis que l'autre se trouvera sous la cuisse opposée. Si aucune de ces deux positions ne vous paraît confortable, asseyez-vous simplement en tailleur. Vous pouvez même vous asseoir sur une chaise, les pieds posés par terre bien à plat. Le but est de prendre une posture physique à la fois stable et confortable. Si vos jambes vous font mal, votre esprit ne restera pas tranquille. C'est pourquoi on concède de nombreuses possibilités pour ce premier point.

Deuxième point : posez vos mains l'une sur l'autre juste au-dessous du nombril, les paumes tournées vers le haut. Peu importe laquelle des deux mains se trouve au-dessus. Vous pouvez même intervertir leur position au cours de la pratique. Vous pouvez également poser vos mains sur vos genoux, la paume vers le bas.

Troisième point : laissez un léger espace entre les bras et le torse. Les textes bouddhistes classiques appellent cela « placer les bras dans la position des ailes du vautour », ce qui ne signifie pas qu'il faille écarter les omoplates pour se donner l'air d'un rapace. À ce propos, un jour que je me promenais dans un parc, à Paris, je vis un homme assis par terre, les jambes croisées, en train de remuer ses épaules d'avant en arrière. Quand je suis arrivé à sa hauteur, il a vu que j'étais un moine bouddhiste (la robe rouge ne rend pas la tâche trop difficile) et me demanda si je méditais.

« Oui.

– Rencontrez-vous des problèmes ?

– Pas vraiment. »

C'était une belle journée ensoleillée, et nous sommes restés quelque temps à nous sourire.

« J'aime beaucoup la méditation, mais il y a une instruction qui me rend fou. »

Je lui ai, bien sûr, demandé de quoi il s'agissait.

« C'est la position des bras, dit-il, un peu embarrassé.

– Vraiment ? Où avez-vous appris à méditer ?

– Dans un livre. »

Je lui ai demandé ce que le livre disait de la position des bras.

– Il dit que les bras doivent être dans la position des ailes du vautour.

Il accompagna ses paroles de mouvements d'épaules. Après l'avoir regardé quelques secondes, je lui ai demandé d'arrêter.

« Je vais vous dire une chose. Le point essentiel de cette instruction est qu'il faut laisser un léger espace entre les bras et le torse, juste assez pour que la poitrine reste ouverte et détendue, et la respiration libre. Les vautours au repos laissent toujours un espace entre leur corps et leurs ailes. C'est ce que cela veut vraiment dire. Il n'est pas nécessaire de battre des ailes. Votre but est de méditer, pas d'essayer de voler. »

Les épaules doivent se trouver au même niveau et la poitrine doit pouvoir se soulever librement pour respirer. Certains ont un gros torse et de gros bras. Si c'est votre cas, ne tentez pas de maintenir artificiellement un espace entre les deux. Laissez simplement vos bras reposer naturellement de façon à ne pas comprimer la poitrine.

Quatrième point : maintenez votre colonne vertébrale aussi droite que possible. Les textes disent « comme une flèche ». Mais à nouveau, il importe de garder un juste milieu. Si vous essayez d'être trop droit, vous finirez par pencher vers l'arrière, et votre corps sera tendu au point de trembler. J'ai constaté ce défaut. À l'inverse, si vous laissez votre dos s'affaisser, vous comprimerez vos poumons, rendant votre respiration plus difficile, ainsi que le libre fonctionnement d'autres organes, et ce sera une source d'inconfort. Quant à votre esprit, il tendra à s'assoupir.

Cinquième point : le poids de votre tête doit reposer uniment sur votre cou, de façon à ne pas comprimer la trachée en la penchant trop en avant, ou les vertèbres cervicales en la penchant trop en arrière – les sept vertèbres qui terminent la colonne vertébrale jouent un rôle vital dans la transmission des messages neuronaux du corps au cerveau. Quand vous trouverez la position qui vous semblera bonne, vous remarquerez sans doute que votre menton s'incline légèrement plus que d'ordinaire vers votre gorge.

Le sixième point concerne la bouche. Laissez un léger

espace entre vos dents et entre vos lèvres et, si possible, relevez le bout de la langue jusqu'à ce qu'il touche légèrement le haut du palais, naturellement, sans forcer. Si votre langue est trop courte pour faire cela, peu importe. Le plus important est qu'elle ait une position naturelle.

Le septième et dernier point concerne les yeux. La plupart des débutants trouvent plus confortable de garder les yeux fermés. Il leur est plus facile, ainsi, de laisser reposer leur esprit et de trouver un sentiment de calme et de paix. C'est parfait dans un premier temps, mais j'ai appris très tôt qu'en gardant les yeux fermés on s'attache plus facilement à une forme artificielle de tranquillité mentale. Il est donc préférable, passés les premiers jours, de garder les yeux ouverts lorsqu'on médite, pour avoir l'esprit plus clair, alerte et conscient. Cela ne veut pas dire regarder fixement devant soi sans sourciller, mais ouvrir les yeux comme on le fait normalement dans la journée.

La posture en sept points n'est qu'une ligne directrice. Comme la méditation est une pratique personnelle et comme chacun de nous est différent des autres, l'essentiel est de trouver *pour soi-même* le juste milieu entre tension et relâchement.

Il y a aussi une posture de méditation simple, en deux points, que l'on peut adopter quand il n'est pas possible ou approprié de prendre la posture complète. Elle se résume au fait de garder le dos droit et le reste du corps aussi détendu que possible. Cette posture est très utile tout au long de la journée, en marchant, en conduisant, en faisant ses achats, en préparant le repas et dans toutes les autres activités. À elle seule, elle procure quasi automatiquement une sensation de présence d'esprit libre de tension, et, point intéressant, personne ne remarquera que vous êtes en train de méditer !

La posture mentale

Si l'esprit, qui crée ses propres nœuds, se dénoue, il est indubitable qu'il se libère.

Saraha

Les principes de la posture physique équilibrée s'appliquent également à l'esprit, car lorsque l'esprit est alerte et détendu, ses qualités naturelles se manifestent spontanément. C'est une des choses que j'ai apprises pendant les trois jours que j'ai passés seul dans ma cellule de retraite, déterminé à observer mon esprit. Je n'arrêtais pas, alors, de me rappeler les paroles de mes maîtres. Lorsque l'eau est tranquille, me disaient-ils, la boue, la vase et les autres impuretés se déposent au fond, permettant de voir clairement l'eau et tout ce qui peut s'y mouvoir. De même, lorsque l'esprit est détendu, la boue des pensées, des émotions, des sensations et des perceptions retombe naturellement, et la clarté naturelle de l'esprit se révèle.

Comme dans le cas de la posture physique, l'essentiel, ici, est de trouver un juste milieu. Si vous êtes trop tendu ou focalisé, vous finirez par vous soucier de savoir si vous êtes un bon pratiquant de la méditation. Si, à l'inverse, vous êtes trop détendu, vous serez emporté par la distraction ou vous tomberez dans la torpeur. Il vous revient de trouver un équilibre entre la tension suscitée par le désir de perfection et la décontraction excessive provoquée par le manque d'enthousiasme. L'attitude idéale consiste à se sentir libre en pensant : « Peu importe que ma pratique soit bonne ou pas. » L'essentiel est de vouloir méditer. En soi, cela suffit.

10

Première étape : simplement se détendre

Regarde naturellement l'essence de tout ce qui surgit.

Karma Chagmé Rinpotché

Le Bouddha savait qu'il n'existe pas deux personnes semblables, que chacun naît avec une combinaison unique de qualités, d'aptitudes et de traits de caractère. Le fait qu'il ait enseigné un grand nombre de méthodes pour que tous les types d'individus puissent parvenir à la perception directe de leur véritable nature et se libérer à jamais de la souffrance donne la mesure de sa vision et de son amour profonds des êtres.

Le Bouddha enseignait la plupart du temps spontanément, selon les besoins de ceux qui étaient en sa présence à un moment donné. Son aptitude à répondre à chacun de façon exactement appropriée est l'une des marques d'un maître accompli. Cela fonctionna parfaitement tant qu'il resta en vie, mais après sa mort, ses premiers disciples durent trouver un moyen d'organiser ces enseignements spontanés sous une forme utile aux générations futures. Heureusement, ils étaient experts dans l'art de classifier. Par exemple, ils divisèrent les pratiques de méditation en deux catégories : analytiques et non analytiques.

Les méthodes non analytiques sont généralement enseignées les premières, car elles permettent de calmer l'esprit.

Une fois que l'esprit est calme, il est beaucoup plus facile d'être conscient des pensées, des sensations, et de tout ce qui surgit dans l'esprit, sans se laisser entraîner. Les pratiques analytiques consistent, par exemple, à observer directement l'esprit en train de percevoir. On les enseigne, d'habitude, à ceux qui ont déjà appris à laisser l'esprit demeurer simplement tel quel. En outre, comme le fait d'observer l'esprit peut soulever de nombreuses questions, il est préférable d'entreprendre les pratiques analytiques sous la supervision d'un maître qui a lui-même une expérience et une compréhension suffisantes pour comprendre ces questions et y répondre de façon pertinente. C'est pourquoi les méthodes sur lesquelles je désire mettre l'accent ici sont celles qui calment l'esprit.

En sanskrit, la méthode non analytique est appelée *shamata*. Ce mot a été traduit en tibétain par *shiné*, la syllabe *shi* signifiant « paix » ou « tranquillité », et la syllabe *né*, « maintenir » ou « demeurer ». En français, on le traduit généralement par « pacification de l'esprit », ou « calme mental ». Cet exercice de base permet de laisser l'esprit demeurer calmement dans un état de conscience détendue pour en percevoir la nature.

LA MÉDITATION SANS OBJET

Découvrez la source de votre propre esprit en demeurant dans la conscience nue.

Tilopa

La première fois que mon père m'a parlé de laisser l'esprit reposer naturellement « dans la conscience nue », je n'avais aucune idée de ce qu'il voulait dire. Comment pouvais-je laisser mon esprit simplement reposer sans rien sur quoi reposer ?

Heureusement, il avait déjà pas mal voyagé dans le monde,

où il avait parlé avec beaucoup de gens de leur vie, de leurs problèmes et de leurs réussites. Le fait de porter des vêtements traditionnels bouddhistes procure un certain nombre d'avantages. Par exemple, les autres sont enclins à penser que vous êtes sage ou important et, en conséquence, ils s'ouvrent à vous et vous parlent volontiers de ce que les préoccupe.

Mon père utilisa donc, pour illustrer le « repos » de l'esprit, une histoire qu'on lui avait racontée au sujet d'un employé d'hôtel. Celui-ci était toujours content de finir sa journée de travail, car il devait rester huit heures debout derrière un comptoir à enregistrer le départ et l'arrivée des clients, écouter leurs plaintes au sujet des chambres et argumenter sans fin sur les détails de leur facture. Le soir, il était tellement épuisé que son seul désir était de rentrer chez lui et de prendre un long bain relaxant. Ensuite, il allait dans sa chambre, s'allongeait sur son lit, poussait un long soupir et se détendait. Les heures qui suivaient n'appartenaient qu'à lui. Plus besoin de rester debout en uniforme, d'écouter les réclamations ou de fixer l'écran d'ordinateur pour confirmer les réservations et chercher les chambres disponibles.

C'est ainsi qu'il faut reposer l'esprit dans la méditation du calme mental sans objet : comme si vous veniez de terminer une longue journée de travail. Simplement lâcher prise et vous détendre. Vous n'avez pas besoin de bloquer vos pensées, mais vous n'avez pas non plus à leur donner suite. Laissez-vous simplement aller à l'instant présent, ouvert, donnant libre cours à tout ce qui surgit dans votre esprit. Si des pensées ou des émotions font irruption, soyez-en simplement conscient. Pratiquer le calme mental sans objet ne signifie pas laisser l'esprit vagabonder sans but parmi vos fantasmes, vos souvenirs et vos rêveries : il subsiste une présence que l'on pourrait vaguement décrire comme un « centre de conscience ». Vous ne vous fixez sur rien de particulier, mais vous êtes, malgré tout, conscient, présent à tout ce qui se passe ici et maintenant.

En fait, quand vous méditez dans cet état sans objet, votre esprit demeure dans sa clarté naturelle, totalement indifférent à la circulation des pensées. Cette clarté, qui est au-delà de l'attachement dualiste au sujet et à l'objet, est toujours présente, comme l'espace. En un sens, méditer sans objet équivaudrait à accepter tous les nuages et les brumes qui peuvent venir obscurcir le ciel, tout en reconnaissant que le ciel lui-même demeure inaltéré, même lorsqu'il est couvert. Si vous avez déjà pris l'avion, vous avez certainement remarqué qu'au-dessus des nuages le ciel est toujours clair et sans limite, et tout à fait ordinaire. De même, la nature de bouddha reste toujours ouverte et claire, en dépit des pensées ou des émotions qui la voilent. Elle paraît très ordinaire, mais elle contient toutes les qualités comme la clarté, la vacuité et la compassion.

La pratique du calme mental sans objet est la méthode de base pour laisser reposer l'esprit. Vous n'avez pas à observer vos pensées ou vos émotions – ce dont nous parlerons plus tard – pas plus que vous n'avez besoin de les arrêter. Vous devez seulement demeurer dans la conscience de votre propre esprit affairé, avec une candeur presque enfantine qui pourrait vous faire dire : « Ça alors, qu'est-ce qu'il peut y avoir comme pensées qui traversent ma conscience en ce moment ! »

D'une certaine manière, c'est comme si vous regardiez l'immense étendue de l'espace plutôt que de fixer votre regard sur les planètes et les étoiles qui s'y meuvent. De même que les corps célestes ne souillent pas l'espace et ne le limitent pas non plus, les pensées, les émotions, etc. ne souillent ni ne limitent la conscience qui les perçoit : la conscience *est*, tout simplement. Pratiquer le calme mental sans objet consiste simplement à demeurer dans cette présence. Certains trouvent cela assez facile, tandis que pour d'autres c'est, au contraire, très difficile. Cela dépend davantage du tempérament individuel que de la compétence ou du talent.

Les instructions concernant cet exercice sont simples. Pour une séance de pratique formelle, il vaut mieux adopter, dans la mesure du possible, la posture en sept points. Si vous ne le pouvez pas – lorsque vous conduisez une voiture ou marchez dans la rue, par exemple –, maintenez simplement votre dos droit et le reste de votre corps détendu. Laissez alors votre esprit se détendre dans la conscience nue de l'instant présent.

Inévitablement, vous remarquerez que toutes sortes de pensées, d'émotions, de sensations vous traversent l'esprit. C'est normal, puisque vous n'êtes pas encore habitué à cette pratique. Si vous faites de la musculation, au début vous ne pouvez soulever que quelques kilos à plusieurs reprises, puis vous vous fatiguez. Mais si vous persistez, vous pourrez soulever des poids de plus en plus lourds, et un plus grand nombre de fois.

De même, l'apprentissage de la méditation est un processus graduel. Au début, vous pourrez peut-être rester tranquille quelques secondes à chaque séance, avant que des pensées, des émotions et des sensations commencent à bouillonner en vous. Le conseil essentiel est de ne pas leur donner suite, de simplement rester conscient de tout ce qui traverse la conscience nue : ne vous concentrez pas dessus, ne tentez pas non plus de le faire disparaître. Observez-le simplement aller et venir.

Dès que vous suivez une pensée, vous perdez contact avec ce qui se passe ici et maintenant, et vous donnez libre cours à toutes sortes de fantasmes, de jugements, de souvenirs, de scenarii qui peuvent n'avoir aucun rapport avec la réalité de l'instant. Plus vous vous laissez enfermer dans ce vagabondage mental, plus il vous est facile d'être entraîné loin de l'espace ouvert du moment présent.

Le but de la méditation du calme mental est de briser peu à peu cette habitude et de rester dans la conscience présente – c'est-à-dire ouverte à toutes les possibilités de l'instant présent. Si vous vous apercevez que vous êtes en train de poursuivre des pensées, ne vous blâmez pas. Le fait de vous surprendre en train de revivre un événement passé ou de vous projeter dans l'avenir suffit, en soi, pour vous ramener au présent et renforcer votre intention de méditer. Cette *intention de méditer* est essentielle.

Il est important de ne pas se hâter. Mon père prenait grand

soin de dire à tous ses nouveaux élèves, y compris à moi, qu'au début la méthode la plus efficace consiste à pratiquer par séances très courtes mais fréquentes, au cours de la journée. Sinon, ajoutait-il, on risque de se lasser ou d'être déçu par le peu de progrès que l'on fait, et l'on finit par tout abandonner. « Goutte à goutte, disent les textes anciens, le bol finit par se remplir. »

Au début, donc, ne mettez pas la barre trop haut, ne vous dites pas que vous allez méditer pendant vingt minutes d'une seule traite. Donnez-vous plutôt pour objectif une minute, ou même trente secondes, en faisant bon usage de ces quelques secondes pendant lesquelles vous acceptez de faire une pause dans vos tâches quotidiennes pour observer votre esprit, au lieu de vous laisser distraire par vos rêveries. En pratiquant de la sorte, « goutte à goutte », vous vous libérerez progressivement des limitations mentales et émotionnelles qui sont sources de fatigue, de déceptions, de colère et de désespoir, et vous découvrirez en vous-même une source illimitée de clarté, de sagesse, de force, de paix et de compassion.

11

Étapes suivantes : méditer en se servant d'objets

Reposez votre esprit en concentrant votre attention sans vaciller sur un objet spécifique.

Le IXe Karmapa

Lorsque j'ai commencé à méditer de façon formelle, je me suis aperçu que la méditation sans objet est très difficile parce que trop simple. La conscience nue, l'essence de l'esprit naturel, est trop proche de nous pour que nous la reconnaissions. Elle est pourtant là à chaque seconde, quand nous nous levons, mangeons, allons nous coucher. C'est juste la conscience. C'est cette chose en soi. Mais comme elle est toujours présente, nous ne l'apprécions pas à sa juste valeur. Il est beaucoup plus facile de se laisser emporter par les pensées, les sentiments et les sensations, qui sont comme des « sous-produits » de l'esprit au repos dans son état naturel.

Si cette simplicité vous donne du fil à retordre, sachez que vous n'êtes pas seul(e) dans ce cas. Heureusement, mon père et mes autres maîtres avaient une conscience aiguë de la difficulté et enseignaient aussi d'autres techniques, plus graduelles. Le moyen qui est alors le plus simple pour calmer et détendre l'esprit consiste à utiliser directement les perceptions des sens.

LES PORTES DE LA PERCEPTION

Le monde entier est le monde de l'esprit, il prend sa source dans l'esprit.

Chögyam Trungpa

Le bouddhisme appelle les cinq sens « consciences sensorielles » ou « portes de la perception », les comparant aux ouvertures d'une maison. La plupart de nos sensations ou de nos perceptions passent d'abord par ces cinq consciences, auxquelles le bouddhisme ajoute une sixième, la conscience mentale. Cette dernière n'a rien d'occulte ou de mystérieux ; c'est simplement la capacité qu'a notre esprit de connaître et de distinguer ce que nous voyons, entendons, sentons, goûtons ou touchons.

On compare donc les six consciences à une maison comportant cinq ouvertures, symboles des cinq consciences sensorielles, dans laquelle se trouve un singe, symbole de la conscience mentale. Laissé libre à l'intérieur de la maison, le singe saute follement d'une fenêtre à l'autre pour saisir ce qui se passe à l'extérieur, en cherchant sans cesse quelque chose de nouveau, de différent et d'intéressant. Il qualifie tout ce qu'il perçoit d'agréable ou de déplaisant, de bon ou de mauvais, ou encore de neutre, sans intérêt. Qui passe devant la maison et voit le singe surgir aux cinq fenêtres en succession rapide peut penser qu'ils sont cinq, mais en fait il n'y a qu'un singe : la conscience mentale qui s'agite sans contrôle.

Comme tous les autres êtres, le singe qu'est notre esprit n'a qu'un désir : être heureux et ne pas souffrir. Nous allons donc lui apprendre à se calmer en fixant volontairement son attention sur l'une ou l'autre des ses facultés sensorielles.

La méditation avec objet

> *Pour contrebalancer notre tendance à créer sans cesse des images mentales, le Bouddha nous a enseigné à utiliser des supports. L'accoutumance à ces supports permet de stabiliser l'attention.*
>
> Tulkou Ogyen Rinpotché

Au cours de nos expériences de tous les jours, les informations qui parviennent à nos sens sont presque toujours causes de distraction, car l'esprit a naturellement tendance à s'intéresser aux messages sensoriels. Mais comme nous sommes des êtres de chair et de sang, il serait irréaliste de nous désengager totalement de nos sens ou de bloquer les informations qu'ils nous envoient. La méthode la plus pratique pour calmer l'esprit consiste, en fait, à devenir amis avec nos sens en utilisant la distraction qu'ils nous procurent comme le moyen même de nous en libérer. Les textes bouddhistes appellent ce procédé « soigner le mal par le mal ». Cette expression vient d'une coutume ancienne qui consistait à utiliser un outil fait de la même matière que ce que l'on voulait transformer, par exemple un outil de fer pour travailler le fer.

Dans la méditation avec support, on utilise donc les sens pour stabiliser l'esprit. En se servant de la vue pour méditer sur la forme, de l'ouïe pour méditer sur le son, et ainsi de suite, on transforme les messages des sens en auxiliaires de la pratique.

Personnellement, lorsque j'ai appris à utiliser mes perceptions sensorielles de cette manière, ma pratique est devenue beaucoup plus facile. Ce que je percevais suscitait en moi beaucoup moins de réactions émotionnelles. Si quelqu'un m'envoyait une bordée d'injures, par exemple, au lieu de penser : « Ce type m'insulte, c'est insupportable », je pensais : « Cet homme parle très fort, son ton est un peu vif, ce qu'il dit est probablement destiné à m'insulter ou à me blesser. » En me contentant de poser tranquillement mon attention sur les messages sensoriels que je recevais, et en me désengageant du contenu émotionnel ou intellectuel qui leur était normalement associé, j'ôtais à ces derniers leur pouvoir de me blesser. Par ailleurs, comme j'étais en mesure d'écouter leur auteur sans adopter une attitude défensive, je pouvais m'ouvrir suffisamment à lui pour lui répondre de telle sorte que sa colère apparente disparaisse, sans, pour autant, perdre ma propre intégrité.

Voici comment procéder à cette méditation.

Méditer sur les sensations physiques

L'une des façons les plus faciles de commencer la pratique du calme mental est de fixer tranquillement son attention sur des sensations physiques simples, au niveau du front, par exemple.

Commencez, bien sûr, par vous détendre et redresser votre colonne vertébrale. Si vous effectuez une séance de pratique formelle, vous pouvez aussi adopter la posture en sept points décrite plus haut (p. 169-172). Si le lieu où vous êtes ne s'y prête pas, contentez-vous de garder le dos droit et laissez le reste de votre corps se détendre confortablement. Fermez les yeux ou gardez-les ouverts, peu importe.

Détendez simplement votre esprit quelque temps, en le laissant juste tel qu'il est...

Maintenant, portez votre attention sur votre front...

Vous ressentez peut-être un léger picotement à cet endroit-là, ou une sensation de chaleur, ou même une sorte de démangeaison ou de pression. Dans tous les cas, soyez juste conscient de cette sensation pendant une minute ou deux...

Contentez-vous de la remarquer...

Prêtez tranquillement attention à cette sensation...

Puis ne fixez plus votre attention sur quoi que ce soit, et laissez votre esprit demeurer tel qu'il est. Si vous aviez fermé les yeux, vous pouvez maintenant les rouvrir.

Alors, comment était-ce ?

Après avoir, pendant un moment, prêté attention aux sensations d'une région de votre corps, vous allez tranquillement l'étendre à d'autres régions. J'appelle parfois cette pratique « scanographie » car elle me fait penser au scanner, cette machine qui vous balaie tout le corps pendant que vous êtes allongé à l'intérieur.

Commencez par quelques instants de pratique du calme mental sans objet. Puis posez votre attention sur une sensation, peu importe laquelle, que vous ressentez dans la région de votre front. Contentez-vous de l'observer, soyez-en simplement conscient, rien de plus. Ensuite, descendez petit à petit vers d'autres zones – votre visage, votre cou, vos épaules, vos bras, et ainsi de suite – et observez les sensations qui s'y manifestent. Observez simplement. Vous n'avez pas besoin de bloquer ce qui se passe par ailleurs dans votre esprit, ou de modifier ce que vous ressentez. Gardez simplement le corps et l'esprit calmes et détendus tout en reconnaissant les sensations qui surgissent. Au bout de quelques minutes, laissez votre esprit se reposer. Puis reprenez l'observation des sensations, en alternant avec les moments de repos jusqu'à la fin de votre séance de pratique.

La plupart des sensations ont un point de départ extérieur. Le corps entre en contact avec quelque chose, la chaise sur laquelle on s'assoit, le sol sur lequel on marche, un stylo, des vêtements, une personne, un animal. Ce contact produit une sensation distincte que le bouddhisme appelle « sensation physique brute ». À mesure que l'attention au corps devient plus aiguë, on commence à reconnaître des « sensations physiques subtiles » qui ne sont pas nécessairement liées à un contact.

Lorsque je me suis lancé dans cette méthode, j'ai découvert que si j'essayais d'éviter une sensation particulière, elle s'intensifiait. En revanche, si je me contentais de la « regarder », l'inconfort qu'elle me procurait devenait plus supportable. Après avoir observé ce phénomène pendant quelque temps, j'ai compris qu'en considérant simplement une sensation, je jouais un rôle dans ce qui se passait dans mon esprit à cet instant précis. Je voyais, par exemple, qu'une partie de mon esprit résistait à une impression pénible, et qu'une autre m'incitait à l'observer objectivement. Si j'examinais simultanément ces deux impulsions contradictoires, je voyais mon esprit tout entier engagé dans un processus de poursuite et de rejet, et l'observation du fonctionnement de mon esprit devenait alors plus intéressante que cette poursuite et ce rejet. Le simple fait d'observer devenait fascinant en lui-même. Voilà qui me permet, incidemment, de proposer la définition de la « clarté » la plus pratique que j'aie trouvée : c'est la capacité de voir l'esprit fonctionner à de nombreux niveaux en même temps.

Méditer sur les sensations douloureuses

Les sensations de froid, de chaud, de faim, de lourdeur, de vertige, de mal de tête, de mal aux dents, de nez bouché, de gorge irritée, de douleur aux genoux ou dans le dos, se manifestent de façon aiguë à la conscience. De ce fait, il est très facile de se concentrer sur elles pendant la méditation. La plupart d'entre nous considèrent la douleur comme une menace pour le bien-être physique. Or, si nous la laissons nous préoccuper, elle ne fait que s'intensifier. En revanche, si nous la prenons comme objet de méditation, elle devient un moyen d'accroître la clarté de notre esprit.

Par exemple, si je ressens une douleur aux jambes quand je suis assis en méditation, ou bien dans une voiture ou en avion, au lieu de m'étirer, de me lever ou de gigoter, j'apprends à observer l'expérience mentale de la douleur. Après tout, c'est la conscience « mentale » qui reconnaît les sensations et les enregistre. Lorsque je porte mon attention sur l'esprit qui reconnaît la douleur, et non sur la zone du corps qui me fait mal, la douleur ne disparaît pas nécessairement, mais elle devient pour moi l'occasion de prendre une part active dans ce que je ressens ici et maintenant, au lieu de tout faire pour l'éviter. Le même principe s'applique aux sensations agréables. Je les considère simplement comme des perceptions de mon esprit. De fait, pendant mes premières années de pratique j'ai commencé à voir que je pouvais utiliser les sensations comme des moyens d'observer et d'apprécier les capacités infinies de mon esprit, plutôt que d'être manipulé par ces sensations et de subir un sentiment de limitation physique.

Bien entendu, si vous souffrez d'une douleur intense ou chronique, vous devez consulter un médecin. Ces symptômes peuvent être le signe d'un problème plus grave. À ce propos, j'ai entendu dire que lorsque le médecin exclut toute possibilité de pathologie grave, la douleur se calme parfois d'elle-même. C'est comme si la peur de la douleur exacerbait la douleur et, pour ainsi dire, la verrouillait – ce qui est peut-être un signal d'alerte se perpétuant lui-même et se transmettant du thalamus à l'amygdale et à d'autres parties du cerveau. Mais si votre médecin diagnostique un problème physique grave, suivez absolument ses recommandations. La méditation peut vous aider à remédier à la douleur et à l'inconfort d'une maladie, mais elle ne se substitue pas au traitement.

Il se peut aussi que le traitement médical ne vous empêche pas de souffrir. Dans ce cas, à nouveau, essayez d'utiliser la douleur comme support de votre méditation. Si c'est le symptôme d'une maladie grave, évitez de vous attendre à un résultat, car lorsqu'on médite avec l'intention expresse de se libérer de la souffrance, on renforce les schémas neuronaux associés à la peur de la souffrance. Le meilleur moyen d'affaiblir ces schémas neuronaux est d'observer simplement la souffrance de manière objective, sans se préoccuper du résultat.

Je n'ai jamais été aussi impressionné par cette leçon que lorsque mon père dut subir une intervention chirurgicale, alors qu'il se trouvait en Allemagne. Le médecin anesthésiste, pris par d'autres tâches, oublia de s'occuper de lui. Quand le chirurgien fit la première incision, il remarqua que les muscles se contractaient, ce qui n'aurait pas dû se produire si la zone avait été insensibilisée. Il se mit en colère contre l'anesthésiste, mais mon père le pria de ne pas en faire un problème, car il ne ressentait aucune douleur. En fait, expliqua-t-il plus tard, l'incision d'une zone très sensible lui avait fourni l'occasion d'atteindre un plus haut degré de clarté et de paix.

En d'autres termes, mon père avait créé, par sa pratique, un réseau de connexions neuronales qui transformait spontanément son expérience de la douleur en observation objective de l'esprit qui perçoit cette douleur. Le chirurgien fit procéder à l'anesthésie avant de poursuivre l'opération mais, sur l'insistance de mon père, il ne porta pas plainte contre la praticienne qui avait oublié de faire son travail.

Le lendemain, cette dernière vint rendre visite à mon père dans sa chambre d'hôpital en tenant quelque chose dans son dos. Avec un sourire, elle le remercia de lui avoir épargné de sérieux ennuis, et lui tendit un sac plein de friandises qu'il trouva délicieuses.

Le fait d'observer les sensations physiques, brutes ou subtiles, est si simple que vous pouvez l'appliquer, non seulement au cours de méditations formelles, mais à n'importe quel moment de la journée, lorsque vous trouvez un moment libre entre vos rendez-vous, vos réunions ou quoi que ce soit d'autre.

Personnellement, je trouve cette pratique très utile au cours de la journée, car elle engendre aussitôt une impression de légèreté et d'ouverture. Plusieurs personnes m'ont dit l'avoir trouvée très profitable au travail, par exemple lorsqu'ils sont tenus de rester assis pendant des heures à écouter un rapport ennuyeux.

Méditer sur les formes

La pratique qui consiste à utiliser le sens de la vue comme moyen de calmer l'esprit est appelée, techniquement, « méditation sur la forme ». Ne vous laissez pas intimider par le terme : cette méditation est très simple. En fait, nous la pratiquons inconsciemment chaque jour quand nous fixons un écran d'ordinateur ou un feu rouge. Lorsque nous élevons ce processus inconscient au niveau de la conscience active, en posant délibérément notre attention sur un objet particulier, notre esprit devient très paisible, ouvert et détendu.

On m'a appris à commencer par un objet petit et situé assez près de moi pour que je le perçoive sans faire d'effort particulier : une tache de couleur sur le sol, la flamme d'une bougie, une photographie, ou même la nuque de quelqu'un assis devant moi. On peut aussi choisir un objet ayant un sens spirituel, une image du Bouddha si vous êtes bouddhiste, une croix ou une image de saint si vous êtes chrétien, et ainsi de suite. Lorsque vous serez plus entraîné, vous pourrez même fixer votre attention sur une forme mentale née de votre imagination.

Quel que soit l'objet choisi, portez votre attention soit sur sa forme soit sur sa couleur, selon votre goût. L'objet, qu'il soit noir, blanc, rose, rond, carré ou autre, n'a pas d'importance en soi. L'idée est simplement de prêter attention à sa forme ou à sa couleur en ne demandant à votre esprit que d'être conscient de l'une ou de l'autre. Rien de plus. Au moment même où vous portez votre attention sur l'objet, vous êtes conscient.

Il n'est pas nécessaire de le voir si clairement que vous puissiez en reconnaître tous les détails. Si vous essayez de le faire, vous serez tendu, alors que le but de l'exercice est de se détendre. Concentrez-vous de façon souple, avec juste assez d'attention pour rester conscient de l'objet regardé. N'essayez pas de vous forcer à vous détendre ou de *faire* en sorte que quelque chose se passe en vous. Dites-vous simplement : « Peu importe ce qui arrive. C'est cela, la méditation, c'est ce que je suis en train de pratiquer. » Vous n'avez besoin de rien d'autre.

Bien sûr, il est possible de regarder fixement un objet sans réellement le voir. Votre esprit peut être totalement absorbé par un son lointain que vous entendez, au point que, pendant quelques secondes ou quelques minutes, vous ne voyiez pas l'objet du tout. Comme je détestais ces moments où mon attention partait ainsi à la dérive ! Mais, selon mon père, ce phénomène est tout à fait naturel. Une fois que vous vous êtes aperçu que votre esprit s'est éloigné de l'objet de votre attention, ramenez-le simplement à ce dernier.

Maintenant, je vous propose d'essayer.

Prenez la posture la plus confortable et laissez votre esprit demeurer quelques instants dans un état de parfaite détente. Ensuite, choisissez un objet et contentez-vous de poser votre regard dessus, en remarquant sa forme ou sa couleur. Vous n'avez pas à vous forcer à garder les yeux grands ouverts. Si vous avez besoin de ciller, faites-le. Si vous ne le faites pas, vous risquez d'avoir les yeux secs et irrités. Après avoir regardé l'objet quelques instants, laissez votre esprit se détendre à nouveau. Puis ramenez votre attention sur l'objet pendant quelques minutes de plus, et détendez-vous encore.

Chaque fois que je médite en utilisant un support visuel, il me revient une phrase de Longchenpa, l'un des plus grands érudits et maîtres de méditation du Tibet qui vivait au XIVe siècle. Cette phrase dit qu'il est excellent d'alterner la méditation avec objet et la méditation sans objet, car lorsqu'on repose son esprit sur un objet, on le voit comme distinct, différent de soi, mais quand on lâche prise et qu'on laisse simplement son esprit reposer dans la conscience nue, cette distinction disparaît. En faisant alterner ces deux façons, on finit par reconnaître la vérité fondamentale que les neurosciences nous apprennent, à savoir que tout ce qu'on perçoit est une reconstruction opérée par l'esprit. Autrement dit, il n'y a pas de différence entre ce qui est vu et l'esprit qui le voit.

Cette prise de conscience ne s'opère, bien sûr, pas du jour au lendemain. Elle exige un minimum d'expérience. En fait, comme nous le verrons plus loin, le Bouddha enseigna des méthodes spécifiques pour mettre fin à la distinction entre l'esprit et ce qu'il perçoit. Mais je vais un peu trop vite. Pour le moment, revenons aux méthodes de base pour transformer les messages des sens en moyens de calmer l'esprit.

Méditer sur le son

La méditation sur le son est très semblable à la méditation sur la forme. Commencez par détendre votre esprit un instant, puis prenez peu à peu conscience des sons que vous entendez près de votre oreille, comme vos battements de cœur ou votre respiration, ou des bruits qui se produisent dans votre entourage immédiat. Certains trouvent utile d'écouter des enregistrements de sons naturels ou de musiques agréables. Il n'est pas nécessaire d'identifier ces sons ou de se concentrer sur l'un d'eux en particulier. Il est, en fait, plus facile d'être conscient de tout ce que vous entendez. L'essentiel est de maintenir la conscience simple, nue, des sons à mesure qu'ils parviennent à vos oreilles.

Comme pour les formes et les couleurs, vous vous apercevrez que vous pouvez porter attention aux sons autour de vous pendant quelques secondes de suite, puis que votre esprit se met à vagabonder. Ce n'est pas un problème. Quand vous constatez que vous êtes distrait, détendez-vous simplement et ramenez votre esprit aux sons. Tour à tour, prêtez attention à ce que vous entendez et laissez votre esprit demeurer dans un état méditatif ouvert et détendu.

L'un des grands bienfaits de la méditation sur le son est qu'elle vous enseigne à vous détacher peu à peu du *sens* que vous attribuez à ce vous entendez. Vous apprenez à écouter les sons sans devoir nécessairement répondre émotionnellement à leur *contenu*. En vous habituant à faire simplement attention aux sons en tant que sons, vous pourrez peu à peu entendre des critiques sans vous mettre en colère ou prendre une attitude défensive, et des louanges sans être excité ou enfler d'orgueil. Vous pouvez écouter ce que les autres ont à dire avec une attitude beaucoup plus équilibrée, sans vous laisser emporter par vos émotions.

Un jour, j'ai entendu une très belle histoire concernant un célèbre joueur de sitar indien qui avait appris à utiliser sa musique comme support de méditation. Cet artiste était si talentueux qu'on l'invitait partout et qu'il passait le plus clair de son temps à sillonner l'Inde, un peu comme les chanteurs de musique pop de nos jours, qui sont souvent en tournée loin de chez eux.

Un jour qu'il rentrait d'un voyage particulièrement long, il découvrit que sa femme avait une relation avec un autre homme, mais il resta maître de lui-même. Il se peut que ce soit la concentration qu'il avait acquise au cours de ses années de pratique et de concerts, combinée au son de sa musique, qui l'ait aidé à rester calme et centré. En tout cas, il ne manifesta ni violence ni colère. Il ne fit pas de scène à sa femme, ni ne l'agressa. Il se contenta de s'asseoir et d'avoir une longue conversation avec elle. Ce faisant, il prit conscience que l'aventure amoureuse de sa femme et son propre orgueil attisé par le fait qu'on le demandait partout dans le pays avaient l'une et l'autre pour origine l'attachement, l'un des trois poisons mentaux qui nous maintiennent dans le cycle de la souffrance. Il lui vint à l'esprit, avec la force soudaine d'un coup de tonnerre, qu'il n'y avait guère de différence entre son propre attachement à la célébrité et l'attachement de sa femme pour un autre homme. Il comprit que, pour se libérer de sa propre dépendance, il fallait qu'il renonce à la gloire. Et le seul moyen d'y parvenir, pensa-t-il, était de trouver un maître de méditation.

Après avoir parlé avec sa femme, il lui donna tous ses biens, à l'exception de son sitar, auquel il était encore si attaché qu'aucun raisonnement logique n'aurait pu l'en séparer, et il se mit en quête d'un maître spirituel. Sa route le mena finalement à un charnier. Les charniers, équivalents des cimetières modernes, étaient des lieux où l'on déposait simplement les morts sans les brûler ni les enterrer. C'étaient des endroits effrayants, car on y voyait partout des squelettes et des cadavres en putréfaction. Mais, pour cette raison même, c'était là qu'on avait le plus de chance de trouver de grands maîtres qui avaient dépassé la peur de la mort et celle de l'impermanence, deux sentiments qui maintiennent la plupart des gens prisonniers de l'attachement à ce qu'ils possèdent et de l'aversion pour le changement.

Dans ce charnier, le musicien rencontra un *mahasiddha*, un être ayant atteint l'accomplissement spirituel suprême, qui vivait dans une cabane en ruine le protégeant à peine des intempéries. Il ressentit une affinité profonde avec ce maître, semblable au lien qu'il peut arriver un jour à tout un chacun de ressentir soudain en croisant quelqu'un dans la vie ordinaire, et il lui demanda s'il accepterait de le prendre pour disciple. Le *mahasiddha* consentit et lui donna quelques instructions essentielles sur la méditation du calme mental. Le musicien ramassa des branches et de la terre pour se construire une hutte, et s'y installa pour pratiquer l'enseignement qu'il venait de recevoir.

Comme nombre de débutants, il trouva difficile de suivre les instructions qu'il avait reçues. Quelques minutes de pratique à peine lui paraissaient une éternité, et chaque fois qu'il s'asseyait pour méditer, il était rattrapé par sa vieille envie de jouer du sitar. Il finit par renoncer et par reprendre la musique. Puis il se sentit terriblement coupable et retourna voir le maître pour lui avouer qu'il ne pouvait pas méditer.

« Qu'est-ce qui t'en empêche ? demanda le maître.

– Je suis trop attaché à mon sitar, voilà tout. J'aime mieux sa musique que la méditation.

– Ce n'est pas bien grave. Je vais te donner une pratique de méditation dans laquelle tu pourras utiliser ton sitar. »

Le musicien, qui s'attendait à des critiques comme le ferait la plupart d'entre nous en pareille situation, fut agréablement surpris.

« Retourne à ta hutte, poursuivit le maître, joue de ton sitar et écoutes-en le son avec ta conscience nue. Ne t'occupe pas de jouer à la perfection, écoute simplement le son. »

Soulagé, le musicien rejoignit sa hutte et se mit à jouer en écoutant simplement le son. Il n'essaya pas de jouer parfaitement. Il ne prêta pas non plus attention à la qualité de sa musique ni ne se préoccupa du résultat de sa méditation, et c'est ainsi que, au bout de quelques années, il devint lui-même un maître accompli.

La véritable leçon de cette histoire est qu'il faut apprendre à utiliser sa propre expérience comme un support de méditation, sans se soucier du résultat. En Occident, les bruits, le spectacle et les odeurs qui vous agressent sur les routes aux heures de pointe peuvent devenir une source majeure de tracas. Le fait de simplement observer ces sensations, plutôt que de vous focaliser sur la manière de sortir des embouteillages, peut vous offrir une occasion unique de méditer. Si, au lieu de fixer votre attention sur le but que vous poursuivez – vous rendre à tel endroit –, vous la portez sur les sensations produites par ce qui vous entoure, vous pouvez devenir un *mahasiddha* des embouteillages !

Méditer sur les odeurs

Vous pouvez, en fait, utiliser comme objet de méditation toute sensation, quelle qu'elle soit, qui attire le plus votre attention à un moment particulier. Les odeurs, par exemple, peuvent être très utiles, que ce soit pendant les pratiques formelles ou lorsque vous vaquez à vos occupations journalières. Dans les séances formelles, prêtez attention au parfum de l'encens, si vous en utilisez, ou à l'odeur particulière du lieu où vous vous trouvez. Dans la vie de tous les jours, les odeurs de cuisine peuvent vous servir d'utiles supports et vous permettre de transformer une routine ennuyeuse – préparer de la nourriture ou la manger, traverser un endroit où l'on fait cuire quelque chose – en une pratique qui calme et fortifie l'esprit.

Méditer sur les goûts

Il m'a fallu du temps pour me rendre compte que lorsque je buvais ou mangeais j'étais à peine conscient de ce que je faisais. Mon esprit était généralement occupé par des conversations, des problèmes personnels, des conflits ou des rêveries. En conséquence, je ne m'impliquais pas dans ce que je faisais, et je manquais l'occasion d'éprouver la richesse du moment présent. L'attention au goût est une méthode extrêmement utile qui permet de pratiquer de courtes méditations à plusieurs reprises dans la journée.

Lorsqu'on m'a appris à utiliser le goût comme support d'attention, on m'a bien sûr dit, comme il se doit, que je devais reposer mon esprit pendant quelques instants, avant de simplement prêter attention, de façon légère, à toutes les saveurs que je percevais, sans les analyser pour savoir si elles étaient sucrées, amères, acides ou autres, puis reposer à nouveau mon esprit dans son état naturel, et continuer ainsi à alterner.

Autres méthodes utiles

C'est pour mieux guider les disciples que j'ai enseigné différentes méthodes.

Soûtra du voyage à Lanka

Outre l'attention aux objets des sens, le Bouddha enseigna quelques autres techniques utilisables à tout moment et en tout lieu. L'une d'elles consiste à observer le va-et-vient du souffle. Puisque nous sommes obligés de respirer, nous disposons donc en permanence de ce support de pratique qu'est notre souffle. Je parlerai enfin d'une autre méthode que j'ai apprise par pur accident, alors que je me trouvais dans une grotte, et qui m'est particulièrement chère, puisqu'elle m'a empêché de sombrer dans la folie lorsque j'étais enfant. Il s'agit de la récitation de mantras.

Inspirer, expirer

On m'a enseigné différentes façons d'utiliser le va-et-vient du souffle, mais je ne vous ennuierai pas en vous en dressant l'inventaire. Je me contenterai d'en mentionner deux, parmi les plus simples et les plus discrètes à pratiquer en public. Tout ce que vous devez faire, c'est prêter délicatement attention à votre respiration, en prenant conscience de la sensation produite par l'air lorsqu'il traverse vos narines, pénètre dans vos poumons et en ressort. Cette pratique ressemble beaucoup à l'attention aux sensations physiques, hormis le fait qu'ici vous vous concentrez uniquement sur le souffle. Comme il y a un léger intervalle de temps entre l'inspiration et l'expiration, vous décomposerez le processus en trois temps : inhalation, exhalation et intervalle entre les deux.

L'attention au souffle se révèle particulièrement utile quand on s'aperçoit que l'on est tendu ou distrait. Intérieurement, le simple fait d'observer sa respiration engendre un état de calme et de présence d'esprit : cela permet de prendre du recul par rapport aux problèmes auxquels on se trouve confronté, et d'y répondre de façon plus calme et objective. Si vous vous sentez stressé, pratiquez simplement l'attention au souffle. Personne ne saura ce que vous faites. On ne se rendra même pas compte que vous respirez !

Les méthodes sont légèrement différentes lors des séances formelles. L'une de celles que l'on m'a apprises consiste à compter les inspirations et les expirations. On compte « un » après le premier cycle d'inspiration-expiration, « deux » après le second, et ainsi de suite, jusqu'à ce que l'on parvienne au nombre de sept. On recommence alors à partir de « un ». Par la suite, on peut accroître le nombre de cycles comptés, mais, comme toujours, il est préférable de procéder par périodes courtes mais nombreuses.

Mon cher ami le mantra

La méditation sur un mantra est une technique très puissante qui permet non seulement de cultiver une conscience claire, mais qui, grâce au pouvoir des syllabes qui ont été prononcées par des maîtres éveillés pendant des millénaires, peut aider à dissiper les voiles qui obscurcissent notre esprit et accroître notre pouvoir d'aider les autres aussi bien que nous-même. Vous avez peut-être du mal à le croire : cela ressemble un peu trop à de la magie. Il est sans doute plus simple, pour vous, de penser que ces syllabes sont des ondes sonores qui se propagent à travers l'espace depuis des milliers d'années.

Dans la méditation sur un mantra, on applique son attention à la récitation mentale de plusieurs syllabes qui ont pour effet de calmer et de clarifier l'esprit. Dans l'exercice qui va suivre, nous utiliserons les trois syllabes qui constituent la base de tous les mantras : *om*, *ah*, *houng*. *Om* représente l'aspect lucide et distinct de la perception, *ah* son aspect vide, ou intrinsèquement ouvert, et *houng*, l'union des deux aspects précédents.

Vous pouvez commencer par réciter le mantra à voix haute, puis graduellement passer à la récitation intérieure. L'essentiel est de ne pas vous interrompre pendant environ trois minutes, puis de laisser votre esprit se détendre, puis de reprendre la récitation, en faisant ainsi alterner récitation et repos aussi longtemps qu'il vous est possible. Que vous en ressentiez ou non les effets tout de suite, vous aurez mis quelque chose en mouvement, et ce quelque chose est la liberté de votre esprit.

Mais la liberté arrive rarement sous la forme que l'on attend. En fait, la plupart d'entre nous perçoivent la liberté authentique comme non seulement étrange, mais foncièrement déplaisante. Nous sommes trop habitués à nos chaînes. Elles nous irritent, elles nous blessent, mais au moins elles nous sont familières.

La familiarité n'est pourtant rien d'autre qu'une pensée, et le Bouddha, pour nous aider à effectuer la difficile transition entre cette familiarité et la liberté, nous a enseigné des méthodes pour travailler directement sur les pensées et les sentiments.

12

Travailler avec les pensées et les sentiments

Tournez le dos à l'envie ! Éradiquez l'attachement !

Jamgön Kongtrul.

Il y a longtemps vivait en Inde un berger qui avait passé la plus grande partie de sa vie à garder les vaches de son maître. À l'approche des soixante ans, il se dit : « Mon travail est ennuyeux, toujours le même. Chaque jour, mener les vaches aux champs, les regarder paître et les ramener, qu'est-ce que cela m'apprend ? » Après avoir réfléchi à sa situation, il décida de quitter son travail et d'apprendre à méditer pour pouvoir au moins se libérer de la monotonie du samsâra. Puis il partit dans les montagnes.

Un jour, il vit une grotte dans laquelle méditait un homme qui se révéla, par la suite, être un *mahasiddha*. Le berger, ravi, s'approcha de lui pour lui demander comment méditer. Le maître accepta de le guider et lui donna des instructions essentielles pour se servir des pensées comme supports. Le berger s'installa dans une grotte voisine et se mit à méditer.

Comme la plupart d'entre nous, il rencontra tout de suite des problèmes. Pendant les années où il avait été berger, il s'était beaucoup attaché à ses vaches, et lorsqu'il essaya de mettre en pratique les instructions du maître, les seules pensées et les seules images qui lui venaient à l'esprit tournaient autour du bétail qu'il avait l'habitude de garder. Il fit de gros efforts pour les empêcher de surgir, mais les vaches continuaient d'apparaître. En fait, plus il essayait de les faire disparaître, plus elles apparaissaient.

Finalement, épuisé, il alla voir le maître pour lui expliquer la grande difficulté qu'il avait à suivre ses instructions.

« Voilà qui n'est pas vraiment un problème, dit le maître. Je peux t'enseigner une autre méthode. Elle s'appelle "méditation sur les vaches".

– Quoi ! dit le berger, surpris.

– Je ne plaisante pas. Tout ce que tu dois faire, c'est observer les images de vaches qui te viennent à l'esprit, quand tu les mènes aux champs, quand elles paissent et quand tu les ramènes à la ferme. Toutes ces pensées, contente-toi de les observer ! »

Le berger retourna dans sa grotte et se mit à appliquer ces nouvelles instructions. Comme il n'essayait pas d'arrêter ses pensées, cette fois-ci sa méditation fut très facile. Il commença à se sentir paisible et content. Ses vaches ne lui manquaient pas et son esprit était plus calme, plus souple et plus équilibré.

Quelque temps plus tard, il retourna voir le maître et lui dit :

« Voilà, j'ai terminé la méditation sur les vaches. Que dois-je faire ensuite ?

– Parfait. Maintenant que tu sais calmer ton esprit, je vais t'enseigner le deuxième niveau de méditation sur les vaches. Voici en quoi il consiste : tu vas visualiser que ton propre corps est celui d'une vache. »

Le berger repartit dans sa grotte et se remit à la tâche en pensant : « Je suis maintenant une vache ; j'ai des cornes et des sabots, je mugis, je mange de l'herbe... »

En pratiquant de la sorte, il devint encore plus heureux et paisible qu'auparavant. Quand il pensa avoir maîtrisé cette méditation, il retourna voir le maître pour lui demander quel était le troisième niveau d'instructions.

« Pour le troisième niveau, dit le maître, tu dois te concentrer sur le fait d'avoir des cornes. »

À nouveau, le berger revint dans sa grotte et pratiqua cette instruction. Il se concentra sur la taille des cornes, leur emplacement, leur couleur, leur poids de chaque côté du crâne. Des mois passèrent. Un jour qu'il se levait pour aller dehors assouvir des besoins naturels, il sentit que quelque chose sur sa tête heurtait les murs de la grotte et l'empêchait de sortir. Il leva la main pour savoir ce que c'était et s'aperçut, à sa grande surprise, que deux grandes cornes avaient poussé sur son crâne.

Il réussit à sortir de la grotte en progressant de côté et se précipita, terrifié, chez le maître.

«Regardez ce qui s'est passé ! Vous m'avez donné cette méditation sur les vaches, et maintenant j'ai des cornes ! Quelle horreur, c'est un vrai cauchemar ! »

Le maître éclata de rire :

« Au contraire, c'est merveilleux ! Tu as maîtrisé le troisième niveau de la méditation sur les vaches. Tu dois à présent passer au quatrième. Tu vas penser que tu n'es pas une vache et que tu n'as pas de cornes. »

Le berger s'exécuta et n'arrêta pas de penser qu'il n'avait plus de cornes. Au bout de quelques jours, il découvrit, un matin au réveil, qu'il pouvait sortir de sa grotte sans difficulté. Les cornes avaient disparu.

Il courut à nouveau voir le maître.

« Regardez ! Je n'ai plus de cornes ! Comment est-ce possible ? Quand je pensais en avoir, elles sont apparues, et quand je pensais ne plus en avoir, elles ont disparu ! Comment cela se fait-il ?

– Les cornes ont surgi et disparu en fonction de la tournure que tu donnais à ton esprit. L'esprit est très puissant. Il peut donner aux perceptions l'apparence de la réalité, et il peut aussi les faire paraître irréelles. Les cornes ne sont pas les seules à apparaître et disparaître en fonction de l'objet sur lequel tu fixes ton esprit. Il en va ainsi de toutes choses : ton corps, les autres êtres, le monde entier. Leur nature est vacuité. Rien n'existe réellement, sinon dans tes perceptions. Cette reconnaissance, c'est la véritable vision profonde. Tu dois d'abord calmer ton esprit, et ensuite apprendre à voir les choses clairement. Voici maintenant quel est le cinquième niveau de ta méditation sur les vaches : apprendre à trouver un juste milieu entre le calme mental et la vision profonde. »

Le berger retourna une fois de plus dans sa grotte pour appliquer ces conseils et, quelques années plus tard, il devint un être aussi accompli que son maître, ayant atteint la paix et la libération du cercle vicieux de l'ignorance.

Il n'y a plus guère de gardiens de troupeaux dans vos pays, mais vous pouvez toujours, si cela vous chante, remplacer les vaches par des automobiles et devenir, comme le vieux berger, un pratiquant accompli. Je plaisante. Pour travailler avec les pensées, il y a des moyens beaucoup plus simples que d'apprendre à se faire pousser des cornes ou des pare-chocs.

Utiliser les pensées

Quand il vous vient des pensées, au lieu de les considérer comme des fautes, reconnaissez qu'elles sont vides et laissez-les telles quelles.

Götsampa

Une fois que vous serez devenu ami avec vos cinq sens et que vous aurez appris à utiliser les informations sensorielles comme supports de méditation, vous aurez encore du mal à maîtriser le « singe fou », la conscience mentale qui adore sauter dans tous les sens en semant la confusion, le doute et l'incertitude. Même si vous apprenez à demeurer dans la conscience simple des messages sensoriels, le singe cherchera toujours de nouvelles façons d'interrompre le calme, la clarté et l'ouverture que vous êtes parvenu à faire naître dans votre esprit en lui offrant une interprétation nouvelle et dérangeante des choses. Mais, aussi difficile soit-il de s'y confronter, l'interférence du singe n'est pas une mauvaise chose. Ce ne sont que des schémas neuronaux tenaces qui cherchent à se réimposer, une réaction programmée pour réagir contre ce qui menace votre survie. Au lieu de vous irriter, apprenez à composer avec le singe. Pourquoi, même, ne pas lui être reconnaissant de vous aider à survivre ?

Une fois que vous avez appris à travailler avec vos sens, vous allez apprendre à coopérer avec le singe fou lui-même, en utilisant les pensées et les émotions qu'il suscite comme supports pour calmer l'esprit. Si vous commencez par vous demander, chaque fois qu'il vous vient une pensée ou un sentiment, s'il s'agit d'un fait ou d'une habitude, vous découvrirez une toute nouvelle libération des schémas anciens fondés sur la survie.

Les premières leçons que l'on apprend dans l'existence sont souvent les plus vitales. Mais nous avons beau entendre nos parents répéter à satiété : « Regarde des deux côtés en traversant la rue », « n'accepte pas de sucreries d'un étranger », il semble que nous les oubliions toujours. Par nature, nous aimons prendre des risques. C'est ainsi que s'opère notre apprentissage, en dépit du fait que certaines de nos décisions peuvent être mortelles ou nous infliger des souffrances durables. À l'âge adulte, nous devons donc nous répéter ce que nous avons appris d'important dans l'enfance, pour le transmettre, à notre tour, à la génération suivante.

Tout cela pour vous demander de m'excuser si je répète ce que j'ai moi-même entendu ressasser dans mon enfance, à savoir que les pensées sont l'activité naturelle de l'esprit et que la méditation n'a pas pour but de les arrêter. Elle consiste simplement à mettre l'esprit au repos dans son état naturel, lequel est spontanément conscient des pensées, des émotions et des sensations à mesure qu'elles surgissent, sans les suivre ni les rejeter. L'esprit est comme une rivière : inutile de tenter de l'arrêter. Ce serait aussi vain que d'essayer d'empêcher le cœur de battre ou les poumons de respirer.

Cela ne veut pas dire, non plus, que vous devez être esclave des productions de votre esprit. Tant que vous ne comprendrez pas la nature et l'origine de cet esprit, les pensées vous asserviront. Quand le Bouddha eut reconnu la nature de son propre esprit, il renversa ce processus habituel, puis il montra aux autres comment utiliser les pensées au lieu d'être manipulé par elles.

Quand j'ai commencé mon entraînement officiel avec mon père, j'étais très nerveux. Je pensais qu'il ne manquerait pas de voir que j'étais agité et traversé à chaque seconde par des pensées folles, et qu'il me renverrait en pensant que je n'étais pas apte à méditer. Il voyait, c'est certain, combien mon esprit était incontrôlé, mais j'avais tort de penser que je n'étais pas un bon candidat à la méditation.

Il m'apprit, à moi et à ses autres élèves, que les pensées, aussi nombreuses soient-elles, qui nous traversent quand nous méditons ne sont pas un problème. Même si une centaine d'entre elles surgissent en vous en l'espace d'une minute, cela veut simplement dire que vous disposez d'une centaine de supports pour méditer.

« Vous avez de la chance ! disait-il. Si le singe fou qui loge dans votre tête se met à sauter dans tous les sens, c'est excellent ! Contentez-vous de le regarder sauter partout. Chaque saut, chaque pensée, chaque distraction, chaque objet des sens est un support de méditation. Si vous êtes assaillis par une multitude de distractions, utilisez chacune d'elles pour méditer. Elles cesseront alors d'être des distractions pour être des soutiens de votre pratique. »

Mais il nous avertissait aussi de ne pas nous attacher aux pensées. Quoi que ce soit qui traverse notre esprit, nous devons simplement le regarder surgir et disparaître, de façon légère, sans attachement, comme nous l'avons fait avec les formes, les sons et les odeurs.

Observer les pensées, c'est un peu comme courir après un bus. On atteint l'arrêt au moment où le bus repart, de sorte qu'il n'y a plus qu'à attendre le suivant. Il y a toujours un intervalle, aussi court soit-il, entre les pensées. Dans cet intervalle, vous pouvez faire l'expérience de l'espace totalement ouvert de l'esprit naturel. Puis une autre pensée surgira, et quand elle disparaîtra il y aura un nouvel intervalle.

Le processus d'observation des pensées se poursuit continuellement de la sorte : des pensées suivies d'intervalles, eux-mêmes suivis de pensées. Si vous persistez dans cette voie, très progressivement les intervalles se feront de plus en plus longs, et votre expérience de l'esprit qui demeure dans son état naturel deviendra plus directe. Il y a donc deux états fondamentaux de l'esprit : avec ou sans pensées, et les deux peuvent servir de support à la méditation.

Au début, l'attention aux pensées vacille sans cesse. Ce n'est pas grave. Si vous vous apercevez que vous êtes distrait, soyez simplement conscient de votre esprit en train d'être distrait. Même les rêveries peuvent servir de supports à la méditation si vous laissez votre conscience les infiltrer progressivement.

Lorsque vous vous dites soudain « hé ! » parce que vous étiez supposé observer votre esprit, faire attention aux formes, écouter les sons ou observer les pensées, et que vous vous êtes laissé distraire, ramenez simplement votre attention à son objet.

Le grand secret, au sujet de ces « hé ! », est que ce sont des éclairs d'expérience de votre nature fondamentale. Vous souhaiteriez sans doute maintenir chacune d'entre elles, mais si vous essayez, elles se figeront en concepts, en idées sur ce que ces « hé ! » sont censés vouloir dire. La bonne nouvelle, cependant, est que plus vous pratiquez la méditation, plus les « hé ! » se feront fréquents. Ils finiront par s'accumuler, jusqu'au jour où ils deviendront votre état d'esprit naturel libéré des schémas habituels de bavardage entre vos neurones. Vous pourrez alors observer n'importe quelle pensée, sensation ou situation avec une liberté et une ouverture totales. Ces « hé ! » sont excellents.

Maintenant, nous allons essayer de pratiquer le « hé ! » en prenant les pensées comme supports de méditation. Comme pour les autres pratiques, commencez par laisser votre esprit demeurer quelques instants dans la conscience sans objet, puis observez vos pensées. N'essayez pas de faire cela pendant très longtemps. Accordez-y quelques minutes.

Tout d'abord, laissez votre esprit se reposer une minute...

Ensuite, prenez conscience de vos pensées pendant, disons, deux minutes...

Puis détendez à nouveau votre esprit pendant une minute...

Quand vous avez fini, interrogez-vous sur l'expérience que vous avez faite. Avez-vous eu beaucoup de « hé » ? Avez-vous vu vos pensées clairement ? Ou bien étaient-elles floues, brumeuses ? S'évanouissaient-elles dès que vous essayiez de les regarder ?

Lorsque j'enseigne cette pratique en public et que je demande ce qui s'est passé dans l'esprit de chacun, je reçois toutes sortes de réponses. Certains disent que lorsqu'ils tentent de regarder leurs pensées, elles deviennent « sournoises » : elles disparaissent immédiatement ou ne se manifestent pas sous une forme claire. D'autres disent que leurs pensées deviennent, au contraire, très claires et solides, qu'elles apparaissent même dans leur esprit sous forme de mots, et qu'ils peuvent les voir aller et venir sans trop s'y attacher ou être dérangés.

Maintenant, je vais vous révéler un grand secret : il n'y a pas de secret ! Les deux extrêmes que ces gens décrivent – et, d'ailleurs, tout ce qui se trouve aussi entre les deux – sont simplement des expériences méditatives. Si vous avez peur de vos pensées, vous leur donnez un pouvoir sur vous, car elles vous semblent trop solides et réelles. Plus vous avez peur, et plus le pouvoir qu'elles ont sur vous augmente. En revanche, si vous les observez, ce pouvoir s'estompe peu à peu. Cela peut se passer de deux façons.

Parfois, comme je l'ai déjà mentionné, si vous regardez attentivement vos pensées, vous remarquez qu'elles apparaissent et disparaissent rapidement en laissant de petits intervalles entre elles. Au début, ces intervalles ne sont pas très longs, mais avec la pratique, leur durée augmente graduellement, et vous pouvez rester plus calme et plus ouvert dans la méditation sans objet.

D'autres fois, observer simplement les pensées s'apparente au fait de regarder un film. Sur l'écran de cinéma ou d'un téléviseur, il se passe un grand nombre de choses, mais vous n'êtes pas *dans* le film ou sur l'écran, n'est-ce pas ? Il y a un espace entre vous et ce que vous regardez. La même chose doit se produire quand vous observez vos pensées. Vous ne créez pas cet espace vous-même, puisqu'il a toujours été là : vous vous donnez simplement l'occasion de remarquer sa présence. Ce faisant, vous pouvez commencer à jouir du spectacle de vos pensées, même effrayantes, sans être submergé ou contrôlé par elles. Contentez-vous de les laisser se dérouler comme elles l'entendent, comme des adultes qui regardent leurs enfants construire des châteaux de sable ou jouer à la guerre avec des soldats en plastique. Les enfants s'impliquent intensément dans leur jeu, mais les adultes se contentent de les observer, en souriant de les voir si sérieux.

Que votre expérience personnelle soit du premier type que nous avons mentionné ou du deuxième, elle est parfaite, et changera sans aucun doute à mesure que vous pratiquerez. La méditation est beaucoup plus simple que les gens ne le pensent. Toutes vos expériences s'apparentent en fait à de la méditation, du moins tant que vous êtes conscient de ce qui se passe en vous.

Le seul moment où la méditation cesse d'être méditation, c'est lorsque vous essayez de contrôler ou de changer ce que vous percevez. Toutefois, si vous appliquez votre attention à cet effort de contrôle lui-même, vous ne quittez pas la méditation.

Bien sûr, il peut arriver que vous n'ayez aucune pensée, que votre esprit devienne atone. Pas de problème. C'est toujours à votre esprit que vous avez affaire. Personne ne peut vous juger ou donner une note à vos perceptions. La méditation est un processus entièrement personnel, et il n'y a pas deux individus semblables. À mesure que vous pratiquerez la méditation, vous remarquerez aussi que votre expérience varie d'un jour à l'autre, voire d'une séance de pratique à la suivante. Parfois, vos pensées seront très claires et faciles à observer, et parfois elles vous sembleront vagues et insaisissables. À d'autres moments, votre esprit sera brumeux et lourd quand vous vous assiérez pour méditer. Là encore, pas de souci. La torpeur n'est guère plus qu'une chaîne de neurones qui bavardent ensemble en réaction contre votre intention de méditer. Vous pouvez simplement observer cette sensation ou toute autre qui se présentera par ailleurs. L'observation – qui veut dire ici « appliquer son attention nue à ce que l'on ressent à un moment donné » – *est* la méditation. Même le bavardage neuronal qui se manifeste sous la forme de la pensée « je ne sais pas méditer » peut être un support de méditation tant que vous l'observez.

Aussi longtemps que vous maintenez votre attention, votre pratique est une méditation, quoi qu'il arrive par ailleurs. Si vous observez vos pensées, c'est une méditation. Si vous ne pouvez pas observer vos pensées, c'est aussi une méditation. Chacune de ces deux expériences peut servir de support à la méditation. L'essentiel est de maintenir la conscience claire, quelles que soient les pensées, les émotions ou les sensations qui surgissent en vous. Si vous vous souvenez que la conscience de tout ce qui se passe est méditation, méditer devient beaucoup plus facile que vous ne le pensiez.

Le cas particulier des pensées désagréables

> *Peu importe les pensées qui surgissent, n'essayez pas de les arrêter.*
>
> Le IXe Karmapa

Si vous débutez dans la méditation, vous aurez peut-être des difficultés à observer les pensées liées aux expériences désagréables – surtout celles qui correspondent à des émotions fortes comme la jalousie, la colère, la peur ou l'envie – en faisant appel à la seule attention nue. Ces pensées sont parfois si fortes et si persistantes qu'il est facile de se laisser emporter par elles. Je ne compte pas le nombre de gens qui m'ont parlé de ce problème, surtout lorsque leurs pensées négatives concernent des conflits qui ont éclaté chez eux, au travail ou dans d'autres lieux impossibles à rayer de leur mémoire. Jour après jour, ils pensent et repensent à ce qui s'est dit ou fait, et se trouvent piégés dans ce processus, à se dire combien l'autre est affreux, à chercher ce qu'ils auraient pu ou dû dire à ce moment-là, et ce qu'ils pourraient faire maintenant pour se venger.

Le meilleur moyen de résoudre cette situation est de prendre un peu de recul et de reposer une minute votre esprit par la pratique du calme mental. Ensuite, portez votre attention sur chaque pensée, y compris les pensées secondaires qui se greffent aux autres, en les observant directement, de la même façon que vous observeriez une forme ou une couleur. Faites alterner ces deux pratiques.

Quand vous traitez ainsi les pensées négatives, deux phénomènes se produisent (ne vous en faites pas, vous ne vous retrouverez pas avec des cornes sur la tête !). Tout d'abord, le fait de vous maintenir dans la conscience des pensées calme votre esprit. Deuxièmement, vous vous apercevez que votre attention à tout ce qui se passe dans votre esprit n'est pas constante, comme lorsque vous vous concentrez sur les formes, les sons, et les autres objets des sens, et que les pensées négatives sont soudain remplacées par d'autres pensées comme l'idée de plier le linge, d'acheter de quoi manger ou de se préparer pour une réunion, et perdent peu à peu leur pouvoir sur vous. Vous vous apercevez qu'elles ne sont pas aussi solides et puissantes qu'elles le paraissaient. Elles sont sans doute encore irritantes, comme peut l'être la tonalité d'occupation quand vous cherchez à joindre quelqu'un au téléphone, mais vous n'avez plus affaire à un phénomène impossible à gérer.

Quand vous abordez les pensées fâcheuses de cette façon, elles cessent d'être des handicaps pour se transformer en auxiliaires de votre stabilité mentale. Comme lorsqu'on se muscle en ajoutant du poids à des haltères, vous développez vos « muscles » mentaux, et vous devenez capable de gérer des degrés de stress de plus en plus élevés.

Utiliser les émotions

On n'est pas obligé de se sentir continuellement à la merci de ses émotions.

Kalou Rinpotché

Comme les émotions sont généralement claires et vivaces, elles sont d'autant plus utiles pour servir de support à la méditation. Mon père et mes autres maîtres m'ont appris à considérer trois catégories d'émotions : positives, neutres et négatives.

Les émotions positives, comme l'amour, la compassion, l'amitié ou la loyauté, renforcent l'esprit, accroissent la confiance et augmentent la capacité de secourir ceux qui ont besoin d'aide. Dans certains textes bouddhistes, on qualifie ces émotions, de même que les actes qu'elles suscitent, de « vertueuses », un terme qui, d'après ce que j'ai pu comprendre, a une connotation morale en Occident. Mais il n'y a pas ici d'idée morale. D'ailleurs, selon les explications d'un de mes élèves qui connaît un peu l'étymologie, le mot « vertu », au départ, est associé à la virilité, à la force d'âme, et dans ce sens il convient pour traduire le terme employé en tibétain.

Les émotions négatives, comme la peur, la colère, la jalousie, le chagrin ou l'envie, ont, en revanche, tendance à nous affaiblir, à saper notre confiance en nous-même et à faire croître nos peurs.

Les émotions neutres, quant à elles, sont des réactions mitigées qui ne sont pas plus qualifiables que celles qu'on peut ressentir devant un crayon, une feuille de papier ou une agrafeuse.

La manière d'utiliser les émotions diffère selon leur type.

Si elles sont du type positif, et renforcent donc le pouvoir de votre esprit, portez votre attention à la fois sur le sentiment et sur son objet. Par exemple, si vous éprouvez de l'amour pour un enfant, vous serez conscient de l'enfant et de l'amour qu'il fait naître en vous. Si c'est de la compassion pour un être en difficulté, soyez conscient de la personne qui a besoin de votre aide et, en même temps, du sentiment de compassion qui se manifeste en vous. Ainsi, l'objet de l'émotion vous aide à rester conscient de cette émotion, et l'émotion elle-même vous aide à vous concentrer sur l'objet qui la suscite.

À l'inverse, si vous prêtez attention à l'objet d'une émotion négative, vous risquez de renforcer votre impression que la personne, la situation ou la chose qui vous fait réagir est mauvaise en soi. Vous aurez beau essayer de cultiver la compassion, la confiance ou tout autre sentiment positif, vous associerez toujours l'émotion négative à son objet, et vous penserez que vous devez combattre ce dernier, ou le chasser loin de vous, ou le fuir.

Le moyen le plus efficace d'aborder les émotions négatives est de prêter attention à l'émotion elle-même, et non à son objet, comme nous le faisions dans le cas des pensées négatives. Observez simplement cette émotion, sans essayer de l'analyser. N'essayez ni de la retenir ni d'y faire obstruction. Contentez-vous de la regarder. Elle ne vous paraîtra alors plus aussi énorme et puissante qu'au départ.

C'est cette méthode à laquelle j'ai eu recours pendant ma première année de retraite, quand la peur et l'angoisse que j'éprouvais en présence des autres me forçait à retourner dans ma chambre pour y rester seul. Lorsque j'ai commencé à simplement observer ma peur, je me suis peu à peu aperçu que ce n'était pas un monstre solide, d'une seule pièce, que je ne pourrais jamais dominer, mais au contraire des successions de petites sensations et d'images éphémères qui surgissaient dans ma conscience et disparaissaient si rapidement qu'elles me paraissaient faites d'une seule pièce (à la manière, comme j'allais le découvrir par la suite, du tourbillon de particules subatomiques qui donne l'apparence d'être un objet solide et indivisible). Après avoir observé ainsi ma peur, je me suis dit : « Voilà qui est intéressant. Elle n'est pas du tout aussi grande et forte que je le pensais. En fait, elle est plutôt inoffensive. Ce n'est qu'un paquet de sensations transitoires qui surgissent, se maintiennent une seconde ou deux puis disparaissent. »

Bien sûr, cela ne s'est pas fait en un jour. J'ai dû passer plusieurs semaines entièrement immergé dans l'observation de ce processus, comme un savant fou qui s'absorbe complètement dans ses expérimentations. J'avais aussi, pour m'aider, plusieurs années d'entraînement préalable.

Mais lorsque j'émergeai de cette expérience, j'avais un nouveau point de vue sur les différentes méthodes que le Bouddha avait enseignées, de nombreux siècles auparavant, pour aider les êtres, même ceux qu'il ne rencontrerait jamais, à vaincre leurs difficultés. Par la suite, quand j'en ai su davantage sur la structure et le fonctionnement du cerveau, ainsi que sur la réalité décrite par les physiciens modernes, j'ai été impressionné par les similarités entre, d'une part, les techniques découvertes par le Bouddha au moyen de l'introspection et, d'autre part, le résultat des études objectives permettant de comprendre pourquoi ces techniques avaient un effet salutaire.

Parfois, l'objet associé à une émotion négative – un être, un lieu, un événement – est trop clair ou trop présent pour qu'on puisse l'ignorer. Dans ce cas, n'essayez pas de le refouler. Utilisez-le. Prêtez attention à une forme, une odeur, un goût ou toute autre perception sensorielle associée à cet objet et sur laquelle vous avez déjà appris à méditer. Ainsi, l'objet de votre émotion pourra lui-même devenir un puissant support de méditation.

Cette méthode est utile quand vous commencez à travailler directement avec les afflictions mentales décrites dans la première partie du livre. Lorsqu'on m'a décrit les afflictions mentales, je me suis dit : « J'ai un problème. Je suis ignorant. J'ai trop d'attachements et d'aversions. Je suis condamné à être malheureux toute ma vie. » C'est alors que j'ai entendu un vieux dicton. Je ne sais pas s'il se fonde sur des faits réels, mais il s'énonce ainsi : « Les paons avalent le poison et le transforment en plumes magnifiques. »

Comme pendant la plus grande partie de ma jeunesse je n'étais qu'une boule de peur et d'angoisse, je connaissais la puissance des émotions. Pendant treize ans, j'ai pensé que j'allais mourir, je l'ai même parfois espéré, juste pour être libéré de ma peur. Il a fallu que j'entre en retraite et sois contraint de regarder mes émotions en face pour comprendre que l'ignorance, l'attachement et l'aversion étaient les matériaux avec lesquels il fallait que je travaille, et ces matériaux, à l'image du poison absorbé par le paon, se révélèrent être une source de bénédictions.

Chaque affliction mentale est en fait le point de départ de la sagesse. Si l'on se laisse entraîner par les émotions ou si l'on tente de les réprimer, on ne fait que se créer davantage de problèmes. Si, au contraire, on les regarde en face, ce que l'on prenait pour destructeur devient le meilleur support de méditation qui se puisse imaginer.

Les afflictions mentales ne sont pas nos ennemies mais nos amies. C'est une vérité difficile à accepter, mais chaque fois que vous refusez de l'admettre, pensez à l'image du paon. Le poison n'est certes pas agréable, mais si vous l'avalez il se transforme en beauté.

Dans notre dernière leçon pratique, nous verrons les antidotes qu'il est possible de mettre en œuvre quand on se trouve confronté aux expériences les plus effrayantes et les plus désagréables. En étudiant ces méditations, vous découvrirez que plus une expérience vous rebute, vous fait peur ou semble vous affaiblir, plus elle peut vous rendre fort, confiant, ouvert et prêt à accepter le potentiel infini de votre nature de bouddha.

13

La compassion, ou comment ouvrir son cœur

Considérez chaque être que vous voyez avec un cœur ouvert et bienveillant.

Shantideva

Du fait que nous vivons tous dans la société des humains et sur une même planète, nous devons apprendre à travailler ensemble. Dans un monde dépourvu de compassion, le seul moyen de faire fonctionner la société est d'utiliser des moyens de coercition extérieurs tels que la police et l'armée, ainsi que des lois et des armes pour les seconder. Pourtant, si l'on pouvait cultiver l'amour et la compassion les uns pour les autres, en comprenant que tout ce que l'on fait pour son propre bien doit également être bénéfique aux autres, et vice versa, on n'aurait pas besoin de lois, de forces de l'ordre, d'armées, de fusils ni de bombes. Autrement dit, pour s'offrir la meilleure sécurité possible, il faut avoir le cœur ouvert.

Certains m'ont dit que si tous les hommes étaient bons et compatissants, le monde ne serait qu'un endroit ennuyeux où des êtres moutonniers traîneraient ici et là sans rien faire. Mais on ne peut rien dire de plus éloigné de la vérité. Un esprit compatissant est également attentionné. Et les problèmes dont souffre le monde sont sans limites. Chaque jour, des milliers d'enfants meurent de faim, tandis que d'autres sont massacrés dans des guerres que les journaux ne mentionnent même pas. Des gaz nocifs s'accumulent dans l'atmosphère et menacent notre survie même. Il n'est d'ailleurs pas nécessaire de regarder si loin pour découvrir de la souffrance. Elle se trouve tout autour de nous : chez nos collègues de travail qui subissent la douleur d'un divorce, nos proches qui affrontent une maladie mentale ou physique, nos amis qui ont perdu leur travail, les animaux qui sont mis à mort par milliers chaque jour parce qu'ils sont perdus, indésirables, abandonnés.

Si vous voulez vraiment voir comment un esprit compatissant peut être actif, faites un petit exercice qui ne vous prendra pas plus de dix minutes. Asseyez-vous, muni d'un stylo et d'une feuille de papier, et établissez une liste de dix problèmes que vous aimeriez bien voir résolus. Peu importe que ces problèmes soient planétaires ou proches de vous. Vous n'avez pas besoin de trouver de solutions. Faites simplement cette liste et cela changera votre attitude de manière radicale. Vous sentirez se réveiller la compassion naturelle qui est présente en vous.

QUE SIGNIFIENT « AMOUR BIENVEILLANT » ET « COMPASSION » ?

> *Si nous faisions une liste des gens que nous n'aimons pas, [...] nous apprendrions beaucoup sur les aspects de nous-même auxquels nous sommes incapable de nous confronter.*
>
> Pema Chödron

Récemment, un de mes élèves m'a dit que les termes « amour bienveillant » et « compassion » lui semblaient froids, distants et académiques. Ils lui faisaient trop penser à un exercice intellectuel de pitié pour autrui. Pourquoi, ajouta-t-il, ne pas juste employer un mot simple et direct comme « amour » ?

Il y a un certain nombre de bonnes raisons pour lesquelles les bouddhistes préfèrent parler d'amour bienveillant et de compassion plutôt que d'amour. Le mot « amour » est tellement lié aux réactions mentales, émotionnelles et physiques associées au désir, qu'on risque de confondre l'ouverture d'esprit dont on veut parler avec une attitude qui renforce l'illusion dualiste du « moi » et de « l'autre » – lorsqu'on dit, par exemple, « je t'aime » ou « j'aime ça ». L'amour ordinaire implique une dépendance de l'objet aimé et s'appuie sur les avantages personnels qu'on retire du fait d'aimer et d'être aimé. Bien sûr, il y a des formes d'amour, comme celui qui unit des parents à leurs enfants, qui transcendent le désir d'obtenir un bénéfice pour soi-même et incluent l'intention de faire le bien des autres. La plupart des parents seront sans doute d'accord pour dire que leur amour pour leurs enfants implique davantage de sacrifices que de récompenses.

Les mots « amour bienveillant » et « compassion » sont comme des panneaux de stop linguistiques. Ils nous invitent à faire une pause et à considérer notre relation aux autres. Selon le bouddhisme, l'amour bienveillant est le désir que tous les êtres, même ceux que l'on n'aime pas, éprouvent la même joie et la même liberté que celles auxquelles on aspire soi-même. Concrètement, c'est reconnaître que nous avons tous les mêmes besoins et les mêmes désirs, que nous voulons tous vaquer tranquillement à nos occupations, sans avoir peur de souffrir ou d'être agressés. Même les fourmis et les cafards ont, foncièrement, les mêmes sortes de peurs et de besoins que nous. En tant qu'êtres animés, nous sommes tous semblables, tous apparentés. L'amour bienveillant implique l'effort de cultiver la conscience de ce sentiment de communauté au niveau émotionnel, et même physique, plutôt que de se satisfaire d'un concept.

La compassion, dans le bouddhisme, représente une étape avancée dans cette aptitude à percevoir les autres êtres comme des égaux. Fondamentalement, elle implique que nous « sentons avec », que tout ce que vous éprouvez, je l'éprouve, que tout ce qui vous fait mal me fait mal, que tout ce qui vous aide m'aide aussi. C'est une identification parfaite aux autres et un empressement à les aider de toutes les façons possibles.

Considérez-la sous l'angle pratique. Si vous avez menti à quelqu'un, par exemple, à qui avez-vous réellement nui ? Vous vous retrouvez chargé du fardeau de vous rappeler ce mensonge, de vous couvrir, et peut-être de tisser toute une trame de nouveaux mensonges pour empêcher que le premier ne soit découvert. Supposez encore que vous ayez volé un objet, même insignifiant, sur votre lieu de travail. Imaginez tout ce que vous aurez à faire pour dissimuler votre acte. D'autant que l'énergie que vous devrez mettre en œuvre pour ne pas être identifié sera peut-être dépensée en vain : vous n'avez aucun moyen de cacher tous les petits détails. En fin de compte, vous aurez gaspillé beaucoup de temps et d'efforts que vous auriez pu consacrer à quelque chose d'utile.

La compassion est essentiellement la reconnaissance que chaque être est le reflet de tous les autres, et que chaque chose est le reflet de toutes choses. Un ancien texte bouddhiste intitulé *Avatamsaka Soûtra* compare l'univers à un filet qui n'en finit pas, engendré par la volonté d'un dieu hindou appelé Indra. À chaque croisillon de ce filet pend un joyau magnifiquement poli et taillé à facettes en nombre infini dont chacune refléte celles de tous les autres joyaux. Puisque le filet lui-même, le nombre des joyaux et celui des facettes de chaque joyau sont infinis, le nombre des reflets est, lui aussi, infini. Et lorsqu'un des joyaux de cette trame sans fin subit le moindre changement, ce changement se répercute en même temps sur tous les autres joyaux.

L'image du filet d'Indra est une illustration poétique des connexions parfois mystérieuses que nous observons entre des événements sans lien apparent. Certains de mes élèves m'ont dit que nombre de scientifiques modernes se confrontent depuis longtemps au problème des connexions – ou « enchevêtrements », comme ils les appellent – entre des particules que l'esprit humain conçoit avec peine et que même les microscopes ne permettent pas d'observer avec évidence. Selon les résultats d'expériences menées dans ce domaine subatomique ces dix dernières années, une particule qui a été connectée à une autre à un moment donné maintient cette connexion pour toujours. Comme les joyaux du filet d'Indra, tout ce qui affecte l'une d'elles affecte automatiquement l'autre, quelle que soit la distance qui les sépare. Et puisque, selon l'une des théories actuelles de la physique moderne, toute la matière de l'univers était, avant le big bang qui aurait donné naissance à l'univers, concentrée en un seul point, il est *théoriquement* possible – bien qu'à ce jour ce ne soit pas prouvé – que tout ce qui affecte une seule particule de l'univers affecte aussi la totalité des autres.

L'interconnexion profonde que suggère le filet d'Indra, bien qu'elle ne fasse que présenter de simples analogies avec les théories scientifiques contemporaines, pourrait un jour se révéler être une vérité scientifique. Et cette possibilité, à son tour, pourrait faire que cultiver la compassion cesse d'être une bonne intention pour prendre une dimension capable de bouleverser nos vies. En modifiant simplement votre façon de voir les choses, non seulement vous pouvez changer votre expérience personnelle, mais vous pouvez changer le monde.

Prendre son temps

Libérez-vous de tout attachement à ce que vous percevez.

Le IXe Karmapa

L'entraînement à l'amour bienveillant et à la compassion doit être graduel. Sinon, il est facile d'en faire trop, et trop vite, comme l'illustre une histoire édifiante que l'on m'a contée lorsque j'ai abordé cette étape de mon apprentissage. L'histoire a pour personnage central Milarépa, un homme que l'on considère généralement comme l'un des plus grands maîtres accomplis du Tibet et qui donnait la plupart de ses enseignements sous forme de chants et de poèmes improvisés. Au cours de ses nombreuses pérégrinations, il arriva un jour dans un village et s'assit pour chanter. Un villageois qui l'entendit fut complètement enthousiasmé par l'idée de renoncer à tout ce à quoi il était attaché, de vivre en ermite pour atteindre l'Éveil le plus vite possible et de secourir le plus grand nombre d'êtres pendant le temps qu'il lui resterait à vivre.

Lorsqu'il fit part de son désir à Milarépa, celui-ci lui répondit gentiment que ce serait une meilleure idée de rester chez lui pendant quelque temps et de pratiquer la compassion de façon plus progressive. Mais l'homme était bien décidé à tout abandonner sur-le-champ. Sans écouter les conseils de Milarépa, il rentra précipitamment chez lui et se mit à distribuer fiévreusement tout ce qu'il possédait, y compris sa maison. Il noua deux ou trois objets indispensables dans une écharpe et partit dans la montagne. Il trouva une grotte, s'y assit pour méditer sans avoir jamais pratiqué auparavant ni s'être donné le temps d'apprendre. Trois jours plus tard, le pauvre homme se retrouva affamé, épuisé et transi. Au bout de cinq jours d'inconfort et de jeûne, il voulut rentrer chez lui, mais il était trop embarrassé pour le faire. « Je me suis tant vanté de renoncer à tout et de partir méditer ! pensa-t-il. Que vont penser les autres si je reviens au bout de cinq jours ? »

Mais à la fin du septième jour, ne pouvant plus supporter la faim et le froid, il revint au village. Penaud, il fit le tour de ses voisins pour leur demander s'ils voyaient un inconvénient à lui rendre ses affaires. Ils acceptèrent et l'homme se réinstalla chez lui. Puis il retourna voir Milarépa pour lui demander humblement de l'instruire dans les pratiques préliminaires de la méditation. Il suivit alors la voie graduelle et finit par devenir un pratiquant d'une grande sagesse et d'une grande compassion qui put aider de nombreux êtres.

La morale de cette histoire, bien sûr, c'est qu'il faut résister à la tentation de se précipiter dans la pratique avec l'espoir d'un résultat immédiat. Les concepts dualistes de « moi » et de « l'autre » ne sont pas apparus en vous du jour au lendemain. Vous ne pouvez pas vous attendre à ce que les problèmes qu'ils ont entraînés se résolvent d'un seul coup. Si vous vous jetez trop vite sur la voie de la compassion, au mieux vous deviendrez comme le villageois qui avait renoncé trop vite à tout. Au pire, vous finirez par regretter un acte charitable, créant ainsi pour vous-même un obstacle mental que vous mettrez des années à surmonter.

Mon père et mes autres maîtres ont bien imprimé en moi cette vérité. Si vous adoptez la voie graduelle, votre vie ne changera sans doute pas dès demain, la semaine prochaine ou dans un mois. Mais sur une ou plusieurs années, vous verrez à coup sûr une différence. Vous vous trouverez entouré d'amis bienveillants qui vous soutiendront. Quand vous serez en conflit avec les autres, leurs paroles et leurs actes ne vous sembleront plus aussi menaçants que par le passé. Les douleurs que vous ressentirez parfois prendront des proportions beaucoup plus faciles à gérer, des proportions grandeur nature, voire réduites par rapport à celles que ressentent des personnes de votre entourage.

La voie du développement graduel de la compassion que l'on m'a apprise comportait trois niveaux, et chacun devait être pratiqué plusieurs mois, à la manière dont les étudiants apprennent d'abord les rudiments avant de passer aux études plus avancées. Au premier niveau, on cultive une attitude bonne et compatissante envers soi-même et ses proches ; au deuxième, on cultive l'amour bienveillant et la compassion sans mesure pour tous les êtres ; et au troisième, on engendre ce qu'on appelle « l'esprit d'Éveil ».

Il existe deux formes, ou niveaux, d'esprit d'Éveil : la forme relative et la forme absolue. L'esprit d'Éveil absolu est la reconnaissance que tous les êtres, quels que soient leur apparence et leur comportement, sont déjà parfaitement éveillés. Il faut habituellement beaucoup d'expérience pour parvenir à cette compréhension. L'esprit d'Éveil relatif consiste à cultiver le désir que tous les êtres soient totalement libérés de la souffrance grâce à la connaissance de leur propre nature, et à prendre les mesures nécessaires à la réalisation de ce désir.

Première étape

Lorsque vous pensez à un prisonnier condamné à mort […], imaginez que c'est vous.

Patrul Rinpotché

La méditation sur l'amour bienveillant et la compassion a de nombreux points communs avec les pratiques du calme mental dont nous avons déjà parlé. La différence principale réside dans le choix du sujet sur lequel on porte son attention et dans les méthodes utilisées pour fixer cette attention. L'une des principales leçons que j'ai apprises durant mes années d'entraînement formel est que chaque fois que je faisais obstruction ma compassion, alors que c'est une qualité naturelle de mon esprit, je me sentais immanquablement petit, vulnérable et plein de peurs.

Il est si facile de penser que nous sommes le seul à souffrir et que les autres sont imperméables à la souffrance, comme s'ils étaient dotés, dès la naissance, d'une aptitude spéciale au bonheur que, du fait d'un accident cosmique, nous n'aurions jamais reçue nous-même. En pensant de la sorte, nous rendons nos problèmes beaucoup plus graves qu'ils ne le sont.

Comme tout un chacun, je me suis rendu coupable de ce sentiment et, en conséquence, je me suis isolé, piégé dans un mode de pensée dualiste. J'opposais mon moi faible, vulnérable et peureux au reste du monde, que je percevais comme beaucoup plus puissant, heureux et à l'abri des dangers. Le pouvoir sur moi que, dans mon illusion, j'attribuais aux autres devint une terrible menace pour mon propre bien-être. Je pensais qu'à tout moment quelqu'un allait trouver le moyen de détruire le peu de sécurité et de bonheur que j'avais réussi à m'assurer.

Après avoir travaillé avec les autres pendant des années, j'ai compris que je n'étais pas le seul à penser de la sorte. Une part de notre ancien cerveau reptilien évalue en un instant si tel ou tel qui se tient devant nous est un ami ou un ennemi. Graduellement, cette perception s'étend même aux objets inanimés jusqu'à ce que tout – un ordinateur, un fusible qui saute ou le voyant qui clignote sur le répondeur – prenne l'allure d'une menace.

Cependant, lorsque j'ai commencé à pratiquer la méditation de la compassion, j'ai observé que ma sensation d'isolement commençait à s'atténuer, tandis que je ressentais de plus en plus une impression de force. Là où, auparavant, je ne voyais que des problèmes, je me mis à ne voir que des solutions. Alors que je considérais mon bonheur comme plus important que celui des autres, je commençai à percevoir le bien-être des autres comme le fondement même de ma paix intérieure.

On m'a expliqué que pour cultiver l'amour bienveillant et la compassion il faut d'abord s'apprécier soi-même. C'est une leçon difficile, surtout pour ceux qui ont été élevés dans des sociétés où l'on insiste plus fortement sur les faiblesses personnelles que sur les forces. Ce n'est pas vraiment un problème propre à l'Occident. Apprendre à me considérer avec compassion me sauva littéralement la vie pendant ma première année de retraite. Je n'aurais jamais pu quitter ma chambre si je n'avais pas appris à me réconcilier avec ma véritable nature, en plongeant mon regard au fond de mon esprit et en y découvrant le pouvoir qui s'y trouvait, à la place de la fragilité que j'avais toujours cru voir.

L'une des choses qui m'ont aidé lorsque j'étais assis seul dans ma cellule était de me rappeler que le mot sanskrit qui désigne un être humain est *purusha*. Il signifie à peu près « doté de pouvoir ». Être humain veut donc dire avoir un pouvoir, plus spécifiquement celui de faire ce que l'on veut. Et ce que nous voulons nous ramène au désir biologique fondamental et pressant d'être heureux et de ne pas souffrir.

Au départ, donc, développer l'amour bienveillant et la

compassion veut dire s'utiliser soi-même comme objet de méditation. La pratique la plus facile est une variation de la pratique de « scanographie » que j'ai décrite. Si vous faites une séance de méditation formelle, adoptez la posture en sept points autant que possible ; sinon, redressez votre dos tout en gardant le reste de votre corps détendu et bien équilibré, puis laissez votre esprit, sans la moindre tension, dans l'état de la conscience nue.

Une fois que vous aurez pratiqué pendant quelques minutes cette méditation sans objet, passez rapidement en revue les différentes parties de votre corps. Pendant cet exercice, prenez conscience du fait que vous avez de la chance d'*avoir* un corps, et aussi un esprit capable de parcourir ce corps. Reconnaissez l'aspect merveilleux du simple fait d'exister et de disposer d'un corps et d'un esprit. Demeurez un instant dans cet état de reconnaissance, puis amenez-vous tranquillement à penser : « Que ce serait bien si je pouvais jouir continuellement de cette sensation de bien-être fondamental et de toutes les causes qui font que je me sens bien, heureux et en paix ! »

À nouveau, laissez votre esprit simplement se reposer, ouvert et détendu. N'essayez pas de maintenir cet état pendant plus de trois minutes si vous faites des séances de méditation formelle, ou plus de quelques secondes si vous pratiquez occasionnellement au cours de la journée. Il est essentiel de procéder par séances courtes et de laisser ensuite votre esprit se reposer. Vous rendrez ainsi votre attention plus stable, ou, en termes scientifiques occidentaux, vous lui permettrez d'établir de nouveaux schémas, sans qu'elle soit submergée par d'anciens bavardages neuronaux. En langage concret, lorsque vous lâchez prise sur la pratique, vous permettez à ses effets de vous traverser comme un torrent de sensations positives.

Une fois que vous vous êtes familiarisé avec votre propre désir de bonheur, il devient beaucoup plus facile d'étendre cette prise de conscience à d'autres êtres autour de vous, qu'ils soient des humains, des animaux ou même des insectes. La pratique de l'amour bienveillant et de la compassion consiste essentiellement à cultiver la conscience que tous les êtres vivants veulent se sentir sains, heureux et en sécurité. La seule chose que vous ayez à faire est de vous rappeler que ce qui se passe dans le cerveau de quelqu'un d'autre est du même ordre que ce qui se passe dans le vôtre. Quand vous découvrez cela, vous vous rendez compte qu'il n'y a aucune raison d'avoir peur de qui ou de quoi que ce soit. La seule raison pour laquelle vous avez peur est que vous oubliez de reconnaître que tout être auquel vous êtes confronté veut, comme vous, être heureux et ne pas souffrir.

Les textes bouddhistes classiques conseillent de prendre en premier lieu pour objet de méditation sa propre mère, l'être qui a manifesté envers nous la plus grande bonté en nous portant dans son corps, en nous faisant naître, en nous nourrissant et nous élevant pendant les premières années de notre vie, souvent au prix de grands sacrifices. Je crois savoir que beaucoup d'Occidentaux n'ont pas toujours des relations tendres et affectueuses avec leurs parents. Dans ce cas, il est parfaitement possible de penser à quelqu'un d'autre, comme un proche qui a été particulièrement bon avec vous, un ami intime ou un enfant. Certains choisissent leur animal de compagnie. En fait, peu importe. L'essentiel est de reposer tranquillement votre attention sur un être pour qui vous éprouvez un profond sentiment de tendresse et de chaleur.

Quand vous choisissez l'amour bienveillant et la compassion comme pratique formelle, commencez par adopter la posture en sept points ou, si vous êtes assis dans un bus ou un train, par exemple, par redresser le dos et laisser votre corps se détendre naturellement. Comme pour toute autre méditation, une fois que votre corps est dans la bonne posture, l'étape suivante consiste à laisser votre esprit se détendre quelques minutes et à lâcher prise sur tout ce à quoi vous étiez en train de penser. Laissez juste votre esprit pousser un énorme soupir de soulagement.

Au bout de quelques minutes de méditation sans objet, portez calmement votre attention sur quelqu'un pour qui vous ressentez facilement de la tendresse, de l'affection ou de la considération. Ne soyez pas surpris si une autre image que vous n'avez pas choisie s'impose à vous avec plus de force. Cela arrive, souvent tout à fait spontanément. L'un de mes élèves commença sa pratique formelle avec l'intention de penser à sa grand-mère, qui avait été très bonne envers lui quand il était petit, mais l'image qui ne cessait de surgir devant lui était celle d'un lapin qu'il avait eu dans son enfance. C'est un exemple de la façon dont la sagesse naturelle de l'esprit se manifeste, car il avait, en fait, un grand nombre de souvenirs associés à ce lapin, et quand il se rendit finalement à l'évidence, sa pratique devint très facile.

Parfois, vous découvrez que vous vous souvenez spontanément d'une expérience particulièrement agréable que vous avez vécue avec quelqu'un, plutôt que de l'image plus abstraite de la personne que vous aviez choisie. Cela ne pose pas de problème non plus. L'important, quand on cultive l'amour bienveillant et la compassion, est d'éprouver des sentiments de tendresse, de chaleur ou d'affection authentiques.

À mesure que vous pratiquez la méditation, laissez ce sentiment s'installer en vous, comme une graine que vous plantez dans la terre, en faisant alterner des périodes de plusieurs minutes pendant lesquelles vous faites cette expérience, et d'autres pendant lesquelles vous laissez votre esprit se reposer dans la méditation sans objet. Tout en faisant cela, souhaitez que la personne que vous avez choisie ressente la même ouverture et la même chaleur que vous éprouvez pour elle.

Après avoir pratiqué ainsi un certain temps, vous serez prêt à aller un peu plus avant dans ce cheminement. Commencez, comme toujours, par prendre la posture appropriée et laissez votre esprit se reposer dans la méditation sans objet pendant quelques instants, puis pensez à l'objet de votre amour bienveillant et de votre compassion. À partir de là, il y a plusieurs façons de procéder. La première consiste à imaginer que cet être est triste et douloureux. Bien sûr, si c'est vraiment le cas, vous vous contenterez d'évoquer son état réel. Dans les deux cas, l'image que vous aurez à l'esprit produira naturellement un profond sentiment d'amour et de proximité, ainsi qu'un fort désir d'aider. Le fait de penser qu'un être que vous aimez est dans la souffrance peut vous briser le cœur. Mais un cœur brisé est un cœur ouvert. Chaque fois que cela nous arrive, nous avons l'occasion de laisser l'amour et la compassion nous traverser.

Une autre méthode consiste à laisser tranquillement reposer votre attention sur l'objet de votre choix, tout en vous demandant : « À quel point est-ce que *je* veux être heureux ? À quel point est-ce que *je* veux éviter de souffrir ? » Essayez d'y penser le plus précisément possible. Par exemple, si vous êtes obligé de rester dans une chaleur étouffante, préféreriez-vous aller dans un endroit plus frais et plus ouvert ? Si vous ressentez une douleur physique, aimeriez-vous que cette douleur disparaisse ? Tout en pensant à vos propres réponses, tournez peu à peu votre attention vers l'être de votre choix et imaginez ce qu'il ou elle éprouverait dans la même situation. Cette pratique non seulement ouvre votre cœur aux autres, mais elle dissout également votre propre identification à la douleur ou à l'inconfort que vous éprouvez peut-être sur le moment.

Cultiver l'amour bienveillant et la compassion pour ceux que vous connaissez et aimez n'est pas très difficile, car même dans les moments où vous auriez envie de les étrangler pour leur stupidité ou leur obstination, le fait est que vous les aimez. En revanche, il est un plus malaisé d'étendre les sentiments de chaleur et d'affection à des inconnus, et encore davantage à ceux que vous n'aimez franchement pas.

Il y a quelque temps, on m'a raconté l'histoire d'un homme et d'une femme qui vivaient en Chine. Ils venaient juste de se marier, et lorsque la femme vint s'installer chez son mari, elle commença immédiatement à se quereller avec sa belle-mère à propos de choses insignifiantes et de la façon de gérer le foyer. Peu à peu, leur désaccord s'envenima, à tel point que la belle-mère et la bru ne pouvaient même plus se regarder. La bru considérait sa belle-mère comme une véritable sorcière qui se mêlait de ses affaires, tandis que la belle-mère voyait la femme de son fils comme une fille arrogante sans respect pour les anciens.

Il n'y avait pas de véritable raison pour que leur colère devienne si extrême. Mais finalement, la bru éprouva une telle haine qu'elle décida de se débarrasser de sa belle-mère. Elle alla voir un médecin et lui demanda un poison qu'elle pourrait verser dans la nourriture de son ennemie.

Le médecin accepta de lui en vendre un peu. « Cependant, tint-il à préciser, si vous lui donnez un poison fort qui aura un effet immédiat, tout le monde vous montrera du doigt en disant que c'est vous la coupable. Ils découvriront aussi que vous avez obtenu le poison auprès de moi, et ce ne sera bon ni pour vous ni pour moi. Je vais donc vous donner un poison léger qui agira sur elle progressivement, de sorte qu'elle ne mourra pas tout d'un coup. »

Il lui conseilla également de traiter sa belle-mère avec beaucoup de gentillesse pendant qu'elle l'empoisonnerait. « Servez chaque repas avec le sourire, dites-lui que vous espérez qu'elle apprécie les plats et demandez-lui si elle désire quelque chose d'autre. Soyez très humble et gentille, pour que personne ne vous suspecte ! »

La bru acquiesça. De retour chez son mari, elle commença à verser le poison dans le repas du soir, puis elle le servit à sa belle-mère avec force politesses. Au bout de quelques jours de ce traitement, la belle-mère commença à changer d'opinion concernant sa bru. « Après tout, elle n'est peut-être pas si arrogante que ça. Peut-être que je l'ai mal jugée. » Petit à petit, elle commença de son côté à traiter la femme de son fils de manière plus agréable, lui faisant des compliments sur sa cuisine et sa manière de gérer le foyer, échangeant même avec elle de petits potins et des histoires drôles.

À mesure que la belle-mère changeait de comportement, la belle-fille faisait, bien sûr, de même. Au bout de quelque temps, elle pensa : « Ma belle-mère ne serait-elle pas aussi mauvaise que je le pensais ? En fait, elle a l'air très gentil. »

Cela continua pendant un ou deux mois, et les deux femmes commencèrent à être très amies. Elles s'entendaient si bien que la bru arrêta d'administrer le poison. Puis elle se tourmenta en pensant qu'elle en avait déjà tant versé à chaque repas que sa belle-mère allait très certainement mourir.

Elle retourna voir le médecin et lui avoua qu'elle avait fait une erreur. « Ma belle-mère est en fait quelqu'un de très gentil. Je n'aurais pas dû l'empoisonner. S'il vous plaît, aidez-moi en me procurant un antidote ! »

Le médecin écouta la femme et resta assis très calmement, puis au bout d'un moment il lui dit : « Je suis vraiment désolé, je ne peux rien y faire. Il n'existe pas d'antidote. »

À ces mots, la femme, bouleversée, fondit en larmes en jurant qu'elle allait se suicider.

« Pourquoi feriez-vous une telle chose ?

– Parce que j'ai empoisonné une personne si gentille et que maintenant elle va mourir. Je dois m'ôter la vie pour me punir d'un acte aussi terrible. »

Le médecin resta à nouveau silencieux quelque temps, puis il se mit à rire.

« Comment osez-vous en rire ? s'exclama la femme.

– Parce que vous n'avez pas vraiment de souci à vous faire ! S'il n'y a pas d'antidote pour le poison que je vous ai donné, c'est parce que je ne vous ai donné aucun poison : ce n'étaient que des plantes inoffensives. »

J'aime cette histoire parce qu'elle illustre très simplement la manière dont nos perceptions des choses peuvent changer. Au départ, les deux femmes se haïssaient. Chacune pensait que l'autre était affreuse. Pourtant, une fois qu'elles eurent commencé à se traiter différemment, elles se sont perçues sous un autre jour. Chacune vit l'autre comme foncièrement bonne, et elles finirent par devenir des amies intimes. En réalité, elles n'avaient pas changé. La seule chose qui s'était modifiée était le point de vue de chacune sur l'autre.

Ce genre d'histoire édifiante nous encourage à voir que l'impression première que nous avons des autres peut être fausse ou abusive. Il n'y aucune raison de se sentir coupable de telles erreurs : elles ne sont que le reflet de notre ignorance. Et le Bouddha a heureusement enseigné une forme de méditation qui permet non seulement de les corriger, mais aussi de nous en préserver dans le futur. Cette pratique est connue sous le nom d'« échange de soi contre autrui ». Elle consiste simplement à s'imaginer à la place de quelqu'un que l'on n'aime pas vraiment.

Cet échange peut s'effectuer n'importe quand et n'importe où, mais il est utile d'en comprendre les éléments essentiels en le pratiquant de façon formelle. La pratique formelle est comparable à la recharge d'une batterie de téléphone portable. Une fois que la batterie est pleine, vous pouvez utiliser le téléphone pendant un temps relativement long, où vous voulez et quand vous voulez. Elle finit cependant par se vider, et il faut alors la recharger. La différence principale entre la charge d'une batterie et le développement de l'amour bienveillant et de la compassion par la pratique formelle est qu'au bout du compte l'habitude de répondre aux autres avec compassion crée un ensemble de connexions neuronales qui se perpétue sans cesse et, en quelque sorte, ne perd plus sa « charge ».

La première chose à faire, comme d'habitude pour les pratiques formelles, est d'adopter la posture appropriée et de laisser votre esprit se reposer un instant. Ensuite, évoquez le souvenir de quelqu'un que vous n'aimez pas. Abstenez-vous de juger vos sentiments. Donnez-vous l'entière permission de ressentir ce que vous voulez. Le fait de renoncer à tout jugement ou justification vous donnera un certain degré d'ouverture et de clarté.

L'étape suivante consiste à admettre que ce que vous ressentez – colère, ressentiment, jalousie, désir – est en soi la source de votre souffrance ou de votre malaise. Le responsable de votre souffrance n'est pas l'objet de votre ressentiment, mais la manière dont vous réagissez mentalement à son endroit.

Par exemple, portez votre attention sur quelqu'un qui vous a tenu des propos apparemment critiques, cruels ou méprisants, ou qui vous a menti. Reconnaissez alors que la seule chose qui s'est produite, c'est que cette personne a émis des sons et que vous les avez entendus. Si vous avez passé un tant soit peu de temps à exercer la méditation du calme mental en prenant le son comme support, cet aspect de l'échange de soi contre autrui vous paraîtra familier.

À ce stade, trois possibilités s'offrent à vous. La première, et la plus probable, est que vous vous laisserez consumer par la colère, la culpabilité ou le ressentiment. La deuxième (très improbable) est que vous penserez : « J'aurai dû passer plus de temps à méditer sur le son. » La troisième est que vous prendrez mentalement la place de celui qui a dit ou fait ce que vous ressentez comme douloureux. Demandez-vous s'il était réellement motivé par le désir de vous faire du mal ou s'il essayait de se libérer de sa propre douleur.

Souvent, vous connaîtrez déjà la réponse. Vous avez peut-être surpris une conversation au sujet des problèmes de santé ou de couple de cette personne, ou sur les menaces pesant sur sa situation professionnelle. Mais même si vous ne connaissez rien d'elle, vous saurez, grâce à votre pratique, lorsque vous cultiverez la compassion pour vous-même et l'étendrez ensuite aux autres, que le comportement d'un être n'a qu'un motif possible : le désir de se sentir heureux et en sécurité. Si quelqu'un fait ou dit quelque chose de malveillant, c'est parce qu'il ne se sent pas heureux ou en sécurité, parce qu'il a peur. Et vous savez ce que c'est, d'avoir peur. Cette reconnaissance de la situation de l'autre est le point essentiel de l'échange de soi contre autrui.

Une autre méthode consiste à porter votre attention sur un objet « neutre », une personne ou un animal que vous ne connaissez pas forcément directement, mais dont vous savez qu'elle ou il souffre. Ce peut être un enfant qui meurt de faim ou de soif dans un pays pauvre, ou un animal pris au piège qui tente de trancher sa patte avec ses dents pour pouvoir s'échapper. Tous ces êtres, qui sont « neutres » pour nous, éprouvent de nombreuses souffrances sur lesquelles ils n'ont aucun contrôle et dont ils ne peuvent pas se protéger ou se libérer. Leur douleur et leur envie désespérée de s'en affranchir sont faciles à comprendre, puisque nous partageons le même désir pressant qu'eux. Vous ne les connaissez peut-être pas, mais vous reconnaissez leur situation, et vous ressentez leur souffrance et leur peur comme si elles étaient vôtres. Je suis prêt à parier qu'en étendant ainsi votre compassion à ces êtres qui vous sont inconnus ou que vous détestez, vous ne deviendrez pas un vieux mouton oisif et ennuyeux !

Deuxième étape

Puissent tous les êtres posséder le bonheur et les causes du bonheur !

Les quatre pensées sans limite

Il existe une méthode particulière qui peut nous aider à éprouver un amour bienveillant et une compassion sans limite. En tibétain, cette pratique porte le nom de *tonglen*, ce qui veut dire « offrir et prendre sur soi ».

C'est en fait une méditation assez facile qui ne requiert que la coordination d'une image mentale et de la respiration. La première chose à faire est de reconnaître que les autres veulent tout autant que vous être heureux et ne pas souffrir. Vous n'êtes pas obligé de visualiser des êtres particuliers, bien que vous puissiez le faire au début si cela vous aide. À la fin, cependant, vous inclurez tous les êtres, y compris les animaux, les insectes, et même les êtres qui vivent dans des dimensions qui vous sont inconnues et qu'il vous est impossible de percevoir.

L'essentiel, selon les enseignements que j'ai reçus, est de se rappeler que l'univers est peuplé d'une infinité d'êtres, et de penser : « Comme moi, ces êtres aspirent tous à être heureux ; et comme moi, ils ne veulent pas souffrir. Or je ne suis qu'un, et les autres sont en nombre infini. Le bonheur d'une infinité d'êtres importe davantage que celui d'un seul d'entre eux. » À mesure que vous laisserez cette pensée vous envahir, vous vous mettrez à souhaiter activement que les autres soient libérés de la souffrance.

Commencez par adopter la posture appropriée et laissez votre esprit se poser naturellement un instant. Puis utilisez le va-et-vient de votre souffle pour offrir votre bonheur aux autres et prendre sur vous leurs souffrances. En expirant, imaginez que tout le bonheur et les bienfaits qui vous sont échus durant votre existence jaillissent de votre corps sous la forme d'une lumière pure qui se répand sur tous les êtres et se dissout en eux, en comblant tous leurs besoins et en faisant disparaître leurs souffrances. En expirant, imaginez la souffrance et la douleur de tous les êtres sous la forme d'une lumière sombre et brumeuse qui pénètre en vous par vos narines et se dissout dans votre cœur.

À mesure que vous poursuivez cette méthode, pensez que tous les êtres sont libérés de leurs souffrances et remplis de bonheur et de félicité. Au bout d'un moment, laissez votre esprit se reposer à nouveau. Puis recommencez, en alternant les moments de pratique et les moments de repos.

Si cela vous aide à visualiser, asseyez-vous le corps droit et posez les mains légèrement fermées sur le haut de vos cuisses. Au moment où vous expirez, étendez vos doigts et faites glisser vos mains jusqu'aux genoux en imaginant que la lumière se répand sur tous les êtres. Quand vous inspirez à nouveau, ramenez vos mains légèrement fermées vers le haut des cuisses, comme si vous rameniez à vous la lumière sombre de la souffrance des êtres et que vous la dissolviez en vous.

L'univers est peuplé d'une telle multiplicité d'êtres qu'il est impossible de les imaginer tous, et encore moins d'aider chacun d'eux. Mais grâce à la pratique de *tonglen*, vous ouvrez votre cœur à leur infinité et formez des souhaits pour leur bien-être. Votre esprit devient plus clair, plus calme, plus conscient et concentré, et vous devenez peu à peu capable d'aider les autres d'innombrables façons, que ce soit directement ou indirectement.

Un conte populaire tibétain illustre les bienfaits de cette compassion universelle. Un nomade qui passait son temps à parcourir les montagnes souffrait en permanence de n'avoir pas de chaussures pour marcher sur le sol accidenté et plein d'épines. Il se mit donc à collecter des peaux d'animaux morts et à les étaler sur les chemins pour les recouvrir. Mais en dépit de ses efforts, la surface recouverte restait bien trop insuffisante. Il se rendit alors compte que s'il utilisait juste assez de cuir pour se fabriquer une paire de chaussures, il pourrait marcher sans souffrir sur des centaines de kilomètres. Recouvrir la surface de ses pieds équivalait à couvrir la surface de la Terre tout entière.

Si vous essayez de résoudre chaque conflit, chaque émotion, chaque pensée négative à mesure qu'ils surgissent, vous ne réussirez pas davantage que le nomade qui voulait recouvrir de cuir la Terre entière. En revanche, si vous rendez votre esprit paisible et bienveillant, une même solution vous permettra de résoudre tous les problèmes de votre vie.

Troisième étape

> *Celui qui a [...] éveillé en lui la force de la véritable compassion sera tout à fait capable de mettre son corps, sa parole et son esprit au service des autres.*
>
> Jamgön Kongtrul.

La pratique de l'esprit d'Éveil peut sembler avoir des effets magiques, car lorsqu'on décide de traiter les autres comme s'ils étaient déjà pleinement éveillés, ils ont tendance à réagir de façon plus positive, confiante et paisible qu'à l'ordinaire. Mais il n'y a en fait là rien de magique. Vous considérez les autres et vous vous comportez avec eux en tenant compte de leur potentiel ultime, et ils répondent de la même façon, ou du mieux qu'ils peuvent.

Comme nous l'avons déjà dit, l'esprit d'Éveil comporte deux aspects : relatif et absolu. L'esprit d'Éveil absolu est la compréhension directe de la nature de l'esprit. Toute différence entre sujet et objet, moi et les autres, s'y trouve abolie, et les êtres sont reconnus comme de parfaites manifestations de la nature de bouddha. Mais très peu de gens sont capables de connaître l'esprit d'Éveil absolu d'un seul coup. Personnellement, je ne l'ai pas pu. Comme la grande majorité, j'ai dû m'exercer sur la voie graduelle de l'esprit d'Éveil relatif.

Il y a plusieurs raisons pour lesquelles cette voie est qualifiée de « relative ». Tout d'abord, elle est apparentée à celle de l'esprit d'Éveil absolu, dans la mesure où elles ont toutes deux le même but : l'expérience directe de la nature de bouddha, ou la conscience éveillée. Mais l'esprit d'Éveil absolu est comme le dernier étage d'une maison dont l'esprit d'Éveil relatif constituerait les premiers. Bien que tous les étages fassent partie du même bâtiment, ceux du bas occupent une position inférieure par rapport au dernier, mais on est obligé de passer par eux pour atteindre celui-ci. Deuxièmement, lorsqu'on atteint l'esprit d'Éveil absolu, on ne fait plus de différence entre les êtres. Tous sont perçus comme la manifestation de la nature de bouddha, alors qu'avec l'esprit d'Éveil relatif on se situe encore dans le cadre de la relation sujet-objet, soi et autrui. Enfin, selon de nombreux maîtres spirituels, et comme l'écrit Jamgön Kongtrul dans son livre *Le Flambeau de la certitude*, l'esprit d'Éveil absolu dépend de l'esprit d'Éveil relatif.

L'esprit d'Éveil relatif comporte deux aspects : l'aspiration et la mise en action. L'aspiration consiste à cultiver le désir sincère d'amener tous les êtres à reconnaître leur nature de bouddha. Il commence par la pensée : « Je souhaite atteindre le parfait Éveil pour que tous les autres puissent faire de même. » Il est tourné vers le fruit, ou le résultat, de la pratique. C'est comme si l'on se donnait pour but d'amener tout le monde à une certaine destination, qui est ici l'Éveil absolu de l'esprit. L'esprit d'Éveil en action est comparé, dans les textes classiques, au fait de se mettre véritablement en route pour atteindre la destination de son choix. Il correspond à la voie qui permet d'atteindre le but que l'on s'est fixé, à savoir la libération de chacun des êtres de toutes les formes de souffrance et des causes de ces souffrances, par la reconnaissance de la nature de bouddha.

À nouveau, lorsqu'on pratique l'esprit d'Éveil relatif, on perçoit les êtres de façon dualiste, comme si leur existence était relative à la nôtre. Mais quand on a l'intention de s'élever non seulement soi-même mais aussi d'élever tous les autres jusqu'à la réalisation parfaite de la nature de bouddha, il se passe une chose étrange : la différence entre « moi » et « les autres » s'estompe très graduellement, et l'on croît en sagesse et en pouvoir d'aider les autres, y compris soi-même.

En tant que façon d'envisager la vie, l'esprit d'Éveil représente certainement un progrès dans la façon de traiter les autres, bien que cela exige un certain effort. Il est si facile, n'est-ce pas, de condamner ceux qui ne sont pas d'accord avec soi. C'est ce que font la plupart d'entre nous, avec autant de facilité et d'inconscience qu'ils écrasent un moustique, un cafard ou une mouche. Or, en essence, l'esprit d'Éveil relatif consiste à reconnaître que le désir d'écraser un insecte et l'envie de condamner l'être qui n'est pas d'accord avec soi sont foncièrement identiques. Ce sont des réactions de type « combattre ou fuir » profondément ancrées dans la couche reptilienne de notre cerveau, ou, pour parler crûment, dans notre nature de crocodile.

La première étape du développement de l'esprit d'Éveil consiste donc à décider si l'on préfère être un crocodile ou un être humain. Il y a certainement des avantages à être un crocodile. Les crocodiles se débrouillent beaucoup mieux que les autres pour tromper leurs ennemis et assurer simplement leur survie. Mais ils sont incapables d'aimer et d'être aimés. Ils n'ont pas d'amis. Ils ne peuvent jamais connaître la joie d'élever des petits. Ils ne sont pas sensibles aux arts plastiques ou à la musique. Ils ne peuvent pas rire. Et ils finissent en grand nombre sous la forme de sacs ou de chaussures...

Si vous avez lu ce livre jusqu'à cette page, il y a de fortes chances que vous n'apparteniez pas à la famille des crocodiles. Mais vous avez dû rencontrer des gens leur ressemblant. Le premier pas dans la pratique de l'esprit d'Éveil relatif consiste aussi à renoncer à son dégoût pour les êtres du type « crocodile » et à cultiver un tant soit peu de compassion pour eux, parce qu'ils ne savent pas à quel point ils sont privés de la richesse et de la beauté de la vie. Lorsque vous êtes capable de laisser tomber cette répugnance, vous avez beaucoup moins de mal à étendre l'esprit d'Éveil relatif à tous les êtres, y compris les vrais crocodiles et tous ceux qui vous irritent, vous effraient ou vous dégoûtent. Si vous prenez simplement le temps de penser à tout ce qui manque à ces êtres, votre cœur s'ouvrira à eux presque automatiquement.

En fait, l'esprit d'Éveil relatif et l'esprit d'Éveil absolu sont comme les deux faces d'une même pièce. L'un ne peut pas exister sans l'autre. Le premier consiste donc à cultiver le désir indéfectible d'aider tous les êtres à trouver le bonheur parfait et à être libres de toute souffrance. Peu importe que l'on n'en soit pas réellement capable. L'essentiel est d'en avoir l'intention. Et le second consiste à mettre en œuvre les méthodes nécessaires pour réaliser ce désir. Cultiver l'un renforce le pouvoir de pratiquer l'autre.

Il y a de nombreuses façons de pratiquer l'esprit d'Éveil en tant qu'aspiration. On peut, par exemple, faire tout son possible pour ne pas voler, mentir, propager des ragots, bref, pour ne rien faire en paroles et en actes qui crée de la souffrance. On peut être généreux avec les autres, réconcilier ceux qui se querellent, parler calmement et gentiment plutôt que de s'emporter, et se réjouir du bien qui arrive à autrui au lieu de se laisser envahir par l'envie ou la jalousie. De tels comportements sont des moyens d'étendre l'expérience de la méditation à tous les aspects de la vie quotidienne.

Il n'y a pas d'aspiration plus noble et plus courageuse que celle qui consiste à vouloir conduire tous les êtres à la liberté et au bien-être parfaits qui résultent de la reconnaissance de sa propre nature, indépendamment du fait qu'on puisse ou non réaliser ce désir. L'intention à elle seule a un pouvoir tel qu'à mesure qu'on la cultive l'esprit se fortifie, les afflictions mentales diminuent, on devient plus apte à aider les autres, et, ce faisant, on crée les causes et les conditions de son propre bien-être.

14

Où, quand et comment pratiquer

Une confiance pure et forte [...] est quelque chose que l'on développe par étapes.

Le XIIe Tai Sitou Rinpotché

On me demande souvent : « Pourquoi y a-t-il tant de méthodes, et quelle est celle qui me convient ? »

Si vous regardez autour de vous, il ne pourra pas vous échapper qu'il n'y a pas deux personnes dont le tempérament et les capacités soient exactement identiques. Par exemple, il y a ceux qui sont à l'aise avec les mots. Ils n'ont pas de difficulté à comprendre des instructions et à les expliquer à d'autres. Il y a ceux qui sont davantage « visuels » et comprennent mieux avec des dessins et des diagrammes. Il y en a qui ont l'ouïe ou l'odorat plus développé que la moyenne, d'autres qui ont un esprit analytique et résolvent facilement des équations mathématiques complexes, d'autres encore qui ont un cœur de poète et sont habiles à expliquer le monde à eux-mêmes et aux autres à l'aide d'images ou de métaphores.

CHOISIR CE QUI FONCTIONNE LE MIEUX POUR SOI

Postez la sentinelle de la vigilance et détendez-vous.

Gyalwa Yang Gönpa

Chaque circonstance demande des mesures appropriées. Il est donc utile d'avoir à sa disposition un certain nombre de choix. Ce principe s'applique à presque tous les aspects de la vie. En affaires ou dans les relations personnelles, par exemple, il est parfois préférable de prendre le temps d'adapter, de revoir ou de communiquer ses idées par courrier électronique ; d'autres fois, il est plus efficace de s'exprimer au téléphone ou bien de rencontrer les autres en personne.

De même, en méditation, le choix de la meilleure méthode dépend autant des circonstances dans lesquelles vous vous trouvez que de votre tempérament et de vos capacités. Quand vous êtes, par exemple, confronté à des émotions comme la tristesse, la colère ou la peur, la méthode la plus efficace consiste tantôt à pratiquer l'échange de soi contre autrui, tantôt à utiliser son émotion comme support pour la pratique du calme mental. Souvent, la seule façon de trouver le moyen approprié est de procéder par tâtonnements.

L'essentiel, pour vous, est de choisir la méthode qui vous plaît le plus et de l'essayer quelque temps. Si vous êtes du type « visuel », commencez à calmer votre esprit en essayant la méditation qui s'appuie sur des formes. Si vous êtes davantage conscient des sensations physiques, essayez le balayage mental des différentes parties du corps ou l'attention au souffle. Si vous êtes du type « verbal », essayez de réciter des mantras. L'important n'est pas la technique en soi, c'est d'apprendre à poser son esprit et à l'utiliser, au lieu d'être manipulé par lui.

Comme l'esprit est très actif, si vous appliquez une seule méthode vous vous ennuierez vite. Au bout d'un certain nombre de jours, de semaines ou de mois, vous vous surprendrez peut-être en train de penser : « Ah non ! Il faut encore que je médite ! » Supposez que vous commenciez par la méditation sur la forme. Au début, cela vous semblera très agréable, très apaisant. Puis, un jour, sans aucune raison, vous vous en lasserez. Vous détesterez l'idée même de méditer sur une forme. Ce n'est pas grave. Vous n'êtes pas obligé de continuer. Vous pouvez passer à autre chose, par exemple la méditation sur le son.

Cette nouvelle méthode vous semblera alors originale et excitante. Vous penserez que vous n'avez jamais eu l'esprit aussi clair. Mais à la longue, elle commencera, elle aussi, à vous ennuyer. Ce n'est pas un problème. Vous pourrez alors méditer sur les odeurs, ou bien observer vos pensées, ou encore prendre conscience de votre respiration.

La raison pour laquelle le Bouddha enseigna tant de méthodes est-elle claire, à présent ? Avant l'invention de la radio, de la télévision, des téléphones et des lecteurs MP3, il savait à quel point l'esprit humain s'agite et cherche tous les moyens possibles de se distraire.

Quelle que soit la méthode que vous choisissiez, il est très important, au cours de chaque séance, d'alterner la méditation sur un objet et le repos de l'esprit dans la méditation sans objet. Le but de la pratique avec support est d'atteindre un degré de stabilité mentale suffisant pour être conscient de votre esprit en train de percevoir. Le fait de reposer votre esprit en passant de la méditation avec support à la méditation sans support vous permet d'assimiler les expériences que vous faites. En faisant alterner ces deux pratiques, vous apprendrez peu à peu à reconnaître que tout ce que vous percevez, qu'il s'agisse de pensées ou de situations « extérieures », est intimement lié à votre propre esprit.

Procéder par séances courtes et nombreuses

Soyez libre de tout effort.

Tilopa

La pratique formelle est l'un des meilleurs moyens de couper court au bavardage neuronal bien enraciné qui nous pousse à percevoir un « moi » et un « autre » existant en soi et par soi. Quand vous consacrez un certain temps à la pratique formelle, vous créez une habitude positive. Celle-ci non seulement affaiblit les vieux schémas de votre cerveau, mais crée de nouveaux schémas qui vous permettent de reconnaître le rôle de l'esprit dans les perceptions.

Bien qu'il soit possible de méditer à toute heure de la journée, les textes disent que le meilleur moment est le petit matin, après une bonne nuit de sommeil, lorsque l'esprit est le plus frais et le plus détendu, juste avant de s'engager dans les activités quotidiennes. Prendre le temps de le faire avant de partir travailler ou faire des achats, c'est donner le ton à tout le reste de la journée. C'est aussi renforcer son engagement à pratiquer continuellement.

Il y a cependant des gens qui trouvent impossible de faire une méditation formelle le matin. Et s'ils se forcent à inclure une pratique matinale dans leur emploi du temps, ils la considèrent comme une corvée. Si vous faites partie de ceux-là, essayez à tout prix de trouver un moment de la journée plus propice, peut-être pendant la pause de midi, ou après le dîner, ou encore juste avant de vous coucher.

Il n'existe pas de règles pour la méditation formelle. Il y a cependant un conseil pratique à connaître, que mon père répétait sans cesse à tous ses élèves sous la forme d'une formule qui le rendait facile à retenir : « Séances courtes et nombreuses ».

Lorsque j'ai commencé à enseigner, j'ai remarqué que les débutants avaient tendance à se fixer des buts irréalistes. Ils croyaient que, pour méditer, il fallait rester assis dans une posture parfaite aussi longtemps qu'il était humainement possible. C'est donc ce qu'ils faisaient. Ils s'enfermaient, pour ainsi dire, dans la méditation et tentaient de trouver un état serein par la force de la volonté. Cette méthode semblait fonctionner quelques secondes, pendant lesquelles ils éprouvaient réellement une sorte de calme. Le problème est que l'esprit est toujours en train de bouger, de s'occuper de nouvelles idées, de nouvelles perceptions, de nouvelles sensations. C'est son travail. Et le but de la méditation est d'utiliser l'esprit tel qu'il est, et non de le faire entrer autoritairement dans une espèce de camisole de force bouddhiste.

Vous pensez être diligent en restant assis à méditer pendant des heures d'affilée. Mais la vraie diligence ne consiste pas à se forcer au-delà de ses limites. Elle consiste simplement à faire de son mieux, en évitant de se focaliser sur un résultat. Elle revient à trouver un moyen terme confortable entre l'effort et le relâchement excessifs.

Les soûtras relatent l'histoire d'un très bon joueur de sitar qui était devenu disciple du Bouddha. Il avait du mal à effectuer la méditation que lui enseignait le Bouddha, parce qu'il était toujours ou trop tendu ou trop relâché. Quand il était trop tendu, non seulement il ne pouvait pas méditer, mais il ne savait plus réciter les prières très simples que le Bouddha lui avait données. Et lorsqu'il était trop relâché, il s'arrêtait de pratiquer et sombrait dans le sommeil.

Le Bouddha lui demanda :

« Que fais-tu quand tu es de retour chez toi ? Joues-tu de ton instrument ?

– Oui, bien sûr.

– Es-tu un bon musicien ?

– Oui, je suis le meilleur du pays.

– Quand tu joues, comment accordes-tu ton sitar ? Est-ce que tu fais en sorte que les cordes soient très tendues ou très lâches ?

– Si je les tends trop, le son est trop aigu, et si je ne les tends pas assez, le son est trop grave. L'instrument est accordé quand les cordes ne sont ni trop tendues, ni trop relâchées.

– C'est exactement ce que tu dois faire quand tu médites ! »

Cette histoire illustre qu'il est important d'éviter la tension excessive quand on débute la pratique de la méditation. La plupart des gens ont, de nos jours, un emploi du temps très chargé, le simple fait de consacrer chaque jour un quart d'heure à la pratique formelle constitue déjà un engagement considérable. Peu importe qu'ils divisent ce temps en trois séances de cinq minutes ou en cinq de trois minutes.

Au début surtout, il est absolument essentiel de passer le temps que vous pouvez à pratiquer, mais en évitant tout effort excessif. Le meilleur conseil que je puisse vous donner est d'aborder la méditation comme certains font de la musculation. Il vaut beaucoup mieux s'entraîner quinze minutes par jour que de ne pas s'entraîner du tout. D'autre part, certains ne peuvent soulever que dix kilos, tandis que d'autres peuvent en soulever cinquante. Si vous faites partie des premiers, n'essayez pas de faire comme les seconds. Sinon, vous forcerez trop et il y a des chances pour que vous abandonniez. De même, quand vous méditez, faites de votre mieux, mais n'allez pas au-delà de vos limites. La méditation n'est pas une compétition. Les quinze minutes que vous passerez à méditer pourront se révéler plus bénéfiques que les heures consacrées par d'autres à en faire trop. En fait, la meilleure règle est peut-être de passer moins de temps à méditer que ce dont vous croyez être capable. Si vous pensez pouvoir méditer quatre minutes, arrêtez-vous à trois ; si c'est cinq, arrêtez-vous à quatre. En procédant de cette manière, vous remarquerez que vous aurez très envie de méditer à nouveau. Plutôt que de penser que vous avez atteint le but, gardez l'envie d'en faire davantage.

Il y a une manière de faire passer votre séance de pratique formelle encore plus vite. C'est de cultiver pendant quelques instants l'esprit d'Éveil, le désir d'atteindre la réalisation pour le bien des autres. Ne vous souciez pas de savoir si votre désir est suffisamment fort. L'essentiel est l'intention. Au bout de quelque temps, vous observerez sans doute que votre désir a pris une réelle signification, un sens personnel et profond.

Après avoir passé quelques instants à engendrer cette disposition sincère, laissez votre esprit se reposer un moment dans la méditation sans objet. Cela est important, quelle que soit la méthode que vous ayez choisi de pratiquer pendant les séances formelles.

Le temps de reposer votre esprit et de cultiver un peu l'esprit d'Éveil, il s'est déjà passé au moins une minute. Il vous reste encore une minute et demie pour effectuer la pratique de votre choix – la méditation sur une forme, une odeur ou un son, l'observation de vos pensées et de vos sentiments, ou encore l'une des formes de méditation sur la compassion. Puis laissez votre esprit se reposer pendant une autre minute et demie dans la pratique du calme mental.

À la fin de vos séances, prenez encore trente secondes pour faire ce qu'on appelle « la dédicace des mérites ». On me demande souvent, dans les entrevues privées ou les conférences publiques, pourquoi on doit se soucier de cette dernière étape. La dédicace, qui doit clore toute séance, consiste à désirer que toute la force psychologique ou émotionnelle que l'on a acquise par le pouvoir de la pratique soit transférée aux autres. Ce n'est pas seulement une courte et belle pratique de compassion, c'est aussi une façon subtile de dissoudre la distinction entre soi et autrui. La dédicace des mérites prend environ trente secondes, que vous la fassiez en tibétain ou dans votre langue. L'une des strophes traditionnellement récitées pour cette méthode dit à peu près ceci : « Que cet acte positif permette à tous les êtres d'acquérir sagesse et mérites et, ainsi, de réaliser la nature absolue et sa manifestation spontanée [1]. »

Certaines traditions tibétaines affirment – sans en fournir, je l'admets, de preuve scientifique – que le son de cette prière sous sa forme tibétaine résonne depuis des siècles, et qu'en continuant à la réciter dans cette même langue on l'associe aux anciennes vibrations et l'on décuple sa puissance. Je vous en propose donc une transcription phonétique :

Guéwa diyi kyéwo kün
Seunam yéshé tsok dzok né
Seunam yéshé lé djoungwé
Tampa kounyi topar sho.

---

1. Ce texte est intraduisible sans aborder plus en détail la voie bouddhiste. En bref, il consiste à souhaiter que l'énergie positive créée par la méditation que l'on vient d'accomplir permette à tous les êtres de se trouver, en toutes circonstances, dans la position, mentionnée auparavant, du rêveur qui aurait parfaitement compris la nature du rêve et pourrait le transformer sans limite, à sa guise, pour aider ceux qui croient encore à la réalité du rêve à se libérer de leurs illusions et de leurs souffrances. (*N.d.T.*)

Que l'on choisisse de terminer sa méditation en récitant ce texte en tibétain ou dans sa traduction, il y a une raison pratique à la dédicace des mérites. Le terme tibétain pour « mérite », *seunam*, a aussi le sens de « force mentale » ou « capacité de développer la force mentale ». Lorsque nous accomplissons un acte bénéfique, nous avons tendance à penser : « Je suis quelqu'un de bien. Je viens de méditer. Je viens d'exprimer le désir que tous les êtres connaissent le vrai bonheur et soient libérés de la souffrance. Que vais-je en retirer ? Comment ma vie va-t-elle s'améliorer ? Quel effet cela va-t-il avoir sur moi ? » Nous ne le formulons pas nécessairement ainsi, mais nous ressentons ce genre de choses.

Vous avez réellement fait quelque chose de positif. Le seul problème est qu'en vous louant de la sorte, vous accentuez la différence entre vous et les autres. L'autosatisfaction renforce subtilement la pensée que vous êtes différent des autres, et cette pensée, à son tour, sape le sentiment de compassion, de confiance et de sécurité que votre pratique a engendré en vous.

En dédiant le fruit de votre expérience aux autres, vous exprimez délibérément l'idée que, consciemment ou non, le désir de connaître la paix et le bonheur est commun à tous les êtres, et, par là, vous dissolvez subtilement le schéma neuronal habituel qui vous pousse à percevoir une différence, quelle qu'elle soit, entre vous et les autres.

Pratiquer de manière informelle

Tout en travaillant, pensez à reconnaître l'essence de l'esprit.

Tulkou Ogyen Rinpotché

Parfois, il est carrément impossible de trouver le temps d'effectuer une pratique formelle quotidienne. Vous devez passer des heures à préparer une réunion d'affaires cruciale, vous devez assister à un événement important, comme un mariage ou un anniversaire. Parfois, vous avez promis à vos enfants, votre conjoint ou un ami de faire quelque chose de particulier avec eux. Parfois, vous êtes si épuisé par tout ce que vous avez dû faire dans la semaine que votre seul désir est de passer la journée au lit ou devant la télévision.

Est-ce que le fait de sauter un jour ou deux de pratique formelle vous rendra plus mauvais pour autant ? Non. Est-ce que cela inversera les changements qui se sont produits lorsque vous aviez le temps de pratiquer de façon formelle ? Non. Devrez-vous recommencer à zéro le travail que vous avez accompli sur votre esprit ? Pas davantage.

La pratique formelle est très utile, parce que s'asseoir pendant cinq, dix ou quinze minutes par jour vous donne une chance de transformer votre vision des choses. La plupart des premiers disciples du Bouddha étaient des fermiers, des bergers et des nomades. Entre les travaux des champs, le soin du bétail et les devoirs familiaux, ils n'avaient pas énormément de temps pour s'asseoir les jambes croisées, les bras correctement posés et le regard dans la bonne direction pendant même cinq minutes. Il y avait sûrement un mouton qui bêlait quelque part, un bébé qui pleurait, ou un voisin qui faisait irruption dans la tente ou la cabane pour annoncer que l'orage qui venait d'éclater endommageait les récoltes.

Le Bouddha comprenait ces problèmes. Bien que les histoires fantastiques qu'on raconte sur sa naissance et son enfance le décrivent comme le fils d'un opulent souverain qui l'éleva dans un fabuleux palais plein d'agréments, il était en fait d'origine beaucoup plus modeste. Son père était l'un des chefs de seize petits royaumes qui se battaient pour ne pas être annexés par la puissante monarchie indienne. Sa mère était morte en le mettant au monde. Son père le força à se marier et à lui donner un héritier alors qu'il n'était qu'un adolescent. Et il fut finalement déshérité lorsqu'il quitta la maison paternelle pour mener une vie qui avait davantage de sens qu'une carrière politique ou militaire.

Lorsqu'on parle du Bouddha, on évoque donc un homme

qui comprenait que la vie ne fournit pas toujours le loisir de pratiquer de façon formelle. L'un de ses plus beaux cadeaux à l'humanité a été de montrer qu'il est possible de méditer partout, à tout moment. En réalité, l'intégration de la méditation à la vie quotidienne est l'un des principaux objectifs du bouddhisme. N'importe quelle situation peut fournir l'occasion de méditer. Vous pouvez observer vos pensées tout au long de la journée, faire attention de temps à autre aux goûts, aux odeurs, aux formes ou aux sons ; vous pouvez aussi vous contenter de cultiver cette merveilleuse expérience qui consiste à être simplement conscient des perceptions qui traversent l'esprit.

Même lorsque vous pratiquez la méditation de façon informelle, il est essentiel de vous fixer un objectif, par exemple vingt-cinq séances de méditation, réparties aléatoirement au cours de la journée et ne durant pas plus d'une minute ou deux chacune. Il est utile d'en tenir le compte. En Orient, les moines et les nomades se servent souvent, pour cela, d'un rosaire. En Occident, il existe un grand nombre d'autres moyens, tels que les calculatrices, les PDA, ou même ces petits compteurs mécaniques que j'ai vu utiliser dans les épiceries. Vous pouvez aussi noter vos séances dans un carnet. L'important est de compter chaque méditation informelle pour comparer ensuite le total à l'objectif que vous vous étiez fixé. Par exemple, quand vous faites une méditation sans objet, notez « un ». Puis cela sortira à un moment ou un autre de votre esprit. Lorsque vous en prendrez conscience et que vous recommencerez à méditer, notez « deux », et ainsi de suite.

L'un des gros avantages de cette méditation planifiée est qu'elle est commode et mobile. Vous pouvez la pratiquer n'importe où – à la plage, au cinéma, au travail, au restaurant, dans le bus ou le métro, à l'école, etc. –, tant que vous gardez à l'esprit que votre intention de méditer *est* la méditation. Peu importe ce que vous pensez de la façon dont vous l'avez faite, l'essentiel est de garder le contact avec votre intention de méditer. Lorsque vous rencontrez une résistance, rappelez-vous l'image de la vieille vache qui pisse en marchant tout au long de la journée. Cela suffira à vous faire sourire et à vous rappeler que méditer est aussi facile et nécessaire que faire ses besoins.

Une fois que les vingt-cinq séances par jour ne vous poseront plus de problèmes, vous pourrez en augmenter le nombre jusqu'à cinquante, puis cent. Le principal est donc d'établir un plan. Si vous ne le faites pas, la pratique sortira complètement de votre esprit. Ces quelques secondes ou minutes par jour pendant lesquelles vous vous donnez l'occasion de poser ou de fixer votre attention vous aideront à stabiliser votre esprit : ainsi, quand vous aurez l'occasion de méditer formellement, cela ne vous apparaîtra pas comme le fait de se mettre à table pour déjeuner avec un étranger. Vos pensées, vos sentiments, vos perceptions vous seront beaucoup plus familières, comme de vieux amis avec lesquels vous pouvez vous asseoir pour parler franchement.

La pratique informelle a deux ou trois autres avantages. Tout d'abord, quand on intègre la pratique à la vie de tous les jours, on ne risque pas de passer d'un extrême à un autre, en étant, par exemple, calme et paisible pendant la méditation formelle et tendu ou en colère au travail. Deuxièmement, et ceci est peut-être encore plus important, la pratique informelle au cours de la journée permet petit à petit de balayer l'idée trop fréquente qu'il faut se trouver dans un endroit absolument tranquille pour méditer.

Personne n'a jamais découvert un tel endroit. Les distractions sont partout. Même si vous allez au sommet d'une montagne, vous éprouverez d'abord un soulagement devant le silence qui contrastera fortement avec les bruits de la ville ou de votre bureau. Mais, à mesure que vous vous calmerez, vous commencerez à percevoir de petits bruits, comme la stridulation des criquets, le bruit du vent dans les feuilles, les oiseaux et les petits mammifères qui furètent ou l'eau qui glougloute à travers les rochers, et soudain le grand silence que vous recherchiez va cesser d'être. Même si vous essayez de méditer dans votre maison en fermant toutes les portes et les fenêtres, vous serez nécessairement distrait par quelque chose : une démangeaison, une douleur dans le dos, le besoin de saliver, le bruit de l'eau qui goutte d'un robinet, le tic-tac d'une horloge ou le pas du voisin à l'étage au-dessus. Où que vous alliez, vous trouverez toujours des distractions. Le plus grand bienfait de la pratique informelle est que vous apprenez à les gérer, quelle que soit leur forme et aussi irritantes soient-elles.

N'importe quand et n'importe où

Intégrez à la méditation tout ce que vous rencontrerez.

Jamgön Kongtrul.

En gardant à l'esprit ce que nous venons de dire, examinons quelques manières de pratiquer dans la vie quotidienne, et même d'utiliser ce qui passe d'habitude pour une distraction, comme moyen pour calmer l'esprit. Les textes anciens appellent cela « prendre sa vie comme voie ».

Le simple fait de marcher dans la rue peut être une bonne occasion de développer l'attention. Combien de fois vous arrive-t-il de vous mettre en route pour aller à l'épicerie ou au restaurant, par exemple, et de vous retrouver à destination sans même savoir par quel chemin vous y êtes arrivé ? C'est un exemple classique de ce que peut faire le singe fou de l'esprit lorsqu'on le laisse agir à sa guise. Il entretient toutes sortes de distractions qui, non seulement nous empêchent de percevoir la plénitude du moment présent, mais nous privent de la chance de diriger notre attention et de l'entraîner.

À présent, décidez consciemment de prêter attention à ce qui vous entoure. Regardez les bâtiments que vous longez, les passants sur le trottoir, les voitures dans la rue, les arbres au bord de la chaussée. Quand vous faites attention à ce que vous voyez, le singe fou se calme. Vous êtes moins agité, vous commencez à ressentir une impression générale de tranquillité.

Vous pouvez aussi prêter attention à la sensation physique de marcher, au mouvement de vos jambes, au contact de vos pieds sur le sol, au rythme de votre respiration ou de vos battements de cœur. C'est possible, même si vous êtes pressé. C'est en fait un très bon moyen de combattre l'anxiété qui accompagne généralement la hâte. Vous pouvez continuer de marcher vite tout en restant conscient des gens, des lieux et des objets que vous rencontrez. Pensez simplement : « Je marche maintenant dans la rue... je vois un bâtiment... je vois quelqu'un avec un T-shirt et des jeans... mon pied gauche touche le sol... et maintenant mon pied droit ... »

Lorsque vous introduisez la conscience dans tout ce que vous faites, la distraction et l'anxiété s'évanouissent peu à peu, et votre esprit devient plus paisible et détendu. Quand vous arrivez à l'endroit où vous vouliez aller, vous vous sentez plus à l'aise et ouvert pour le reste de vos activités.

Vous pouvez effectuer le même exercice quand vous êtes en voiture, à la maison ou au travail, en faisant simplement attention aux différents objets qui apparaissent dans votre champ visuel, ou en utilisant les sons comme supports de méditation. Même les tâches aussi simples que cuisiner ou manger sont des occasions de pratiquer. En coupant les légumes, faites attention à la taille et à la couleur de chaque morceau. Écoutez le bruit de la soupe ou de la sauce qui frémit. À table, soyez conscient des goûts et des odeurs. Dans toutes ces situations, vous pouvez aussi pratiquer la méditation sans objet, en laissant simplement votre esprit reposer de façon simple et ouverte pendant que vous vaquez à vos occupations, sans attachement ni aversion.

Vous pouvez même méditer en dormant et en rêvant. Au moment de vous coucher, établissez votre esprit dans la méditation sans objet ou portez calmement votre attention sur la sensation de sommeil. Vous avez aussi la possibilité de transformer vos rêves en méditations en vous répétant au moment de vous endormir : « Je vais reconnaître mes rêves... je vais reconnaître mes rêves... je vais reconnaître mes rêves... »

CONCLUSION

> *Quand vous commencez à vous sentir totalement perdu, vous commencez aussi à vous aider vous-même, à vous sentir chez vous.*
>
> Chögyam Trungpa

La méditation n'est pas une pratique « taille unique ». Chaque individu représente une combinaison particulière de tempérament, d'aptitudes et d'histoire personnelle. Le Bouddha, qui en était conscient, enseigna une multiplicité de méthodes destinées à aider les êtres de tous les horizons et dans toutes les situations à reconnaître ce qu'est la véritable nature de leur esprit et à s'affranchir de tous les poisons mentaux. Aussi profanes que certaines de ces méthodes puissent paraître, elles constituent en réalité le cœur de la pratique bouddhiste.

L'essence des enseignements du Bouddha est que la pratique formelle peut permettre de faire l'expérience directe de la vacuité, de la sagesse et de la compassion, mais que cette expérience n'a de sens que si l'on peut l'intégrer à tous les aspects de la vie quotidienne. C'est en se confrontant aux défis de la vie quotidienne qu'on peut vraiment mesurer le degré de calme, de compréhension et de compassion que l'on a atteint.

Le Bouddha nous invite, en outre, à essayer d'abord par nous-même ce qu'il enseigne. Dans l'un des soûtras, il encourage de la façon suivante ses disciples à tester ses enseignements par la pratique, plutôt que de les accepter au pied de la lettre :

Que le moine avisé scrute mes enseignements
Comme l'orfèvre chauffe, coupe et frotte l'or.
Examinez avec soin ce que je dis,
Au lieu de l'accepter aveuglément !

Dans la même optique, je vous demande d'essayer ces enseignements pour votre propre compte, afin de voir s'ils sont efficaces ou non. Certaines pratiques vous aideront peut-être, et d'autres pas. Certains se découvriront tout de suite des affinités avec une ou plusieurs méthodes, alors que cela prendra plus de temps à d'autres. D'autres encore pourront même penser que la méditation ne les aide absolument pas. Ce n'est pas grave. Le plus important est de choisir une pratique qui vous permettra de trouver le calme, la clarté, la confiance et la paix, et de l'appliquer. Ainsi, vous ferez du bien non seulement à vous-même, mais à ceux qui vous entourent. Le but de toute démarche scientifique ou spirituelle n'est-il pas de créer un monde plus sûr, plus harmonieux, plus tendre, pour soi-même mais aussi pour les générations futures ?

TROISIÈME PARTIE

LE RÉSULTAT

L'expérience modifie le cerveau.

Jerome Kagan

15

Problèmes et possibilités

Au début, l'esprit ne peut pas rester stable et se poser longtemps. Mais à force de persévérance et de régularité, il devient peu à peu calme et ferme.

Bokar Rinpotché

Vous pouvez faire des expériences merveilleuses en laissant votre esprit demeurer en méditation. Quelquefois, cela prend du temps ; d'autres fois, quelque chose se produit dès la première séance de pratique. Les expériences les plus communes sont appelées « félicité », « clarté » et « absence de pensée ».

La « félicité » est décrite, dans les enseignements que j'ai reçus, comme une sensation de bonheur, de confort et de légèreté sans mélange, à la fois dans le corps et dans l'esprit. Lorsque cette sensation se développe, on a l'impression que tout ce que l'on voit est amour. Même les sensations physiques douloureuses deviennent légères, à peine perceptibles.

La « clarté » est la sensation d'être capable de percevoir la nature des choses, comme si tout ce qui existe était un paysage illuminé par un soleil radieux, sans le moindre nuage. Tout apparaît distinctement, tout est compréhensible. Les pensées et les émotions perturbantes ont leur place dans ce panorama lumineux.

L'« absence de pensée » est une sensation d'ouverture totale de l'esprit. La conscience perçoit les choses directement, sans être voilée par les concepts du « moi » et de « l'autre », du sujet et de l'objet, et de toute autre forme de limitation. C'est une expérience de conscience pure, aussi illimitée que l'espace, sans début ni milieu ni fin. C'est comme si l'on était éveillé en plein milieu d'un rêve et que l'on reconnaissait que rien de ce que l'on perçoit dans ce rêve n'est distinct de l'esprit du rêveur.

Fréquemment, ceux qui débutent dans la méditation me disent qu'ils restent simplement assis et que rien ne se passe. Parfois ils ont une très courte et très légère sensation de calme, mais la plupart du temps il n'y a aucune différence avec ce qu'ils ressentaient auparavant. Ce peut être une véritable déception.

Certains, par ailleurs, se sentent désorientés, comme si leur monde habituel de pensées, d'émotions et de sensations avait quelque peu basculé, ce qui peut être agréable mais parfois déplaisant.

Comme je l'ai déjà dit, quoi que l'on ressente – félicité, clarté, confusion ou même rien du tout – *l'intention de méditer est plus importante que ce qui se passe dans la méditation.* Puisque la conscience éveillée se trouve déjà à l'intérieur de soi, l'effort de s'y relier la rend de plus en plus présente. Lorsqu'on persiste dans la pratique, petit à petit on ressent quelque chose de calme et de paisible, légèrement différent de l'esprit ordinaire. On comprend alors intuitivement ce qui différencie l'esprit distrait de l'esprit non distrait en train de méditer.

Au départ, la plupart d'entre nous sont parfaitement incapables de laisser leur esprit demeurer très longtemps dans la conscience nue. Si vous y parvenez un très court instant, c'est bien. Suivez simplement les instructions données plus haut, à savoir : répétez ce court instant de nombreuses fois. Le seul fait de reposer son esprit, ne serait-ce que le temps d'une respiration, est immensément bénéfique. Contentez-vous de le faire, et de le refaire.

Les circonstances de la vie changent constamment, et la véritable paix réside dans la capacité de s'adapter à ce changement. Supposez, par exemple, que vous soyez calmement assis en train de faire attention au va-et-vient de votre souffle. C'est alors que votre voisin du dessus se met à passer l'aspirateur, ou qu'un chien se met à aboyer dans le voisinage. Ou bien vous ressentez soudain une douleur au dos ou aux jambes, quelque chose vous démange, ou vous vous souvenez sans raison d'une querelle récente. Ce genre de choses arrive constamment, et c'est une raison de plus pour laquelle le Bouddha enseigna de si nombreuses manières de méditer.

Lorsque ces distractions surviennent, contentez-vous de les intégrer à votre pratique. Associez votre conscience à la distraction. Si votre méditation sur le souffle est interrompue par l'aboiement d'un chien ou le bruit d'un aspirateur, méditez sur le son. Si vous avez mal au dos, portez votre attention sur l'esprit qui perçoit la douleur. Si quelque chose vous démange, allez-y, grattez-vous. Si vous avez l'occasion de vous trouver dans un temple bouddhiste pendant un enseignement ou des prières, vous ne manquerez pas de remarquer que les moines ne cessent de se gratter, de remuer sur leurs coussins ou de tousser. S'ils ont pris leur entraînement suffisamment au sérieux, ils effectuent ces gestes avec toute la présence d'esprit requise, en portant leur attention sur la sensation de démangeaison, la sensation de se gratter et la sensation de bien-être qui s'ensuit.

Si vous êtes distrait par des émotions fortes, vous pouvez essayer, comme je l'ai expliqué plus haut, d'être conscient de l'esprit qui éprouve ces émotions. Vous pouvez aussi pratiquer l'échange de soi contre autrui en prenant votre émotion comme support.

Un certain nombre de gens que je connais disent que, lorsqu'ils méditent, ils tombent dans la confusion et la somnolence, et doivent faire un effort énorme pour garder les yeux ouverts et rester conscients. Ils ont une envie irrépressible de tout abandonner et de s'écrouler sur leur lit.

Il y a deux ou trois manières de remédier à cette situation. L'une d'elles est une simple variation de la pratique de l'attention aux sensations physiques, puisqu'elle consiste à prêter attention à la sensation de torpeur et de sommeil elle-même.

En d'autres mots, on utilise la torpeur au lieu d'y succomber. Si l'on ne peut pas rester assis, on s'allonge tout en gardant le dos le plus droit possible.

Un autre manière consiste simplement à lever les yeux. On n'a pas besoin de lever la tête, il suffit de regarder vers le haut. Cela a souvent pour effet de réveiller l'esprit. Le fait de baisser le regard, au contraire, permet de le calmer lorsqu'il est trop agité.

Si aucun de ces remèdes n'est efficace, je conseille d'habitude à mes élèves de faire une pause et de marcher quelque temps, de s'occuper de quelque chose autour de chez eux, de faire de l'exercice, de lire ou de jardiner. Il est absurde de se forcer à méditer si votre esprit et votre corps ne sont pas prêts à coopérer. Si vous tentez de briser votre résistance par la force, vous finirez par être frustré à la seule idée de méditer et vous déciderez de trouver votre bonheur dans des plaisirs passagers. À ce moment-là, toutes les chaînes de télévision que peut recevoir votre parabole vous sembleront pleines de promesses.

Les étapes progressives de la méditation

> *Laissez décanter l'eau [de l'esprit] troublée par les pensées.*
>
> Tilopa

Lorsque j'ai commencé à pratiquer la méditation, j'ai été horrifié de constater que mes pensées, mes sentiments et mes sensations étaient encore plus nombreuses qu'auparavant. Mon esprit me semblait s'agiter davantage au lieu de se calmer. « Ne t'en fais pas, me disaient mes maîtres, ton esprit ne devient pas pire ; tu prends simplement conscience de ce qui se passe depuis toujours sans que tu le saches. »

L'expérience de la cascade

Ils comparèrent cette expérience à une cascade dont le débit enfle soudain avec le dégel printanier. Quand les neiges fondent et déversent leur eau dans les torrents, elles charrient des pierres et une multitude d'autres objets sur leur passage qu'il est difficile de distinguer, tant l'eau coule vite et remue des milliers de débris qui la troublent. De même, l'esprit est très facilement distrait par toutes les pensées et les émotions qu'il véhicule comme autant de débris.

Mes maîtres m'enseignèrent une courte prière intitulée *Dorjé Chang Toungma* que je trouvais très utile quand mon esprit était submergé par les pensées. En voici un extrait, dans une traduction approximative :

Le cœur de la méditation est l'esprit non distrait
Et les pensées qui surviennent ne sont rien en soi.
Aidez ce méditant qui, pour se reposer dans l'état naturel de l'esprit,
Ne fait que demeurer dans l'essence de chaque pensée !

Au contact de nombreux pratiquants de différents pays, j'ai remarqué que le phénomène de la cascade est le premier auquel la plupart des gens se trouvent confrontés. Il provoque habituellement plusieurs types de réactions, que j'ai toutes connues moi-même. Dans un sens, je pense que j'ai été chanceux, car le fait d'être passé par toutes ces étapes me permet à présent d'éprouver beaucoup d'empathie à l'égard de mes élèves. Je dois quand même dire qu'à l'époque où je la vivais, l'expérience de la cascade me semblait une terrible épreuve.

La réaction la plus fréquente, au début, est d'essayer d'arrêter cette cascade en empêchant les pensées de surgir pour trouver une sensation de calme, d'ouverture et de paix. Cette tentative est contre-productive, car elle provoque une tension mentale ou émotionnelle qui finit par avoir des répercutions physiques, surtout dans la partie supérieure du corps. Les yeux roulent vers le haut, les oreilles se tendent, les épaules et le cou sont anormalement crispés. J'ai l'habitude d'appeler cette partie de la méditation la « phase arc-en-ciel », à cause du caractère éphémère et illusoire du calme qui suit l'arrêt forcé des pensées.

Une fois que vous avez renoncé à vous imposer cette impression de calme, vous êtes confronté à l'expérience brute de la chute d'eau, dans laquelle votre esprit est emporté par les pensées et les émotions que vous tentiez d'arrêter auparavant. C'est généralement le type d'expérience « hé ! » que nous avons décrit dans la deuxième partie du livre. On tente d'observer les pensées, mais l'on est entraîné par elles. On s'en rend compte et l'on s'oblige à revenir à la simple observation de ce qui se passe dans l'esprit. J'appelle cette forme de méditation la « méditation crochet », car on essaie de saisir les expériences comme avec un crochet, et l'on éprouve du regret si l'on se laisse emporter par elles.

Il y a deux façons de résoudre la situation du « crochet ». Si votre regret de vous être laissé emporter par la distraction est vraiment fort, laissez votre esprit reposer tranquillement dans ce sentiment de regret. Sinon, lâchez prise sur les distractions et laissez votre conscience reposer dans votre perception présente. Essayez, par exemple, de prêter attention aux sensations physiques : une légère impression de chaleur dans votre tête, des battements de cœur plus rapides, une petite tension de votre cou ou des épaules. Contentez-vous de laisser reposer votre conscience sur ce vous percevez à cet instant. Vous pouvez aussi essayer de demeurer dans la simple attention nue – comme nous l'avons vu dans les parties I et II – au milieu même du tumulte de la cascade.

Quelle que soit la méthode choisie, l'expérience de la cascade vous enseigne une leçon importante. Elle vous apprend à renoncer aux idées préconçues concernant la méditation. Les attentes auxquelles on associe la méditation sont souvent les plus gros obstacles que l'on rencontre dans cette pratique. L'essentiel est alors de prendre conscience simplement de ce qui se passe dans votre esprit, tel que c'est.

Parfois aussi, les expériences vont et viennent trop vite pour que vous puissiez les reconnaître. C'est comme si chaque pensée, émotion ou sensation était une goutte d'eau qui tombe dans un grand lac où elle s'évanouit aussitôt. Cette expérience est en fait excellente. C'est une façon de méditer sans objet, la meilleure forme de pratique du calme mental. Donc, si vous ne parvenez pas à saisir chaque « goutte », évitez de vous blâmer. Au contraire, félicitez-vous, car vous êtes spontanément entré dans un état de méditation auquel la plupart des gens trouvent difficile de parvenir.

Au bout de quelque temps de pratique, vous remarquerez que le flot des pensées se met à ralentir, et il devient possible de distinguer ce qui se passe en vous plus clairement. Les pensées ont toujours été là mais, comme dans le cas d'une vraie cascade qui charrie trop de boue et de débris, vous ne pouviez pas les distinguer. Quand les tendances habituelles qui obscurcissent d'ordinaire l'esprit commencent à se décanter par le pouvoir de la méditation, vous vous mettez aussi à voir l'activité qui s'est poursuivie sans discontinuer juste au-dessous du niveau de conscience ordinaire.

Vous ne serez sans doute pas encore capable d'observer chaque pensée qui surgit, mais ne pourrez qu'en avoir une vision fugitive – à l'image du bus manqué dont nous avons parlé précédemment. Ce n'est pas un problème non plus. Cette sensation de ne pas avoir pu observer une pensée est un signe de progrès, elle montre que votre esprit est en train de s'affûter pour repérer des traces de mouvement, un peu comme un détective qui commence à relever des indices.

Si vous persévérez dans la pratique, vous vous apercevrez que vous êtes de plus en plus clairement conscient de ce qui se passe dans votre esprit, au moment même où cela se passe. Pour illustrer ce stade, mes maîtres utilisaient l'image du drapeau qui bat dans un grand vent. Les mouvements du drapeau qui s'agite constamment dans la direction du vent représentent les pensées, et le mât symbolise la conscience naturelle, droite, ferme, immuable, comme ancrée dans le sol. Il ne bouge jamais, quelle que soit la force du vent qui secoue le drapeau dans toutes les directions.

L'expérience de la rivière

Au fur et à mesure qu'on pratique la méditation, on devient peu à peu capable de distinguer clairement le mouvement des pensées, des émotions, des sensations qui traversent l'esprit. On passe alors de l'expérience de la « cascade » à celle de ce que mes maîtres appelaient la « rivière », dans laquelle les choses bougent encore, mais plus lentement et plus doucement. L'un des premiers signes que l'on a atteint le stade de la « rivière » est que, de temps en temps, on entre dans un état de conscience méditative sans faire de véritable effort. Votre conscience claire se trouve intimement associée à tout ce qui se passe en vous et hors de vous. Et lorsque vous êtes assis à méditer, vos expériences de félicité, de clarté et d'absence de pensée sont également plus claires.

Parfois, les trois expériences surviennent simultanément, et parfois l'une d'elles prédomine. Vous sentez que votre corps est plus léger et détendu, ou que vos perceptions sont plus limpides, comme transparentes : elles ne sont plus aussi lourdes et opprimantes que par le passé. Vos pensées et vos émotions n'ont plus autant de pouvoir ; elles sont imprégnées de conscience méditative et apparaissent davantage comme des impressions passagères que comme des événements solides et irréfutables. Lorsque vous entrez dans la phase de la « rivière », vous constatez que votre esprit est plus calme, et que vous accordez à ses mouvements moins d'importance qu'auparavant. En conséquence, vous éprouvez spontanément une grande confiance et une ouverture qui ne peuvent pas être ébranlées par les gens que vous rencontrez, les expériences que vous faites ou les lieux où vous êtes. Ce phénomène va et vient, mais vous commencez néanmoins à ressentir la beauté du monde qui vous entoure.

Une fois ce processus enclenché, on discerne également de petits intervalles entre les pensées. Très courts au début, ce ne sont que des aperçus fugitifs de l'état libre de concepts. Mais avec le temps, et à mesure que l'esprit se calme, ils deviennent de plus en plus longs. Lorsqu'on est capable de remarquer ces intervalles entre les pensées, les émotions et tous les phénomènes mentaux, et lorsque l'esprit peut s'y maintenir, le cœur de la pratique du calme mental est alors réellement atteint.

L'expérience du lac

Pendant l'expérience de la « rivière », l'esprit peut encore avoir des hauts et des bas. Mais au stade suivant, que mes maîtres appellent l'« expérience du lac », l'esprit commence à être très calme, vaste et ouvert, comme un lac qui n'est pas agité par des vagues. Vous vous sentez véritablement heureux, affranchi des aléas. Vous êtes stable, confiant, et vous connaissez un état de conscience méditative plus ou moins continu, même en dormant. Vous pouvez encore avoir des pensées négatives ou des émotions violentes, mais celles-ci, au lieu de constituer des obstacles, deviennent des occasions supplémentaires d'approfondir votre conscience méditative, à la manière dont les coureurs à pied s'imposent de courir un kilomètre de plus pour briser leur « mur » de résistance et accroître leurs capacités physiques.

En même temps, votre corps éprouve une sensation de légèreté délicieuse, et votre esprit est si clair que vous percevez les choses de façon aiguë et quasi transparente, comme des reflets dans un miroir. Alors que dans la phase de la « rivière » le singe fou de l'esprit pouvait encore poser des problèmes, lorsque vous atteignez le stade du « lac », il s'est retiré.

Pour illustrer les trois stades successifs de la méditation, le bouddhisme utilise traditionnellement l'image du lotus émergeant de la vase. Le lotus commence à pousser dans la vase du fond d'un étang ou d'un lac, mais au moment où sa fleur s'épanouit à la surface, il ne porte plus aucune trace de boue ; les pétales donnent même l'impression de repousser la saleté. De même, lorsque l'esprit s'épanouit dans l'expérience du « lac », il n'y a plus trace en lui de saisie conceptuelle ni d'attachement, et il ne reste plus rien des problèmes associés au samsâra. On peut même, comme les maîtres du passé, manifester des pouvoirs de perception supranormale et de télépathie. Néanmoins, lorsque cela arrive, il est préférable de ne pas s'en vanter et même de n'en faire aucune mention devant les autres, excepté devant son maître et les disciples très proches de ce dernier.

Dans la tradition bouddhiste, on ne divulgue pas beaucoup ses expériences et ses réalisations. La raison principale est que cela accroît l'orgueil et peut conduire à un usage abusif des expériences méditatives pour acquérir un pouvoir dans le monde ou pour influencer les autres, ce qui est nuisible à la fois pour autrui et pour soi-même. C'est pourquoi l'entraînement à la méditation s'accompagne du vœu, ou de l'engagement, appelé en sanskrit *samaya*, de ne pas utiliser de façon inappropriée les pouvoirs acquis par la méditation, un peu comme on signerait un traité pour ne pas abuser des armes nucléaires. Briser cet engagement a pour conséquence de faire perdre le bénéfice de toutes les expériences et les réalisations acquises par la pratique.

Ne pas confondre expérience et réalisation

Renonce à tout attachement !

Le IXe Gyalwang Karmapa

Bien qu'on puisse considérer l'expérience du lac comme le sommet de la pratique du calme mental, elle n'est pas la réalisation ou l'Éveil total. La réalisation est la parfaite reconnaissance de la nature de bouddha, laquelle est le fondement du samsâra comme du nirvâna : libre de concepts, d'afflictions mentales, de perceptions ordinaires des phénomènes par les différentes formes de conscience, de la vision dualiste du sujet et de l'objet, du « moi » et de « l'autre », et dotée d'une sagesse, d'une compassion et d'un champ d'action infinis.

Mon père m'a raconté une histoire qui s'était passée à l'époque où il vivait encore au Tibet. L'un de ses élèves, qui était moine, était parti dans la montagne pour méditer dans une grotte. Un jour, il fit parvenir à mon père un message urgent lui demandant de venir le voir. Lorsque mon père arriva, le moine, tout excité, s'écria :

« J'ai atteint l'Éveil parfait ! Je peux voler, je le sais ! Mais comme vous êtes mon maître, j'ai besoin de votre permission. »

Mon père, sachant que le moine avait simplement eu un aperçu ou une expérience de la vraie nature de l'esprit, lui dit sans ambages :

« Laisse tomber ! Tu ne peux pas voler !

– Mais si ! répliqua le moine, excité. Si je saute du haut de la grotte...

– Non ! » l'interrompit mon père.

Ils discutèrent un long moment, jusqu'à ce que le moine renonce enfin :

« Bon, si vous insistez, je n'essaierai pas. »

Comme il était presque midi, le moine offrit à manger à mon père. Ensuite, il quitta la grotte. Peu après, mon père entendit un bruit étrange et mat, puis un gémissement en contrebas :

« S'il vous plaît, aidez-moi ! Je me suis cassé une jambe ! »

Mon père descendit auprès du moine, et lui dit :

« Tu m'as déclaré que tu avais atteint l'Éveil. Où est-il, maintenant, cet Éveil ?

– N'en parlons plus ! J'ai mal ! »

Compatissant comme à son habitude, mon père porta le moine jusqu'à la grotte, lui fixa une attelle et lui donna quelques remèdes pour aider sa jambe à guérir. Ce fut une leçon que le moine n'oublia jamais.

Comme mon père, mes autres maîtres prenaient grand soin de nous faire remarquer la différence entre expériences et réalisation. Les expériences changent continuellement, comme les nuages dans le ciel, alors que la réalisation – la conscience immuable de la véritable nature de l'esprit – est comme le ciel lui-même : c'est l'arrière-plan sur lequel les expériences changeantes se produisent.

L'important, pour atteindre la réalisation, est de laisser la pratique évoluer peu à peu en commençant par faire des séances courtes plusieurs fois par jour. Les expériences de félicité, de clarté et d'absence de pensée qui pourront surgir pendant ces courtes périodes vous inciteront, tout à fait naturellement, à pratiquer plus longtemps. Ne vous forcez pas à méditer si vous êtes trop fatigué ou distrait, mais ne fuyez pas la pratique quand une petite voix intérieure vous dit qu'il est temps de se concentrer.

Il est crucial de ne pas s'attacher aux états de félicité, de clarté ou de non-pensée. Ce sont des expériences très agréables qui montrent qu'on a établi un lien profond avec la vraie nature de son esprit, mais on est toujours tenté de s'y attacher fortement et de les faire durer. Vous pouvez donc vous les rappeler et les apprécier, mais si vous tentez de les maintenir à tout prix ou de les reproduire, vous serez déçu et frustré. J'ai moi-même connu cette tentation, et la désillusion qui s'est ensuivie lorsque j'y ai cédé.

Chaque éclair de félicité, de clarté ou de non-pensée n'est qu'une expérience spontanée de l'esprit *tel qu'il est* à un moment précis. Lorsqu'on essaie de retenir ces expériences, elles perdent leur caractère vivant et spontané. Ce ne sont plus que des concepts, des expériences mortes. On a beau faire tout son possible pour les faire durer, elles s'évanouissent petit à petit. Et si l'on tente de les reproduire plus tard, on retrouve au mieux le goût de ce qui s'était produit, mais ce n'est plus qu'un souvenir et non l'expérience directe.

La leçon la plus importante que j'ai apprise est qu'il ne faut pas s'attacher aux bonnes expériences méditatives. Comme tout ce qui se passe dans l'esprit, les états de félicité, de clarté et d'absence de pensée vont et viennent, ils ne se contrôlent pas. Ce sont des manifestations de qualités inhérentes à l'esprit. On m'a enseigné que lorsque je ressentais une expérience de félicité, de clarté ou d'autre chose très agréable, je devais m'arrêter immédiatement de méditer avant qu'elle ne se dissipe. Contrairement à ce que je prévoyais, les effets duraient alors beaucoup plus longtemps que si j'avais essayé de les maintenir à tout prix. Je remarquai également que lorsque arrivait le moment de la séance suivante, j'avais beaucoup plus envie de méditer.

Plus important encore, je découvris que le fait d'arrêter ma méditation au moment où je faisais l'une de ces expériences était excellent pour apprendre à renoncer à l'habitude de m'attacher. L'attachement excessif aux expériences agréables est le seul et vrai danger de la méditation, car il est extrêmement facile de prendre ces expériences pour des signes de réalisation. Or, la plupart du temps, ce ne sont que des étapes passagères, des aperçus de la vraie nature de l'esprit, et celle-ci se voile aussi facilement que le ciel par temps nuageux. Une fois que cet instant de pure conscience s'est évanoui, on se retrouve avec les phénomènes ordinaires comme la torpeur, la distraction ou l'agitation. On se fortifie davantage, on fait de plus grands progrès en se confrontant aux circonstances quotidiennes qu'en se raccrochant à des états tels que la félicité.

Laissez votre propre expérience vous guider et vous inspirer. Jouissez de la vue au fur et à mesure que vous parcourez la voie. Cette vue, c'est celle de votre propre esprit, et comme celui-ci est déjà éveillé, si vous en profitez pour vous reposer un moment en chemin, vous finirez par vous rendre compte que l'endroit où vous voulez aller est celui où vous êtes déjà.

14

Un travail de l'intérieur

L'Éveil n'est possible que d'une façon : de l'intérieur.

Le XIIe Tai Sitou Rinpotché

L'un des avantages d'enseigner dans le monde entier est que l'on a l'occasion de glaner des mots de différentes langues. Il y a une expression américaine que j'aime beaucoup : *inside job*, une « affaire intérieure », un travail accompli par « quelqu'un de la maison ». On utilise cette expression, par exemple, pour parler d'un forfait commis par quelqu'un dans l'entreprise où il travaille. Le coupable se sent généralement en sécurité parce qu'il est au courant de toutes les mesures prises par l'entreprise pour prévenir les délits. Mais souvent, il ne sait pas tout et ses actes le trahissent.

Se laisser mener par les afflictions mentales peut aussi être qualifié d'*inside job*. La douleur que nous éprouvons en perdant quelque chose auquel nous étions attachés, ou quand nous devons affronter quelque chose que nous préférerions éviter, est la conséquence directe de la méconnaissance de notre esprit. Nous sommes piégé par notre propre ignorance, et lorsque nous essayons de nous en libérer par des moyens extérieurs, ceux-ci n'étant rien d'autre que le reflet du dualisme ignorant qui, au départ, nous avait mis dans une situation difficile, le piège se resserre encore plus inexorablement sur nous.

Tout ce que j'ai appris concernant le processus biologique des pensées et de la perception m'a montré que le seul moyen de nous libérer de la prison de la souffrance est d'accomplir des actes de même nature que ceux qui nous ont enchaînés au départ.

Autrement dit, bonheur et malheur sont tous deux des affaires intérieures.

Survivre ou s'épanouir

En faisant le bien, on engendre tous les états de bonheur.

Gampopa

Lorsque j'étais enfant, on m'enseigna qu'il y avait deux sortes de bonheur : temporaire et permanent. Pour l'esprit, le bonheur temporaire est comparable à de l'aspirine. Il soulage pendant quelques heures les souffrances émotionnelles. Pour trouver le bonheur permanent, il faut s'attaquer aux causes de la souffrance. La différence entre bonheur temporaire et bonheur permanent s'apparente, par de nombreux points, à celle qui existe entre les états et les traits émotionnels – dont nous avons parlé dans la première partie. Génétiquement parlant, il semble que les êtres humains soient programmés pour rechercher des bonheurs temporaires plutôt que des états durables. Les actes de manger, boire ou faire l'amour, par exemple, libèrent des hormones qui engendrent des sensations de bien-être physique et psychologique. De ce fait, ils jouent un rôle important dans notre survie en tant qu'individus et dans la transmission de nos gènes aux générations suivantes.

D'après ce que l'on m'a expliqué, le plaisir que procure ce genre d'activité est génétiquement programmé pour être éphémère. Si manger, boire et faire l'amour procuraient une sensation permanente de bonheur, on le ferait une fois pour toutes, et on laisserait à d'autres la tâche de perpétuer l'espèce. En termes strictement biologiques, l'instinct de survie nous pousse ainsi plus sûrement vers le malheur que vers le bonheur.

Voilà pour les mauvaises nouvelles.

La bonne nouvelle est qu'une bizarrerie biologique dans la structure de notre cerveau nous permet de passer outre un grand nombre de prédispositions génétiques. Au lieu de répéter compulsivement les mêmes actes pour renouveler des sensations de bonheur temporaires, nous pouvons nous entraîner à engendrer et maintenir des formes de paix et de contentement plus durables. Cette bizarrerie correspond en fait au néocortex, cette région du cerveau très développée qui prend en charge le raisonnement, la logique et la conceptualisation.

Il y a, bien sûr, des inconvénients à posséder un néocortex volumineux et complexe. Nombreux sont ceux qui s'enlisent tellement à peser et repeser le pour et le contre de tout ce qu'ils font, depuis la possibilité de rompre une vie de couple jusqu'au simple fait d'aller ou non à l'épicerie, qu'ils sont incapables de prendre la moindre décision. La possibilité de choisir entre différentes options n'en reste pas moins un avantage incroyable qui compense largement tous les inconvénients.

Guider son cerveau

Le bois qui brûle n'est pas, en soi, le feu.

Nagarjuna

Tout le monde sait, de nos jours, que le cerveau comporte un hémisphère droit et un hémisphère gauche. Chacun d'eux est plus ou moins à l'image de l'autre, avec son amygdale, son hippocampe et son gros lobe frontal qui prend en charge une grande partie des mécanismes rationnels du néocortex. J'ai entendu des gens dire qu'on est « de cerveau droit » ou « de cerveau gauche », en se référant à l'idée commune selon laquelle ceux qui ont la partie gauche du cerveau plus active tendent à être analytiques et intellectuels, et ceux qui ont la partie droite plus active sont plus fréquemment des créatifs ou des artistes. Je ne sais si c'est vrai ou non, mais des recherches, ces dernières années, ont montré que chez les êtres humains et les espèces animales les plus évoluées chaque lobe joue un rôle différent dans la formation et le ressenti des émotions.

Lors de la conférence Mind and Life de 2001 à Dharamsala, le professeur Richard Davidson nous a exposé les résultats d'une étude réalisée au laboratoire Waisman d'imagerie cérébrale et de comportement, à Madison (Wisconsin), au cours de laquelle on présenta à un certain nombre de personnes des images destinées à évoquer en eux différentes émotions. Ces images représentaient des sujets aussi variés que des accidents, des victimes de brûlures ou une mère tenant tendrement son enfant dans ses bras. Les participants furent testés plusieurs fois sur une période de deux mois, avec une pause de plusieurs semaines après chaque test. Les résultats montrèrent clairement un accroissement d'activité du lobe préfrontal gauche lors de la présentation d'images généralement associées à des émotions positives comme la joie, la tendresse ou la compassion. Et c'est l'activité du lobe préfrontal droit qui augmentait lorsqu'on montrait aux participants des images suscitant des émotions négatives comme la colère, la peur ou le dégoût.

Autrement dit, tout porte à penser que les émotions positives comme les sentiments de bonheur, de compassion ou de joie sont liées à l'activité du lobe préfrontal gauche, tandis que les émotions négatives comme la colère, la jalousie ou la haine sont liées à celui de droite. L'identification de ces liens représente un progrès majeur dans la compréhension des fondements biologiques du bonheur et du malheur. À long terme, elle peut servir de base au développement d'une science pratique du bonheur. Dans l'immédiat, c'est une clef importante pour comprendre les résultats des études menées par les professeurs Richardson et Lutz auprès de sujets ayant une authentique expérience de la méditation à différents niveaux, par comparaison avec d'autres qui n'ont jamais eu ce type d'expérience.

La première de ces études, que l'on m'a décrite comme une « étude pilote » – elle devait aider les scientifiques à établir les protocoles de tests cliniques qui allaient être effectués par la suite selon des critères et avec des contrôles beaucoup plus précis –, fut conduite en 2001. Le sujet de cette étude était un moine qui s'était entraîné pendant plus de trente ans auprès de quelques-uns des plus grands maîtres du bouddhisme tibétain. Il est important de noter que les résultats de ces tests ne peuvent pas être considérés comme concluants. Tout d'abord, il faut du temps pour les passer en revue et repérer la part possible de problèmes techniques imprévus. Deuxièmement, il faut distinguer les informations qui sont pertinentes pour les tests de celles qui ne le sont pas. Troisièmement, dans le contexte d'un travail avec des moines tibétains, le problème de la langue empêche souvent une communication claire entre les sujets et les chercheurs. Enfin, comme nous l'avons mentionné dans la deuxième partie, les pratiquants tibétains éprouvent une réticence, liée à leur vœu de discrétion, à décrire la nature exacte de leur expérience durant toute autre personne qu'un maître qualifié.

L'étude pilote de Madison avait pour but de déterminer si les techniques de discipline mentale que le sujet avait apprises pendant ses trente ans d'entraînement pouvaient produire des changements objectivement mesurables dans l'activité des différentes zones du cerveau. Pour les besoins de l'expérience, on demanda au moine d'effectuer différentes sortes de méditation, comme celles qui consistent à établir son attention sur un objet particulier, à engendrer la compassion, ou à pratiquer le calme mental sans objet (que le moine appela « méditation de la présence ouverte », et qui consistait simplement à maintenir une présence d'esprit ouverte, sans porter son attention sur un objet particulier). Il alternait les états « neutres », d'une durée d'une minute, et les méditations particulières, d'une minute également.

L'activité cérébrale du moine fut contrôlée par une scanographie fIRM, suivie de deux électroencéphalogrammes. Le premier test mettait en œuvre 128 électrodes et le second, un ensemble impressionnant de 256 électrodes, soit beaucoup plus que le nombre habituel de détecteurs utilisés dans les hôpitaux, qui ne mesurent que l'activité électrique ou ondulatoire juste au-dessous du cuir chevelu. Les photos de ce test que l'on m'a montrées étaient très amusantes. On aurait dit que des centaines de serpents avaient été attachés au crâne du moine. Les données recueillies à l'aide de ces électrodes, une fois analysées par le logiciel de pointe élaboré dans le laboratoire de Madison, fournirent aux chercheurs un diagramme d'activité cérébrale du moine dans les zones profondes de son cerveau.

Il allait falloir des mois pour trier toutes les données complexes produites par les différentes scannographies, mais l'examen préliminaire de l'étude pilote montra que des changements s'étaient opérés dans de vastes ensembles de circuits neuronaux, probablement liés aux méditations qu'on avait demandé au moine d'effectuer. En revanche, des scannographies semblables opérées sur des sujets n'ayant reçu aucun entraînement à la méditation révélaient une capacité plus limitée à orienter volontairement l'activité de leur cerveau pendant l'accomplissement de tâches particulières.

En discutant de cette expérience au cours d'un voyage récent en Angleterre, j'ai appris de plusieurs personnes que des tests IRM effectués par l'University College de Londres sur des chauffeurs de taxi – des gens qui doivent subir un entraînement de deux à quatre jours appelé *the Knowledge* (la connaissance) pour apprendre à se diriger dans le réseau complexe des rues de Londres – ont révélé un développement significatif de la région de l'hippocampe, la zone cérébrale la plus spécialisée dans la mémoire spatiale. En termes simples, ces tests tendaient à confirmer le fait qu'une expérience répétée peut modifier la structure et le fonctionnement du cerveau.

L'aptitude à reconnaître les sentiments et les sensations des autres est caractéristique des mammifères, dont le cerveau possède une zone limbique. Il est indubitable que cette aptitude pose parfois plus de problèmes qu'elle n'en résout. Ne serait-il pas mieux de réagir à chaque situation de façon claire et nette, du type « tuer ou se faire tuer », « manger ou se faire manger » ? Ce serait, en fait, une énorme perte. La zone limbique permet d'éprouver de l'amour et d'être conscient de l'amour des autres, ou de connaître l'amitié. Elle rend possible l'établissement de structures sociales fondamentales qui augmentent notre sécurité et nos chances de survie, et qui nous aident à assurer la croissance et la réussite de nos enfants et petits-enfants. Grâce au système limbique, nous pouvons créer et apprécier les émotions subtiles évoquées par les arts plastiques, la poésie et la musique. Certes, ces aptitudes sont complexes et encombrantes. Mais la prochaine fois que vous verrez une fourmi ou un cafard courir précipitamment sur le sol, demandez-vous si vous préférez une existence régie par les seuls principes de « fuir ou combattre », ou par des émotions plus subtiles et complexes telles que l'amour, l'amitié, le désir ou le sentiment de la beauté.

Deux des fonctions distinctes mais apparentées du système limbique consistent à développer l'amour bienveillant et la compassion. La première est ce que les neuroscientifiques appellent la « résonance limbique ». C'est une sorte d'aptitude à reconnaître les états émotionnels des autres à partir de leurs expressions faciales, de leurs phéromones et de la position de leur corps. Il est étonnant de voir à quelle vitesse la région limbique du cerveau peut analyser ces signaux subtils et nous permettre non seulement de reconnaître les états émotionnels des autres, mais aussi d'adapter nos réactions physiques en conséquence. Dans la plupart des cas, si nous ne sommes pas entraînés à porter notre attention nue sur les mouvements de notre esprit, le processus de résonance limbique s'opère inconsciemment. Cette capacité d'adaptation immédiate est une manifestation de l'agilité extraordinaire de notre cerveau.

La seconde fonction est appelée « révision limbique ». En termes simples, elle désigne notre aptitude à changer, ou réviser, les circuits neuronaux de la zone limbique, soit par une relation avec un être comme un maître spirituel ou un thérapeute, soit par l'assimilation d'un ensemble d'instructions, comme celles qui expliquent, par exemple, comment réparer une automobile ou fabriquer une balançoire. Le principe de base de la révision limbique est que les circuits neuronaux de cette région du cerveau sont suffisamment flexibles pour supporter le changement. Prenons un exemple simple. Supposez que, tandis que vous parlez à un ami d'un homme ou d'une femme qui suscite en vous un sentiment amoureux, cet ami s'exclame : « Mon Dieu ! Non ! C'est exactement le genre de personne dont tu es déjà tombé amoureux, et regarde un peu combien tu en as souffert ! » Ce qui vous poussera alors à reconsidérer votre nouvelle aventure amoureuse, ce ne seront pas les mots prononcés par votre ami, mais plutôt le ton de sa voix et l'expression de son visage : ce genre d'informations est enregistré à un niveau de l'esprit qui n'est pas nécessairement conscient.

Il semble que la méditation, en particulier celle qui porte sur la compassion, crée de nouvelles voies neuronales qui développent la communication entre les différentes parties du cerveau et conduisent à ce que certains scientifiques appellent le « fonctionnement intégral du cerveau ».

D'un point de vue bouddhiste, cependant, je peux dire que la méditation sur la compassion favorise une compréhension plus vaste de la nature des perceptions, du fait qu'elle dénoue la tendance habituelle de l'esprit à distinguer entre soi et les autres, le sujet et l'objet. Cette union des aspects intuitif et analytique de la conscience est extrêmement plaisante et libératrice.

En cultivant l'amour bienveillant et la compassion, il est possible d'instiller davantage de conscience claire dans le fonctionnement de la zone limbique. L'une des découvertes auxquelles aboutirent les premières études de scanographies du cerveau réalisées par les professeurs Lutz et Davidson – études auxquelles j'ai moi-même participé – fut que la méditation sur la compassion sans référence, pratique fondée sur le caractère indissociable de la vacuité et de la compassion, induisait un fort accroissement de ce que l'on appelle les « ondes gamma », des fluctuations de l'activité électrique du cerveau qui reflètent l'intégration de certaines données dans un grand nombre de régions du cerveau. Une onde gamma est une onde cérébrale de très haute fréquence, souvent associée à l'attention, à la perception, à la conscience et à la synchronicité neuronale dont j'ai parlé dans la première partie du livre. Nombre de neuroscientifiques pensent que les ondes gamma témoignent de l'activité qui se produit lorsque les neurones communiquent spontanément de façon synchrone dans de vastes régions du cerveau.

Selon les recherches préliminaires, les pratiquants expérimentés de la méditation manifestent spontanément une grande activité de ces ondes gamma, ce qui suggère que, pendant la méditation, le cerveau parvient à un état plus stable et plus intégré. Cependant, comme les neurosciences et la technologie nécessaires pour effectuer les recherches sont relativement récentes, le fait que la méditation multiplie les communications dans de vastes régions du cerveau ne peut pas encore être confirmé de manière définitive. Néanmoins, l'étude concernant les chauffeurs de taxi londoniens mentionnée précédemment semble confirmer qu'une expérience répétée peut vraiment modifier la structure du cerveau, ce qui suggère que lorsqu'on porte attention au caractère inconsistant des pensées, des émotions et des expériences sensorielles, on peut fort bien modifier les régions du cerveau correspondantes.

Le fruit de la compassion

Même les petits actes de bien engendrent de grands bonheurs.

Enseignement bouddhiste

Comme nous l'avons dit, lorsqu'on pratique la méditation du calme mental, c'est comme si l'on rechargeait ses batteries mentales et émotionnelles. La compassion, quant à elle, correspond au mécanisme qui utilise correctement les batteries rechargées. Par « correctement » je veux dire qu'il y a toujours une possibilité de mal employer les pouvoirs engendrés par la méditation du calme mental. On peut, par exemple, acquérir une plus grande stabilité mentale et émotionnelle pour avoir davantage de pouvoir, ou même pour nuire aux autres. Une fois que l'on atteint un certain niveau d'expérience, cependant, on ne sépare pas la pratique du calme mental de celle de la compassion. Et lorsqu'on combine les deux, on fait du bien non seulement à soi-même mais aux autres. Le véritable progrès sur la voie exige que l'on tienne compte à la fois de son propre bien et de celui d'autrui.

La compassion a un effet de réciprocité. À mesure que l'on devient plus stable mentalement et émotionnellement et que l'on fait profiter les autres de cette stabilité en les comprenant et en les traitant avec compassion et bienveillance, on réalise ses buts et ses aspirations personnelles plus vite et plus facilement. Pourquoi ? Parce que si vous traitez les autres avec compassion, c'est-à-dire en comprenant qu'ils ont le même désir que vous d'être heureux et de ne pas souffrir, les gens qui vous entourent seront attirés par vous et auront, eux aussi, envie de vous aider. Ils vous écouteront plus attentivement, vous feront confiance et vous respecteront. Certains qui, autrefois, ont pu être vos adversaires vous manifesteront de la considération et vous aideront à accomplir des tâches difficiles. Les conflits se résoudront plus aisément, vous avancerez plus rapidement dans votre carrière, vous vous engagerez dans de nouvelles relations amoureuses sans les casse-tête habituels, et vous fonderez même une famille ou améliorerez vos relations familiales avec plus de facilité. Tout cela parce que vous aurez rechargé vos batteries au moyen de la méditation du calme mental et en ferez profiter les autres en ayant des relations plus affables, plus compréhensives et empathiques avec eux. Dans un sens, la pratique de la compassion illustre l'interdépendance en action. Plus vous ouvrez votre cœur aux autres, plus les autres vous ouvriront leur cœur.

Quand la compassion s'éveille en vous, vous êtes capable de plus d'honnêteté avec vous-même. Si vous faites une erreur, vous la reconnaissez et prenez les mesures nécessaires pour la corriger. En même temps, vous avez moins tendance à chercher les fautes d'autrui. Si les autres vous traitent de manière offensante, s'ils crient après vous ou vous maltraitent, vous remarquerez – peut-être avec surprise – que vous ne réagissez plus de la même façon qu'avant.

Une femme que j'ai rencontrée il y a quelques années, alors que j'enseignais en Europe, vint me parler d'un problème qu'elle avait avec son voisin. Leurs maisons n'étaient séparées que par de très petits jardins. Il semble que le voisin essayait sans cesse de la tracasser, en lançant des objets dans sa cour, par exemple, ou en abîmant ses plantes. Lorsqu'elle lui demanda pourquoi il faisait cela, il répondit qu'il aimait agacer les gens.

Bien sûr, à mesure que ces attaques mesquines se poursuivaient, la femme était de plus en plus hors d'elle, jusqu'au jour où elle ne résista plus à l'envie de lui rendre la monnaie de sa pièce. Petit à petit, l'animosité entre les deux voisins ne fit que s'aggraver et la guerre des jardins prit une tournure de plus en plus féroce.

Manifestement exaspérée, la femme me demanda ce qu'elle devait faire pour résoudre le problème et continuer à vivre en paix. Je lui conseillai de méditer sur la compassion en prenant pour objet son voisin.

« J'ai déjà essayé, dit-elle, ça n'a pas marché. »

Après lui avoir demandé de m'expliquer comment elle s'y était prise, je lui ai expliqué que la méditation sur la compassion ne consistait pas seulement à évoquer un sentiment de chaleur et de bonté à l'égard d'un être qu'on trouve irritant ou contrariant. Il faut aussi essayer d'analyser les motivations de l'autre, et de comprendre un peu ses sentiments – comprendre, en fait, que chacun a le même désir que soi d'être heureux et de ne pas souffrir.

Quand je retournai en Angleterre l'année suivante, elle revint me voir, cette fois en arborant un sourire de bonheur, et me dit que tout avait changé.

« J'ai fait ce que vous m'aviez conseillé l'année dernière, j'ai réfléchi à ce que mon voisin ressentait, aux raisons possibles de ses actes, à son désir d'être heureux et d'éviter la souffrance tout comme moi. Au bout d'un certain temps, je me suis aperçue que je n'avais plus peur de lui, et que rien de ce qu'il me faisait ne pouvait m'affecter. Bien sûr, il a essayé de continuer, mais je ne m'en souciais plus. C'était comme si, en méditant sur la compassion, j'avais retrouvé confiance en moi-même. Je n'avais plus à me venger ni à me mettre en colère : tout ce qu'il faisait me semblait tout à fait insignifiant et inoffensif.

« Au bout de quelque temps, poursuivit-elle, il commença à se sentir gêné. Une fois qu'il eut compris qu'aucune de ses tracasseries ne provoquerait de réaction de ma part, non seulement il arrêta d'essayer de m'irriter, mais il se comporta timidement chaque fois qu'il me vit. Puis sa timidité se transforma en politesse, et un jour il vint chez moi pour s'excuser de m'avoir causé tant d'ennuis. Il me semble que le fait de cultiver la compassion envers lui me donnait confiance en moi et que lui, en même temps, reprenait confiance en lui. Il n'avait plus à faire quoi que ce soit pour prouver qu'il était puissant et qu'il pouvait me causer du tort. »

Nous sommes dans un monde interdépendant et nous ne vivons pas isolés du reste de la société. Pour améliorer nos conditions de vie, nous dépendons forcément des autres. Sinon, nous n'aurions ni nourriture, ni travail, ni toit au-dessus de nos têtes. Nous ne pourrions même pas acheter une tasse de café. C'est pourquoi, si vous traitez les autres avec empathie et compassion, vous ne pourrez qu'améliorer vos propres conditions de vie. Quand vous envisagez votre existence et vos liens avec le monde sous cet angle, vous constatez que l'amour bienveillant et la compassion peuvent faire beaucoup.

Cultiver la compassion procure d'autres bienfaits. En comprenant les besoins, les peurs et les désirs des autres, vous pouvez mieux vous comprendre vous-même – vos espoirs, vos craintes, votre propre nature. Et cela, à son tour, vous aide à dissoudre le sentiment de solitude et de mépris de soi dont vous souffrez peut-être. En prenant conscience du fait que chacun est assoiffé de bonheur et redoute d'être malheureux, vous vous rendez compte que vous n'êtes pas seul avec vos peurs, vos besoins et vos désirs. De ce fait, vous perdez votre peur des autres, et chacun devient un frère, une sœur ou un ami potentiels, car vous avez en commun les mêmes appréhensions, les mêmes aspirations, les mêmes buts. Lorsqu'on comprend cela, il est beaucoup plus facile de communiquer avec les autres.

L'un des meilleurs exemples de cette attitude d'ouverture que je connaisse m'a été relaté par un ami tibétain qui travaille comme chauffeur de taxi à New York. Un jour, il tourna dans la mauvaise rue et se retrouva dans un sens interdit à une heure de pointe. Un policier l'arrêta, lui donna une amende et l'assigna à comparaître devant un juge. Quand il se présenta au palais de justice, l'un de ceux qui se trouvaient devant lui dans la file d'attente était très en colère et criait après le juge, le policier qui l'avait convoqué et les avocats qui étaient présents. Son attitude outrancière ne lui attira pas la sympathie de la cour, et il dut payer une très lourde amende.

Quand vint le tour de mon ami, il se décontracta, sourit, lança un bonjour au policier qui l'avait verbalisé et lui demanda poliment comment il allait. Le policier, d'abord un peu surpris, répondit : « Salut ! Je vais bien, et vous ? » Mon ami lui répondit à nouveau poliment. Quand l'audience commença, le juge lui demanda pourquoi il avait tourné au mauvais endroit. Mon ami expliqua, toujours très poliment, que la circulation était si difficile à ce moment-là qu'il n'avait pas eu d'autre choix. Le juge se tourna vers le policier pour avoir confirmation de cette déclaration. Le policier admit que, ce jour-là, la circulation était infernale et que, vu les circonstances, la faute commise était compréhensible. Le juge rendit un arrêt de non-lieu et congédia mon ami. Peu après, le policier vint le voir dans le hall et lui dit : « Vous vous en êtes bien sorti ! »

Pour mon ami, comme pour moi, cette histoire est un bon exemple de ce que l'on peut gagner en adoptant une simple attitude de gentillesse ou de compassion, et en traitant les autres de la même façon que nous aimerions qu'ils nous traitent, au lieu de les considérer comme des adversaires. Quelle que soit votre position sociale – que vous soyez chauffeur de taxi, politicien puissant ou chef d'entreprise de haut vol –, votre chance d'être heureux augmentera fortement si vous traitez les autres comme des amis, des gens qui ont les mêmes espoirs et les mêmes craintes que vous. Et l'effet de cette attitude sera exponentiel. Si vous changez en bien le comportement ou l'expression d'une seule personne, celle-ci, à son tour, transmettra les effets de ce changement à quelqu'un d'autre. Si vous transformez le comportement de trois personnes, et si chacune d'elles fait de même avec trois autres, vous aurez transformé la vie de douze personnes. Et la réaction en chaîne se poursuivra.

17

La biologie du bonheur

Aie confiance, du plus profond de toi, dans le principe de cause à effet.

Patrul Rinpotché

Une bonne expérimentation scientifique soulève autant de problèmes qu'elle résout de questions. Et l'une des grandes questions soulevées par l'étude des pratiquants expérimentés de la méditation a été de savoir si leur aptitude commune à diriger leur esprit résultait de certains facteurs comme des dispositions génétiques similaires, des origines culturelles et environnementales communes ou des similarités dans leur entraînement. Autrement dit, est-ce que des gens ordinaires qui n'auraient pas été entraînés depuis l'enfance dans l'environnement particulier d'un monastère bouddhiste tibétain pourraient tirer un profit de la pratique d'une technique de méditation bouddhiste quelconque ?

Comme les études cliniques ayant pour sujets des maîtres de méditation bouddhistes en sont encore à leurs débuts, il pourrait s'écouler du temps avant que l'on puisse répondre à ces questions. On peut néanmoins dire que le Bouddha a enseigné à des milliers de gens – des rois, des fermiers, des bergers, des commerçants, des guerriers, des mendiants et même des criminels – comment diriger leur esprit afin que s'opèrent dans leur physiologie de subtils changements leur permettant de dépasser les conditionnements biologiques ou liés à l'environnement, et trouver le bonheur durable. Si ce qu'il leur a enseigné n'avait pas été efficace, personne ne connaîtrait à présent son nom. Il n'existerait aucune tradition connue appelée bouddhisme, et vous ne tiendriez pas ce livre entre vos mains.

Accepter son propre potentiel

La cause qui nous enchaîne est aussi la voie qui nous libère.

Le IXe Gyalwang Karmapa

Vous n'avez pas besoin d'avoir été une personne particulièrement bonne pour commencer le « travail de l'intérieur » qui consiste à être heureux. L'un des plus grands maîtres tibétains de tous les temps a d'abord été un assassin. À présent, il est considéré comme un grand sage, et les images qui le représentent le montrent toujours avec une main en cornet derrière son oreille pour écouter les prières des gens ordinaires.

Son nom est Milarépa. Fils unique d'un couple riche, il naquit au Xe siècle. Lorsque son père mourut subitement, son oncle prit en main la propriété familiale et força Milarépa et sa mère à vivre dans le dénuement. Ni l'un ni l'autre n'acceptèrent de gaieté de cœur ce revers de fortune, mais aucun membre de leur famille ne prit leur défense. Les veuves et les orphelins, à cette époque, n'avaient pas d'autre choix que de suivre les décisions des hommes de la famille.

L'histoire raconte que lorsque Milarépa devint adulte, sa mère l'envoya étudier auprès d'un sorcier pour qu'il apprenne la magie noire et se venge de son oncle. Fortement motivé par sa haine et son désir de satisfaire sa mère, Milarépa acquit la maîtrise de la sorcellerie et, le jour du mariage de son cousin, envoya un sort qui provoqua l'écroulement de la maison familiale, sous laquelle trente-cinq personnes périrent d'un coup.

On peut discuter pour savoir s'il employa la magie noire ou d'autres méthodes pour tuer sa famille ; il n'en reste pas moins qu'il commit ces meurtres et fut ensuite envahi par un terrible remords. Si un seul mensonge peut empêcher quelqu'un de dormir, imaginez ce que peut éprouver celui qui a provoqué la mort de tant de ses proches !

Décidé à racheter son crime, Milarépa quitta la maison familiale pour consacrer sa vie au bien des autres. Il alla dans le sud du Tibet étudier auprès d'un homme appelé Marpa qui avait déjà fait trois voyages en Inde pour y recueillir les enseignements essentiels du Bouddha et les ramener au Tibet. Sous bien des aspects, Marpa était un être ordinaire, un « maître de maison », comme on dit dans le bouddhisme. Il avait une femme et des enfants, possédait une ferme et s'occupait chaque jour de ses affaires et de sa famille. Mais il se consacrait aussi au Dharma, et sa dévotion lui donnait un grand courage. Aller jusqu'en Inde à pied en traversant l'Himalaya n'était pas chose facile, et la plupart de ceux qui tentaient l'aventure y laissaient leur vie. Mais Marpa vivait à une époque extraordinaire, car peu de temps après son dernier voyage, l'Inde fut envahie par des armées musulmanes qui détruisirent toutes les bibliothèques et les monastères, tandis que la grande majorité des moines et des maîtres qui avaient perpétué les enseignements du Bouddha étaient tués.

Marpa transmit toutes les connaissances qu'il avait ramenées de l'Inde à son fils aîné, Darma Dodé, mais celui-ci se tua en tombant de cheval. Tout en essayant de se remettre de cette lourde perte, il chercha un nouvel héritier. Il n'eut qu'à regarder Milarépa pour voir en lui un homme capable, non seulement de maîtriser tout des enseignements, mais d'en saisir l'essence pour la transmettre à la génération suivante. Pourquoi ? Parce Milarépa avait le cœur complètement brisé d'avoir commis ses crimes, et son remords était si profond qu'il était prêt à faire n'importe quoi pour s'amender.

Ce que ressentait Milarépa lui avait suffi pour prendre

conscience de l'un des enseignements fondamentaux du bouddhisme, à savoir que tout ce que l'on pense, dit ou fait se répercute sur soi sous forme d'expérience agréable ou douloureuse. Si vous faites souffrir quelqu'un, vous souffrirez vous-même, et même dix fois davantage. Si vous rendez quelqu'un heureux, vous ressentirez le même bonheur dix fois plus grand. Votre vécu personnel influe également sur les autres. Si votre esprit est calme, ceux qui vous entourent auront tendance à être calmes eux-mêmes.

Cette vérité était connue depuis longtemps, les différentes cultures les enseignant à leur façon. Même le fameux principe d'incertitude de Heisenberg implique qu'il existe un lien entre l'expérience subjective et la réalité objective. Mais l'apport extraordinaire de notre époque a été la possibilité offerte aux scientifiques par la technologie moderne de montrer ce principe en action. De nos jours, les chercheurs commencent à fournir des preuves objectives au fait que calmer son esprit et cultiver la compassion non seulement produit de fortes sensations de plaisir personnel, mais modifie aussi la structure et le fonctionnement du cerveau au point de procurer un sentiment de bonheur permanent.

Afin de vérifier les effets de la méditation bouddhiste sur des individus ordinaires, Richard Davidson et ses collègues lancèrent une étude portant sur les employés d'une entreprise du Midwest. Son but était de déterminer si les techniques méditatives étaient capables de compenser le stress dû au travail. Il invita les employés à s'inscrire à un cours de méditation et, après avoir effectué quelques tests sanguins et des EEG préliminaires, divisa à l'aveugle les participants en deux groupes. L'un d'eux subirait immédiatement un entraînement, tandis que l'autre servirait de contrôle et ne recevrait d'entraînement qu'une fois le test du premier groupe terminé. Les cours de méditation furent donnés pendant dix semaines par John Kabat-Zinn, professeur de médecine à l'université du Massachusetts et fondateur de la clinique pour la réduction du stress au Memorial Medical Center du Massachusetts.

En continuant d'examiner les participants aux tests pendant plusieurs mois après la fin de leur entraînement à la méditation, Richard Davidson et son équipe découvrirent qu'environ trois ou quatre mois plus tard les EEG signalaient un accroissement graduel et significatif de l'activité électrique dans le lobe préfrontal gauche, la zone du cerveau associée aux émotions positives. Pendant la même période, les participants indiquèrent une diminution de leur stress, un plus grand calme et une sensation générale de bien-être.

Mais une chose plus intéressante encore était sur le point d'être découverte.

À ESPRIT HEUREUX CORPS SAIN

Les qualités exceptionnelles du corps, de la parole et de l'esprit humains nous donnent le pouvoir unique d'accomplir une œuvre salutaire.

Jamgön Kongtrul

Il y a peu de désaccord entre les bouddhistes et les scientifiques contemporains sur le fait que les états d'esprit ont des effets sur le corps. Donnons quelques exemples simples : si dans la même journée vous vous battez avec quelqu'un et recevez une lettre vous annonçant qu'on va vous couper l'électricité car vous n'avez pas payé vos factures, il est fort probable que vous ne dormirez pas bien la nuit suivante. Ou encore, si vous êtes sur le point d'exposer un bilan commercial ou de parler à votre employeur d'un problème personnel, il se peut que vos muscles soient contractés, que vous ayez une boule à l'estomac ou que vous soyez soudain pris d'un violent mal de tête.

Jusqu'à récemment, il n'y avait pas beaucoup de preuves scientifiques établissant le lien entre les états mentaux et les états physiques. L'étude menée par Richard Davidson avait été minutieusement conçue pour que la fin de l'entraînement à la méditation coïncide avec les vaccinations annuelles contre la grippe que la compagnie offrait à ses employés. Après avoir analysé des échantillons de sang des participants à l'expérience, il observa que ceux qui avaient reçu l'entraînement à la méditation présentaient un taux élevé d'anticorps de la grippe par rapport à ceux qui ne l'avaient pas reçu. Autrement dit, ceux qui présentaient une modification de l'activité du lobe préfrontal gauche bénéficiaient aussi une amélioration du système immunitaire.

Des résultats de cette nature constituent des succès capitaux pour la science moderne. Beaucoup de scientifiques avec qui j'ai discuté se doutaient depuis longtemps qu'il existait un lien entre le corps et l'esprit, mais jamais on n'avait disposé de preuves aussi claires.

Au cours de sa longue et remarquable histoire, la science s'est presque uniquement préoccupée de ce qui allait mal dans le corps et l'esprit, plutôt que de ce qui allait bien. Mais le vent a légèrement tourné ces dernières années, et il semble que l'on donne maintenant à de nombreux chercheurs l'occasion d'étudier sérieusement l'anatomie et la physiologie des êtres heureux et en bonne santé.

Au cours des dernières années, un certain nombre de projets ont permis de découvrir des liens très étroits entre les états d'esprit positifs et la réduction des risques ou de l'intensité de diverses maladies physiques. Le docteur Laura D. Kubzansky, professeur assistante au département de la société, du développement humain et de la santé à l'École de santé publique de Harvard, a, par exemple, suivi l'histoire médicale d'environ 1 300 hommes sur une période de dix ans. Les sujets de cette étude étaient en majorité des anciens combattants qui avaient accès à une qualité de soins médicaux que beaucoup de gens ne pouvaient s'offrir. Leur dossier médical était donc assez complet et leur évolution facile à suivre sur une période aussi longue. Comme les termes de « bonheur » et « malheur » sont des mots un peu vagues pour les besoins de l'étude, le docteur Kubzansky mit l'accent sur les manifestations spécifiques de ces états, tels que l'optimisme ou le pessimisme. Selon les tests personnels standards, l'optimisme correspond à la conviction que le futur sera satisfaisant parce que vous serez capable d'en contrôler les événements principaux, et le pessimisme, à l'idée que vous ne pourrez pas éviter les problèmes, quels qu'ils soient, parce que vous ne maîtrisez pas votre destin.

À la fin de l'étude, le docteur Kubzansky découvrit qu'après une prise en compte statistique des facteurs tels que l'âge, le sexe, le statut social, l'activité physique, la consommation d'alcool et de tabac, le taux de certaines maladies cardiovasculaires parmi les sujets reconnus comme optimistes était inférieur d'environ 50 % à celui des sujets pessimistes. « Je suis optimiste moi-même, déclara Kubzansky, mais je ne m'attendais pas à un tel résultat ! »

Une autre étude fut conduite par le docteur Laura Smart Richman, professeur de psychologie et assistant de recherche à l'université de Duke. Elle porta sur les effets physiques de deux émotions positives associées au bonheur : l'optimisme et la curiosité. Environ 1 000 patients d'une clinique générale acceptèrent d'y participer en répondant à un questionnaire sur leurs états émotionnels, leur comportement physique et d'autres données telles que le revenu et le niveau d'études.

Le docteur Richman et son équipe suivirent le dossier médical des malades sur une période de deux ans. Après avoir, de nouveau, fait les ajustements nécessaires mentionnés auparavant, ils constatèrent qu'un niveau d'optimisme et de curiosité plus élevé correspondait à un risque de diabète, d'hypertension artérielle et d'infection de l'appareil respiratoire plus faible. Utilisant les termes scientifiques typiquement précautionneux d'usage pour réduire au minimum le risque de déclarations sensationnelles, le rapport de Richman conclut que « les émotions positives ont probablement un effet protecteur contre les maladies ».

Biologie de la félicité

Le support [de l'Éveil] est le suprême et précieux corps humain.

Gampopa

Ce qu'il y a d'amusant avec l'esprit, c'est que si vous vous posez une question et si vous attendez tranquillement, la réponse se présente généralement à vous. Je ne doute donc pas que les progrès de la technologie qui permettent à présent d'observer l'influence de l'esprit sur le corps soient liés à l'intérêt croissant des chercheurs modernes pour la relation entre le corps et l'esprit. Jusqu'à présent, à leurs questions relativement prudentes les scientifiques ont reçu des réponses qui donnent à réfléchir, bien qu'elles ne soient pas encore totalement probantes. L'étude scientifique du bonheur et de ses caractéristiques étant relativement nouvelle, il faut lui laisser le temps de connaître ses douleurs de croissance et tenir compte d'un certain nombre d'incertitudes.

En attendant, les chercheurs ont commencé à faire des découvertes qui aideront probablement à expliquer objectivement l'efficacité de l'entraînement bouddhiste. Les échantillons de sang prélevés par David Richardson sur les participants à son étude montrent, par exemple, que les sujets qui présentent le type d'activité du lobe préfrontal gauche associée aux émotions positives ont également un faible taux de cortisol, une hormone naturellement produite par les glandes adrénalines en réaction au stress. Comme le cortisol tend à inhiber les fonctions du système immunitaire, des corrélations peuvent être établies entre, d'une part, le fait de se sentir de plus en plus confiant, heureux et capable de contrôler sa vie et, d'autre part, un système immunitaire sain et puissant. En revanche, le sentiment général de mécontentement, de manque de contrôle ou de dépendance des circonstances extérieures tend à faire croître le taux de cortisol, ce qui, à son tour, peut affaiblir le système immunitaire et donc rendre plus vulnérable à toutes sortes de maladies.

Les avantages de reconnaître la vacuité

Vous devenez vous-même un enseignement vivant, vous devenez vous-même le Dharma.

Chögyam Trungpa

Toutes les pratiques de méditation décrites dans la deuxième partie permettent d'apaiser le sentiment de ne plus « être aux commandes » grâce à l'observation patiente des pensées, des émotions et des sensations de la vie quotidienne et à la prise de conscience graduelle que ces pensées n'ont pas d'existence réelle. Si chacune de vos pensées et chacun de vos sentiments avaient une réalité intrinsèque, votre cerveau serait probablement écrasé par leur poids accumulé !

« Au moyen de la pratique, me confia un jour un de mes élèves, j'ai appris que les sentiments n'étaient pas des faits solides. Ils vont et viennent à tout moment selon que je suis calme ou agité. S'ils avaient une réalité en eux-mêmes, quelle que soit ma situation ils ne changeraient pas. »

On peut en dire autant des pensées, des perceptions et des sensations physiques. Selon les enseignements bouddhistes, ce sont des expressions momentanées du potentiel infini de la vacuité. On peut les comparer aux passagers qui traversent un aéroport, en route vers des destinations différentes. Si vous leur demandiez ce qu'ils font, ils vous diraient qu'ils sont simplement en transit.

Comment le fait de reconnaître la vacuité peut-il réduire le niveau de stress qui contribue aux maladies physiques ? Nous avons déjà comparé la vacuité aux perceptions d'un rêve, en donnant l'exemple d'une voiture. La voiture que l'on voit en rêve n'est pas « réelle » dans le sens conventionnel. Elle n'est pas composée de différentes pièces assemblées en usine. Néanmoins, tant que dure le rêve, l'impression que vous avez de conduire cette voiture semble bien réelle. Vous jouissez d'un réel plaisir en l'exhibant devant vos amis et vos voisins, et vous éprouvez une réelle souffrance quand il vous arrive un accident. Or, cette voiture n'existe pas vraiment, n'est-ce pas ? Si votre sensation de la conduire vous semble si réelle, c'est uniquement parce que vous êtes plongé dans l'ignorance profonde qui caractérise l'état de rêve.

Il faut quand même dire que, même en rêve, certains détails conventionnels renforcent notre croyance à la réalité de ce que nous percevons. Par exemple, si nous rêvons à une cascade, l'eau tombe en général vers le bas. Si nous rêvons d'un feu, nous voyons des flammes qui montent. Quand nos rêves tournent au cauchemar parce que nous avons un accident de voiture, ou parce que nous sommes forcés de sauter du haut d'un grand immeuble et de nous écraser au sol, ou encore de traverser un feu, notre souffrance nous paraît tout à fait crédible.

Je vous pose donc une question à laquelle il sera peut-être plus difficile de répondre qu'aux précédentes. Quelle méthode pourriez-vous utiliser pour vous libérer de la souffrance ressentie en rêve, sans avoir à vous réveiller ?

J'ai très souvent posé cette question dans des enseignements publics, et j'ai reçu de nombreuses réponses. Quelques-unes étaient amusantes, comme la suggestion d'employer une femme de ménage douée de voyance qui percevrait instinctivement votre souffrance, s'immiscerait dans votre rêve et vous guiderait pour résoudre le problème. Je suis un peu sceptique quant au nombre de femmes de ménage doublées de voyantes disponibles sur le marché, et je ne sais pas si elles auraient de meilleures chances d'être employées en ajoutant « voyante » dans leur CV !

D'autres ont répondu qu'en passant du temps à méditer dans l'état de veille, on améliorerait automatiquement ses chances de faire de meilleurs rêves. Malheureusement, je ne peux pas dire que j'ai, ne serait-ce qu'une seule fois, observé que c'était le cas parmi les gens avec qui j'ai discuté dans le monde. D'autres ont répondu que si l'on rêve qu'on saute du haut d'un immeuble, on peut soudain découvrir qu'on peut voler.

Très rarement, quelqu'un suggère que la meilleure solution consiste à se rendre compte, à l'intérieur du rêve, qu'on est simplement en train de rêver. D'après ce que j'ai appris moi-même, c'est la meilleure réponse. Si, pendant que vous êtes plongé dans un rêve, vous reconnaissez que ce n'est qu'un rêve, vous pouvez ensuite faire ce que bon vous semble à l'intérieur même du rêve. Vous pouvez vous jeter du haut d'un gratte-ciel sans vous faire de mal, sauter dans un feu sans vous brûler ou marcher sur l'eau sans vous noyer. Et si vous conduisez une voiture de rêve et qu'il vous arrive un accident, vous pouvez en réchapper sans une égratignure.

Le principal, cependant, est que si vous vous entraînez à reconnaître la vacuité de tous les phénomènes, vous pourrez accomplir des choses extraordinaires même dans l'état de veille. Même réveillés, la plupart des êtres sont prisonniers des mêmes types d'illusions, de limitations et de pièges que lorsqu'ils rêvent. Mais si vous passez ne serait-ce que quelques minutes par jour à examiner vos pensées, vous serez de plus en plus certain que vos perceptions de la vie quotidienne ne sont pas aussi solides et immuables que vous le pensiez. Le bavardage neuronal que vous acceptiez autrefois comme étant la réalité se modifiera peu à peu, et la communication entre les cellules de votre cerveau et celles de vos organes sensoriels subira, elle aussi, des changements en conséquence. Souvenez-vous toutefois que le changement est presque toujours très lent. Vous devez lui laisser une chance de se produire à son propre rythme, en harmonie avec votre propre nature. Si vous essayez de l'accélérer, au mieux vous serez déçu ; au pire, vous vous ferez du mal – je ne vous conseille pas, par exemple, de sauter dans le feu après quelques jours seulement de méditation sur la vacuité.

Je ne connais pas de meilleure illustration de la patience et du courage nécessaires pour reconnaître son propre potentiel, sa nature de bouddha, dans sa totalité, que le premier épisode du film *Matrix*, que beaucoup d'entre vous ont dû voir. Ce film m'a impressionné, non seulement parce que la réalité conventionnelle perçue par les prisonniers de la matrice s'avère être illusoire, mais aussi parce qu'en dépit de tout l'équipement et de tout l'entraînement dont il dispose, Nero, le personnage principal, met beaucoup de temps à reconnaître que les limitations personnelles qu'il avait acceptées comme réelles pendant presque toute sa vie ne sont en fait que des projections de son esprit. La première fois qu'il a dû se confronter à ces limitations, il a pris peur, et j'ai pu facilement m'identifier à ce qu'il éprouvait. Bien qu'il ait eu un guide et un maître dans la personne de Morpheus, il lui était difficile de croire à ce qu'il était vraiment capable de faire – comme j'ai moi-même trouvé difficile de croire à la réalité de ma propre nature lorsqu'elle m'a été montrée par des maîtres qui avaient, pourtant, manifesté la leur dans toute sa puissance. Ce n'est qu'à la fin du film, quand Neo est obligé d'éprouver par lui-même la vérité des enseignements qu'il a reçus, qu'il peut arrêter des balles à mi-course, voler dans les airs et percevoir les événements avant même qu'ils n'arrivent. Il doit donc apprendre ces choses de façon graduelle.

En bref, ne pensez pas qu'après quelques jours de méditation vous pourrez marcher sur l'eau ou vous envoler du haut d'un immeuble. Il est plus que probable que le premier changement que vous observerez sera un sentiment plus grand d'ouverture d'esprit, de confiance et d'honnêteté envers vous-même, ainsi que la capacité de reconnaître plus rapidement qu'auparavant les pensées et les motivations des gens autour de vous. Ce n'est pas rien : c'est le début de la sagesse.

Si vous persévérez dans votre pratique, toutes les qualités de votre vraie nature se révéleront peu à peu. Vous comprendrez que votre être essentiel ne peut être ni endommagé ni détruit. Vous apprendrez à lire les pensées et les intentions des autres avant qu'ils ne les comprennent eux-mêmes. Vous pourrez envisager le futur plus clairement et percevoir les conséquences de vos actes et celles des actes d'autrui. Et, plus important que tout, peut-être comprendrez-vous que malgré vos peurs, quoi qu'il arrive à votre corps physique, votre véritable nature ne peut pas être annihilée.

18

Poursuivre la voie

Contemplez les avantages de cette rare existence humaine.

Jamgön Kongtrul

Parmi tous les êtres vivants étudiés par les scientifiques, seuls les humains peuvent être considérés avec certitude comme ayant la capacité de choisir délibérément la direction qu'ils donnent à leur vie et de discerner si leur choix leur fera traverser la vallée du bonheur temporaire ou les conduira dans le pays du bien-être et du bonheur durables. Bien que nous soyons génétiquement programmés pour le bonheur éphémère, nous sommes aussi dotés du pouvoir de découvrir, à l'intérieur de nous, un sentiment de confiance, de paix et de bien-être plus profond. Les êtres humains semblent être les seuls capables de comprendre qu'il faut mettre ensemble la raison, l'émotion et l'instinct de survie, et, par là, créer un univers (pas seulement pour eux-mêmes et les générations suivantes, mais pour tous ceux qui souffrent et qui ont peur) où tous peuvent coexister dans la paix et le contentement.

Ce monde existe déjà, en fait, dans les infinies possibilités de notre être, même si, à présent, nous n'en sommes pas conscients. Le but des enseignements bouddhistes est de nous rendre capables de voir que ces possibilités sont présentes ici et maintenant. Pour les reconnaître, il est nécessaire d'apprendre à reposer l'esprit. Ce n'est qu'en reposant votre esprit dans son état de claire conscience naturelle que vous pouvez voir que vous n'êtes pas vos pensées, vos sentiments ni vos perceptions, qui tous ne sont que des fonctions de votre corps. Et tout ce que j'ai appris, aussi bien dans le bouddhisme que dans la science moderne, me montre que les êtres humains ne se réduisent pas non plus à un corps.

Les pratiques que j'ai présentées dans ce livre ne constituent que le premier stade sur la voie de la réalisation de notre pleine potentialité, de notre nature de bouddha. À eux seuls, ces exercices qui permettent de calmer l'esprit, de se familiariser avec lui et de développer l'amour bienveillant et la compassion peuvent opérer, dans votre vie, des changements dont vous n'avez encore jamais rêvé. Qui ne voudrait pas se sentir calme et confiant devant les difficultés, réduire ou éliminer son impression de solitude, ou contribuer, même indirectement, au bien-être et au bonheur des autres, en collaborant à la création d'un environnement dans lequel soi-même et ceux que l'on aime et dont on prend soin, ainsi que les générations suivantes, puissent s'épanouir ? Tout ce qu'il vous faut, pour accomplir ces merveilles, c'est un peu de patience, un peu de courage, et être prêt à lâcher prise sur vos idées conditionnées concernant vous-même et le monde extérieur. C'est aussi vous entraîner un peu à vous réveiller au milieu du rêve de votre vie et reconnaître qu'il n'y a pas de différence entre l'expérience du rêve et l'esprit du rêveur.

Comme le paysage d'un rêve, la nature de bouddha n'est limitée par rien. Les histoires de maîtres du passé sont pleines de récits merveilleux d'hommes et de femmes qui marchaient sur l'eau, traversaient le feu sans être brûlés et communiquaient télépathiquement avec leurs disciples sur de très longues distances. Mon propre père put supporter qu'un chirurgien lui incise la peau sensible et les muscles autour de l'œil sans ressentir de douleur.

Je peux aussi vous raconter quelques histoires intéressantes au sujet d'un homme qui vivait au XXe siècle et qui avait réalisé toutes ses potentialités en tant qu'être vivant. Il s'agit du

XVIe Karmapa, l'ancien chef spirituel de l'école Kagyu du bouddhisme tibétain. À la suite de l'invasion du Tibet par les Chinois à la fin des années 1950, il partit s'installer au Sikkhim, au nord de l'Inde, en compagnie d'un grand nombre de disciples, et il y fonda un important monastère, plusieurs écoles et différentes institutions pour soutenir la communauté tibétaine en exil qui ne cessait d'augmenter. Une fois la communauté fermement établie, il commença à voyager à travers le monde en donnant des enseignements à ceux, de plus en plus nombreux, qui prenaient conscience de ce que le bouddhisme tibétain avait de particulier. Au cours de ses visites en Europe et en Amérique du Nord, il réalisa ce que l'on peut appeler des miracles, en laissant des empreintes de ses pieds dans du roc, en faisant tomber la pluie dans le sud-ouest des États-Unis affecté par une sécheresse, en faisant même surgir une source dans une région désertique peuplée d'Indiens Hopi.

Mais ce fut la façon dont il mourut qui offrit à ceux qui en furent témoins la démonstration la plus claire des qualités de ce que nous avons appelé « l'esprit naturel ». En 1981, il fut soigné pour un cancer dans un hôpital de la banlieue de Chicago. Le cours de sa maladie dérouta l'équipe médicale, car les symptômes fluctuaient sans raison apparente, disparaissant parfois tout à fait, puis se manifestaient dans une partie du corps qui n'avait pas encore été affectée, comme si, selon le rapport d'un des témoins, « son corps jouait des tours aux appareils médicaux ». Tout au long de ces épreuves, le Karmapa ne se plaignit jamais de la douleur. Il s'intéressait beaucoup plus au bien-être du personnel de l'hôpital, dont beaucoup lui rendaient régulièrement visite simplement pour jouir de l'impression de calme et de compassion immense qui émanait de lui en dépit des ravages de la maladie.

Lorsqu'il mourut, les lamas et les autres Tibétains qui l'avaient entouré pendant sa maladie demandèrent à ce que son corps ne fût pas dérangé pendant trois jours, comme c'est la coutume après le départ d'un grand maître. Le Karmapa ayant fait une profonde impression sur le personnel de l'hôpital, l'administration accéda à leur requête. Au lieu d'emporter aussitôt le corps à la morgue, ils donnèrent l'autorisation de le garder dans la chambre, assis dans la posture de méditation que le Karmapa avait prise avant de mourir.

Selon les rapports des médecins qui l'examinèrent tout au long de ces trois jours, le corps ne manifesta aucune rigidité cadavérique, et la région autour du cœur resta pratiquement aussi chaude que celle d'un corps vivant. Plus de vingt ans après, ce phénomène continue de défier les explications médicales et laisse encore une profonde impression sur ceux qui en furent les témoins.

J'ai le sentiment que la décision d'être soigné dans un hôpital occidental et d'y laisser son corps a été le dernier cadeau, et peut-être le plus remarquable, que Karmapa fit à l'humanité : une preuve laissée à la communauté scientifique que nous possédons réellement des capacités qu'aucune logique ordinaire ne peut expliquer.

Trouver un maître

> *Vous devez être guidé par un maître spirituel authentique.*
>
> Le IXe Karmapa

Il est intéressant de noter que tous les maîtres bouddhistes, dans le passé et encore maintenant, ont en commun d'avoir suivi le même type d'entraînement. Ils ont d'abord pratiqué un grand nombre des exercices présentés dans ce livre pour calmer leur esprit et développer leur compassion. Puis ils ont atteint leur pleine potentialité en suivant un maître plus sage et plus expérimenté qu'eux. Si votre désir est d'aller plus loin, si vous voulez explorer et découvrir vos propres capacités, vous aurez besoin d'un guide, d'un maître spirituel.

Quelles sont les qualités d'un bon maître ? En premier lieu, un maître doit s'être entraîné dans la tradition d'une lignée ;

sinon, il est possible qu'il ou elle ne fasse qu'inventer, non sans orgueil, un certain nombre de règles et de pratiques, ou qu'il propage ce qu'il a seulement lu dans des livres, parfois sans l'avoir bien compris. Le fait d'apprendre auprès d'un maître formé au sein d'une lignée particulière recèle également un pouvoir puissant mais subtil : le pouvoir de l'interdépendance dont nous avons parlé dans la première partie. Vous devenez à votre tour membres de la lignée. De même que vous avez appris un grand nombre de leçons tacites mais précieuses dans la famille où vous êtes né ou dans celle qui vous a élevé, vous apprenez d'inestimables leçons du simple fait d'observer un maître issu d'une lignée authentique et de communiquer avec lui.

Un maître qualifié doit aussi faire preuve de compassion et exprimer, dans ses actes, sa propre réalisation de façon claire et subtile, sans jamais en faire mention. Évitez les maîtres qui parlent de leurs accomplissements personnels, car ce type de propos ou de vantardise est un signe certain qu'ils n'ont rien accompli du tout. Les maîtres qui ont vraiment eu quelque expérience ne s'en vantent jamais. Au contraire, ils ont tendance à parler des vertus de ceux qui les ont guidés. Cela ne vous empêche pas de deviner les qualités qui leur sont propres à travers l'aura de compétence qui les enveloppe comme la lumière auréolant une pépite d'or. Vous ne voyez pas l'or à proprement parler, vous voyez son éclat.

Choisir d'être heureux

L'intention est le karma de l'esprit.

Gunaprabha

Regardez un enfant absorbé par un jeu vidéo, ne pensant qu'à appuyer sur des boutons pour tuer des ennemis et gagner des points, et vous verrez que ces jeux créent une dépendance. Prenez ensuite un peu de recul et voyez comment les « jeux », qu'ils soient financiers, sentimentaux ou autres, auxquels vous « jouez » en tant qu'adulte sont, eux aussi, des addictions. La principale différence entre l'adulte et l'enfant est qu'un adulte a assez d'expérience et de compréhension pour se retirer du jeu. Il peut choisir de regarder son esprit de façon plus objective, et, de ce fait, il peut cultiver la compassion à l'égard de ceux qui ne sont pas capables de faire ce choix.

Comme nous l'avons vu dans les pages qui précèdent, une fois que vous commencez à prendre conscience de votre nature de bouddha, vous observez immédiatement des différences dans vos perceptions de tous les jours. Des choses qui, d'habitude, vous irritaient perdent peu à peu ce pouvoir sur vous. Vous devenez intuitivement plus sage, plus détendu et plus sincère. Vous commencez à reconnaître les obstacles comme des occasions de progrès. Et à mesure que votre sensation illusoire de limitation et de vulnérabilité s'estompe, vous découvrez, au fond de vous-même, la véritable beauté de votre être.

Mieux encore, à mesure que vous découvrez votre propre potentiel, vous le découvrez également chez tous les êtres autour de vous. La nature de bouddha n'est pas réservée à une poignée de privilégiés. En fait, le vrai signe manifestant qu'on découvre sa nature de bouddha, c'est qu'on se rend compte qu'elle est très ordinaire, que tous les êtres l'ont en eux, bien qu'ils ne le sachent pas. Au lieu de fermer votre cœur à ceux qui crient après vous ou agissent de façon malveillante, vous vous ouvrez à eux. Vous comprenez que ce ne sont pas simplement de pauvres types, mais des gens comme vous, qui aspirent au bonheur et à la paix. S'ils se comportent comme de pauvres types, c'est juste parce qu'ils n'ont pas encore reconnu leur propre nature et se sentent écrasés par leur sentiment de peur et de fragilité.

Vous pouvez débuter votre pratique en aspirant simplement à vous améliorer, à aborder toutes vos activités avec une plus grande attention et à ouvrir davantage votre cœur aux autres. De tous les facteurs qui déterminent le caractère paisible ou douloureux de ce que vous vivrez, c'est l'intention qui joue le plus grand rôle. Quant à l'attention et à la compassion, elles se développent parallèlement. Plus vous êtes attentif, plus vous découvrez qu'il est facile d'avoir de la compassion. Et plus vous ouvrez votre cœur aux autres, plus vous êtes attentif à ce que vous faites.

À tout moment, vous pouvez choisir soit de suivre le flot des pensées, des émotions et des sensations qui renforcent votre perception de vous-même comme fragile et limité, soit de vous rappeler que votre vraie nature est pure, inconditionnée et que rien ne peut lui faire de mal. Vous pouvez soit rester dans le sommeil de l'ignorance, soit prendre conscience que vous avez toujours été éveillé. Quoi que vous choisissiez, cependant, vous exprimez toujours la nature illimitée de votre être véritable. L'ignorance, l'impression de fragilité, la peur, la colère, le désir sont tous des expressions du potentiel infini de la nature de bouddha. Il n'y a rien d'intrinsèquement bon ou mauvais dans un choix ou dans un autre. La pratique bouddhiste a simplement pour effet de vous faire reconnaître que ces afflictions mentales ne sont rien d'autre que des choix possibles, car le champ d'action de notre véritable nature est infini.

Si nous choisissons l'ignorance, c'est que nous le pouvons. Et si nous choisissons la claire conscience, c'est également parce que nous le pouvons. Samsâra et nirvâna ne sont que deux points de vue différents, ils traduisent la manière dont on examine et comprend ce que l'on perçoit. Le nirvâna n'a rien de magique et le samsâra, rien d'erroné ou de mauvais en soi. Si vous êtes déterminé à vous considérer comme affreux, limité, vulnérable ou effrayé par vos expériences passées, sachez simplement que c'est votre choix, et qu'il vous est toujours possible de vous percevoir différemment.

La voie bouddhiste nous permet en fait de choisir entre la routine et le sens pratique. Il est indéniable que le fait de conserver des schémas habituels de pensée et d'action procure un certain confort et une impression de stabilité. Si l'on s'aventure hors de cette zone douillette et familière, on pénètre automatiquement dans un monde de perceptions inconnues qui peut sembler terrifiant, une sorte de dimension intermédiaire inconfortable, telle celle à laquelle j'ai été confronté en retraite. On ne sait plus alors si l'on doit se replier sur ce qui est familier mais effrayant, ou aller de l'avant vers ce qui n'a peut-être d'effrayant que son caractère d'inconnu.

L'incertitude sur le choix de reconnaître ou non notre véritable potentiel me fait penser à ce que m'ont dit certains de mes élèves au sujet de la difficulté de mettre fin à une relation amoureuse difficile, dans laquelle l'un malmène l'autre : on éprouve une certaine appréhension ou un sentiment d'échec. La différence avec le choix de l'engagement sur la voie bouddhiste est que, dans ce dernier cas, c'est soi-même qu'on décide de ne plus malmener. Lorsque vous décidez de reconnaître votre véritable potentiel, vous cessez de vous dévaloriser vous-même. L'image que vous avez de vous devient plus saine et positive, vous avez davantage confiance en vous et le simple fait d'être en vie vous rend plus joyeux. En même temps, vous constatez que tous les êtres qui vous entourent possèdent la même force que vous, qu'ils en soient conscients ou pas. Au lieu de les traiter comme des menaces ou des ennemis, vous pouvez alors reconnaître leurs peurs et leurs souffrances, et leur répondre d'une façon qui apporte davantage de solutions que de problèmes.

En fin de compte, la voie du bonheur revient à choisir entre l'inconfort de prendre conscience des afflictions mentales et l'inconfort d'être gouverné par elles. Je ne peux pas vous promettre qu'il vous sera toujours agréable de vous établir simplement dans l'attention aux pensées, aux émotions et aux perceptions, et de les reconnaître comme des effets de l'interaction du corps et de l'esprit. Je peux même vous garantir qu'il sera parfois extrêmement déplaisant de vous regarder de cette manière. Mais on peut en dire autant de tout ce que l'on commence, que ce soit un sport, un nouveau travail ou un régime alimentaire.

Les premiers mois sont toujours difficiles. Il est difficile d'acquérir le savoir-faire indispensable pour maîtriser un métier, difficile de se convaincre de faire des exercices physiques, difficile de ne manger que des choses saines chaque jour. Mais au bout d'un certain temps, ces difficultés diminuent, vous vous mettez à éprouver un sentiment de plaisir et d'accomplissement, et c'est toute votre perception de vous-même qui se modifie.

La méditation fonctionne de la même façon. Les premiers jours, vous vous sentez peut-être très bien, mais au bout d'une semaine, la pratique devient une épreuve. Vous n'avez pas le temps, vous trouvez la posture assise inconfortable, vous n'arrivez pas à vous concentrer ou, tout simplement, vous vous lassez. Vous vous heurtez à un mur, comme les coureurs de fond qui essaient d'ajouter un kilomètre à leur distance maximale. Le corps dit « je ne peux plus », tandis que l'esprit pense « je devrais le faire ». Aucune de ces deux voix n'est particulièrement agréable. En fait, l'une et l'autre demandent trop de vous.

On qualifie souvent le bouddhisme de « voie du milieu », car il offre un choix intermédiaire. Si vous ne pouvez pas vous concentrer une seconde de plus sur un son ou la flamme d'une bougie, alors arrêtez-vous absolument. Sinon, la méditation deviendra une corvée et vous en arriverez à penser : « Mince ! Il est déjà 19 heures et il va falloir que je m'assoie pour cultiver le bonheur ! » Personne ne pourra jamais progresser de cette manière ! Mais si vous pensez pouvoir continuer une ou deux minutes de plus, faites-le à tout prix également. Vous pourriez être surpris de la leçon que cela vous donnera. Vous découvrirez peut-être, caché derrière votre résistance, une pensée ou un sentiment particulier que vous refusiez de reconnaître. Ou, tout simplement, vous vous rendrez compte que vous êtes capable de reposer votre esprit plus longtemps que vous le pensiez. Cette découverte, à elle seule, vous donnera une plus grande confiance en vous-même, tout en réduisant votre taux de cortisol, en augmentant votre production de dopamine et en déclenchant une activité accrue dans le lobe préfrontal gauche de votre cerveau. Ces modifications biologiques feront, à leur tour, une énorme différence dans votre vie quotidienne, en fournissant un point d'appui physique à votre calme, votre stabilité et votre confiance.

Mais le plus remarquable, c'est que, quels que soient le temps que vous passiez à méditer et la technique que vous employiez, toute méditation bouddhiste finit par engendrer la compassion, que vous en soyez ou non conscient. Chaque fois que vous regardez votre esprit, vous ne pouvez pas ne pas remarquer la ressemblance entre vous et les autres. Quand vous observez votre désir d'être heureux, vous ne pouvez pas ignorer que les autres éprouvent le même désir. Et quand vous voyez clairement votre peur, votre colère et votre aversion, vous êtes obligé de constater que tout le monde autour de vous éprouve ces sentiments. Quand vous regardez réellement votre esprit, toutes les distinctions imaginaires entre vous et les autres s'évanouissent d'elles-mêmes, et l'ancienne prière des quatre pensées incommensurables devient pour vous aussi naturelle et continue que les battements de votre cœur. La voici :

Puissent tous les êtres trouver le bonheur et les causes du bonheur !
Puissent-ils être libres de la souffrance et des causes de la souffrance !
Puissent-ils posséder la joie et les causes de la joie !
Puissent-ils être impartiaux, libres d'attachement et d'aversion !

Remerciements

Que tous mes maîtres soient remerciés pour leur inspiration et leurs enseignements, et en particulier Tai Sitou Rinpotché, Dilgo Khyentsé Rinpotché, Saljay Rinpotché, Nyoshul Khen Rinpotché, mon père Tulkou Ogyen Rinpotché, Khentchen Kunga Wangchouk Rinpotché, Khenpo Lozang Tenzin, Khenpo Tsultim Namdak, Khenpo Tashi Gyaltsen, Drupon Lama Tsultrim, mon grand-père Tashi Dorjé et le docteur Francisco Varela.

Je remercie également les docteurs Richard Davidson, Antoine Lutz, Alfred Shapere, Fred Cooper, Laura D. Kubzansky, Laura Smart Richman et C.P. Antonia Sumbundu pour m'avoir constamment fourni des informations scientifiques et des éclaircissements. Et, de même, Anne Benson, Ani Jamdron, le docteur Alex Campbell, Christian Bruyat, Lama Chodrak, Edwin et Myoshin Kelly, le docteur E. E. Ho, le docteur Felix Moos, Helen Tvorkov, Jacqui Horne, Jane Austin Harris, Jill Satterfield, M. L. Harrison Mackie, Veronique Tomaszewski-Ramses et le docteur William Rathje pour leur relecture du manuscrit.

Ce texte n'aurait jamais vu le jour sans l'aide de mon agent littéraire Emma Sweeney, mon éditeur Shaye Areheart, mon rédacteur John Glusman, et sans le soutien de Tim et Glenna Olmsted, Mei Yen et Dwayne Ladle, Robert Miller, Christine Mignanelli, Lama Karma Chotso, le Docteur Elaine Puleo, Gary Swanson et Nancy Swanson.

Je remercie tout particulièrement mon frère Tsoknyi Rinpotché, ainsi que Josh Baran, Daniel Goleman, Tara Bennett-Goleman et Lama Tashi pour leur inspiration et pour la bienveillance et la générosité dont ils ont fait preuve en mettant en ordre les nombreux éléments de cet ouvrage.

Je tiens enfin à remercier Eric Swanson qui, malgré les changements constants que j'apportais au texte, travailla à sa rédaction avec beaucoup de patience, d'érudition et d'ouverture d'esprit, et en arborant un perpétuel sourire. Sans ses efforts considérables, ce livre n'aurait jamais pu voir le jour.

Table des matières

« Pour l'éditeur, le principe est d'utiliser des papiers composés de fibres naturelles, renouvelables, recyclables et fabriquées à partir de bois issus de forêts qui adoptent un système d'aménagement durable.

En outre, l'éditeur attend de ses fournisseurs de papier qu'ils s'inscrivent dans une démarche de certification environnementale reconnue. »

Photocomposition Nord Compo
Villeneuve d'Ascq

Achevé d'imprimer en France
par Dupli-Print à Domont (95)
en juin 2011
N° d'impression : 178636

Dépôt légal : juin 2011
35-57-3419-5/05